WITHDRAWN

D0568247

EL GOURMET VEGETARIANO

Desde arriba a la izquierda, de izquierda a derecha:
Ensalada mixta de frutas (ver pág. 125), Terrina rosa
(ver pág. 163) con base de cuzcuz (ver pág. 123),
Moldes de lechuga con huevo (ver pág. 162).

EL GOURMET VEGETARIANO

Las recetas más apetitosas y saludables

Colin Spencer

integral

UN ORIGINAL GAIA

EDICIÓN INGLESA

Editorial:	Patricia Burgess
Documentalista:	Miren Lopategui
Diseño:	Sara Mathews
Ilustraciones:	Alison Wisenfeld
Fotografías:	David Johnson
Fondos:	Tim Stevens
Glosario:	Philip Dowell
Estilista:	Kit Johnson
Economista:	Berit Vinegrad
Dirección:	Joss Pearson
	Lucy Lidell
Producción:	David Pearson

VERSIÓN ESPAÑOLA

Traducción:	Kira A. Bermúdez
Diseño:	Franc Vall Soler
Montaje:	Jordi Urpí
	Amparo Campos
	Marta Mateu
Edición:	Oriol Molas
	Josan Ruiz Terrés
Consejo Editor:	Josan Ruiz
	Jaume Roselló
	Tomás Mata

LOS LIBROS DE INTEGRAL n.º 50
© Gaia Books Ltd. (Londres)
© 1992, OASIS S.L. (P.º Maragall, 371, Barcelona 08032)
   Primera edición: Noviembre 1992

All rights reserved. Reservados todos los derechos. Ninguna parte de esta publicación puede ser reproducida, almacenada o transmitida en modo alguno o por ningún medio sin permiso previo del editor.

ISBN: 84-7901-46-00 - Dep. Leg. B. 34 215-1992
Impreso en Cayfosa (Sta. Perpètua de la Mogoda - Barcelona)

SOBRE EL AUTOR

Reconocido por su veterana columna gastronómica en el periódico *The Guardian*, Colin Spencer es un escritor prolífico y versátil, cuyos libros de cocina han ayudado a mejorar la imagen de la dieta vegetariana entre la opinión pública. En primer lugar, Colin Spencer se hizo vegetariano por razones ecológicas, preocupado por el sufrimiento de los que padecen hambre en el mundo actual y por el derroche de grandes cantidades de cereales en engordar animales para consumo cárnico. Desde entonces, Spencer se dedicó a descubrir deliciosas recetas gastronómicas basadas en alimentos vegetales y a persuadir a un público, a menudo escéptico, de la nueva salud y energía que puede aportar una buena dieta vegetariana. Actualmente vive en una casa en el corazón de los bosques de Suffolk (Gran Bretaña), donde dedica la mayor parte de su tiempo a escribir y a crear nuevas recetas para su propio placer y para el de sus lectores.

AGRADECIMIENTOS DEL AUTOR

Este libro intenta explorar una nueva forma de cocina vegetariana y, por ello, estoy en deuda con los innumerables cocineros en todo el mundo que me han asombrado con sus originales combinaciones de alimentos y sabores. Y también con todos aquellos que han sabido conjugar su saber en un juicio acertado y una frase inspirada. En Gran Bretaña, nadie puede escribir sobre los alimentos sin reconocer su deuda de gratitud con Elizabeth David. Sin embargo, actualmente hay otros chefs y escritores que han abordado las verduras desde una perspectiva nueva —Madhur Jaffrey, David Scott, Arto der Harounian y Josceline Dimbleby, por nombrar sólo a unos cuantos de ellos—. También deseo expresar mis agradecimientos a Patrick Rance, decano del queso, por su información sobre el cuajo vegetal.

Finalmente, debo agradecer al equipo que degustó y criticó mis platos hasta alcanzar la perfección en la confección de las recetas. Debo agradecer, asimismo, el trabajo de Trish Burgess, Miren Lopategui, Mindy Werner, Oriol Molas y Josan Ruiz, que infatigablemente mitigaron mis excesos y cuidaron mi texto hasta la última coma.

Prólogo

La comida es uno de los placeres más grandes de la vida y la alimentación vegetariana brinda otra gran alegría adicional: nos alimenta sin perjudicar a otros seres vivos. He cocinado toda mi vida, experimentando con nuevos ingredientes y diferentes mezclas, porque el mundo de los alimentos y lo que éstos ofrecen cambia continuamente. Ahora queremos platos frescos, sencillos y elegantes, con sabores claros y simples, texturas generosas y ricas. Queremos alimentos sin aditivos ni conservantes, alimentos que satisfagan al paladar y estimulen los sentidos. Este libro aspira a dar a conocer esos alimentos, y he procurado preparar los festines más apetitosos que se podían imaginar. Se acabaron los días de comer platos indigestos y sosos. Estas nuevas comidas seducirán a cualquier gastrónomo «carnívoro» —por muy prejuicioso que sea— a ensalzar una dieta que pueda disfrutarse por sus sabores finos y naturales, además de por sus propiedades salutíferas. Pruébelo y verá.

Colin Spencer

*De arriba a abajo: Salteado de judías verdes y tofu
con ciruelas umeboshi (ver pág. 242), Sopa celestial
clara y vegetales al vapor (ver pág. 112).*

Índice

INTRODUCCIÓN

El Vegetariano Feliz   8

CAPÍTULO 1

Una Nueva Dieta   10

CAPÍTULO 2

El Cocinero Vegetariano   34

CAPÍTULO 3

Glosario de Alimentos   59

CAPÍTULO 4

El Festín Vegetariano   94

CAPÍTULO 5

Ocasiones Festivas   206

Picnic campestre, *por Claudia Roden*   206
Brunch en casa, *por Alice Water*   210
Cena festiva, *por Arabella Boxer*   214
Fiesta de Otoño, *por Martha Rose Shulman*   218
Menú de Navidad, *por Caroline Conran*   222
Banquete de Boda, *por Barbara Kafka*   226

CAPÍTULO 6

La Familia Vegetariana   230

La Planificación del Menú   290

Epílogo   253

Índice Alfabético   254

El Vegetariano Feliz

Hace doce años dejé de comer carne por solidaridad con el hambre en el Tercer Mundo. Mi decisión asombró a muchos amigos, que se preguntaban cómo podría sobrevivir un cocinero profesional sin un ingrediente tan indispensable. Pensaban que el vegetarianismo era un régimen de arroz integral, frutos secos y pastelillos hechos con una masa integral tan compacta que para cortarlos se necesitaba una perforadora de albañil. En efecto, estas críticas al vegetarianismo, aunque duras, han sido hasta hace poco bastante acertadas.

Pero en los últimos tiempos hemos asistido a una revolución gastronómica. La nueva cocina vegetariana puede atribuirse, sin temor alguno, el nombre de «cuisine verte» con tanto orgullo como cualquiera de las cocinas históricas que la han precedido. Es una gastronomía elegante, ligera y deliciosa —una imaginativa fusión de ingredientes tan fascinante para los ojos como para el paladar—. Tiene tan poco que ver con la antigua imagen del arroz integral, la barba y las sandalias, como Ferrán Rañé con Quico el progre.

Resulta paradójico en esta evolución que ahora sea el menú del carnívoro, que se reduce a la carne y a un par de clases de verduras, el más limitado en imaginación y en sabor. Además, el gran auge del nuevo vegetarianismo se debe al apogeo de los alimentos naturales; la legítima ansiedad por no abusar del colesterol se traduce en que cada vez sean más las personas que renuncian a la carne y a los productos cárnicos, ambos con un elevado contenido de grasas saturadas, como todos los alimentos de origen animal. La carne contiene, asimismo, restos de aditivos químicos, hormonas del crecimiento y antibióticos que pueden provocar reacciones alérgicas en algunas personas. Por tanto, sólo por esto, sería recomendable evitar la carne de los animales de cría intensiva.

Otra paradoja de la cadena alimenticia es que los alimentos de alto contenido proteínico suministrados a los animales de cría intensiva para criar músculo y aumentar de peso, se convierten en grasas porque los animales están encerrados en sus establos y no hacen suficiente ejercicio. En términos de salud, la carne resulta mucho menos apetitosa para el consumidor, pero esta paradoja revierte en los países del Tercer Mundo que, afectados por el hambre, deberían cultivar para su propio consumo en lugar de dedicarse a cultivos para la exportación. Por consiguiente, nuestra dependencia de los animales de cría intensiva está directamente vinculada a la mala nutrición y al hambre que se experimenta actualmente en el Tercer Mundo.

Olvidamos con demasiada facilidad las palabras de Adam Smith: «Para nuestra cena no confiamos en la benevolencia del carnicero, el destilador o el panadero, sino en la protección de sus propio intereses». En efecto, las enormes empresas multinacionales son responsables del hambre en el mundo, porque mantienen este sistema derrochador y egoísta en detrimento de los pobres y en beneficio propio.

Creo que el individuo puede contribuir a cambiar el mundo con sus acciones. También creo que se puede ser moralmente responsable en la elección de los alimentos y, al mismo tiempo, seguir siendo gastrónomo, sensual y, además, divertirse. Si creemos que los habitantes del mundo hemos de respetarnos los unos a los otros, la decisión de disminuir drásticamente el consumo de carne es ineludible. Producir carne es una forma ineficaz de alimentar a una población. Una hectárea de judías de soja permite a una persona vivir cinco años, mientras que la misma hectárea plantada con cebada para alimentar un buey para su posterior consumo permite que esa misma persona viva sólo cuatro meses.

Mucha gente siente también una unión metafísica con otros animales que habitan el planeta y consideran pernicioso para la salud y éticamente reprochable el consumo de carne muerta. Este sentimiento es de tradición antigua, y se encuentra, sobre todo, en las religiones hindú jainita y sij —aunque en la India los hábitos alimenticios son tan complejos como los nuestros—. Algunos brahmanes, por ejemplo, se abstienen de toda carne animal, pero la mayoría comen huevos, pollo y pescado.

Los humanistas creen que Leonardo da Vinci ya lo dijo todo cuando profetizó: «Vendrá un tiempo en que los hombres juzgarán la matanza de los animales como juzgan el asesinato de un hombre». Esta elevada conciencia ética de que todos los seres tienen el mismo derecho inherente a la vida destaca en el pensamiento de muchos otros escritores, artistas y filósofos: Plutarco, Pitágoras, Shelley, Tolstoi, Thoreau, Benjamin Franklin, Pope y Shaw. Ghandi dijo: «Creo efectivamente que el progreso espiritual exige que, en algún momento, cesemos de matar a nuestros congéneres animales para satisfacer nuestros deseos corporales». No existe, en mi opinión, ninguna lógica que se pueda oponer razonablemente a esta actitud.

Sin embargo, pienso que es absurdo adoptar una línea purista y evitar el consumo de todo lo que contenga materia animal. En el mundo actual resulta sumamente difícil, ya que se encuentran residuos animales hasta en los productos plásticos. Los vegetarianos que tienen gatos *deben* romper la norma purista todos los días, porque los gatos son carnívoros; a diferencia de los perros, no tienen la capacidad digestiva para nutrirse exclusivamente de alimentos vegetales. Los seres humanos pueden elegir; somos omnívoros y podemos madurar con una diversidad de alimentos. Algunas personas argumentan que en un tiempo remoto fuimos herbívoros, y que por eso deberíamos volver a ese estado. Yo me opongo a este argumento, que además no está muy claro. Nos afecta lo que somos ahora, no lo que fuimos entonces.

Como pragmático que soy, sigo creyendo, pese a las abundantes pruebas de lo contrario, que el *homo sapiens* se civiliza a medida que evoluciona. No hay duda de que actualmente el estilo de vida más civilizado es el vegetariano. Es, también, el menos costoso y el más práctico para las necesidades del presente. Los alimentos vegetales se conservan bien y muchos se pueden comer crudos, lo que implica, como mínimo, un menor gasto energético.

Todas estas ideas están comprendidas dentro de la corriente ecológica *Gaia*, llamada así en honor a la diosa griega de la Tierra. Esta filosofía aboga por un conocimiento de nuestros recursos para no contaminar la Tierra con plaguicidas y agotar los suelos con una agricultura demasiado intensiva. Si pudiéramos recuperar la industria de la agricultura de granja a escala reducida con ganado de pastizaje libre y disminuir la producción de cereales y de azúcar (de los que tenemos excedentes), aumentaría la salud de las poblaciones de muchos países. El consumidor, usted y yo, podemos marcar el camino, pues los agricultores y los fabricantes de alimentos se verán obligados a acceder a las exigencias del consumidor. Siguiendo el nuevo estilo vegetariano, podemos hacer del mundo un lugar más amable y feliz. La comida, éticamente buena, no tiene por qué ser aburrida, sosa y poco apetitosa. Debe ser todo lo contrario —un festín de la mente, del espíritu y del paladar, servido con elegancia y estilo—. Este libro describe cómo, al modificar los hábitos de mesa y los ingredientes que se sirven en ella, podrá cambiar radicalmente su estilo de vida y vivir de forma respetuosa en este mundo.

CAPÍTULO I

Una Nueva Dieta

En todo el mundo occidental se está produciendo un auténtico cambio radical en los hábitos alimenticios. Cada vez son más las personas que se interesan positivamente por una buena dieta —alimentos frescos, no contaminados por sustancias artificiales, que sean integrales y bajos en grasas animales—. Muchas personas optan por el vegetarianismo, y cada vez son más las que eliminan o reducen su consumo de carnes, aves o pescado. El movimiento en favor de esta nueva dieta crece sin cesar y conlleva un cambio de perspectiva asombroso y emocionante, fomentado por el descubrimiento de que nuestra salud depende principalmente de la clase y de la calidad de los alimentos que consumimos.

Somos lo que comemos. Ahora que este tópico ha llegado a aceptarse como concepto, resulta notable que una idea tan sencilla no gozara de credibilidad universal desde hace tiempo. ¿Pero qué es una dieta sana y equilibrada? ¿Y la dieta vegetariana en sí, es mejor que cualquier otra?

Se sabe desde hace algún tiempo que una dieta con abundantes carnes y alimentos muy procesados contribuye a desarrollar una veintena de las enfermedades más graves que afectan a la civilización, y es constante la acumulación de pruebas que lo demuestran. La opinión médica aconseja corregir urgentemente esta tendencia. Deberíamos comer menos grasas saturadas, azúcar y proteínas animales, y evitar los alimentos procesados con un exceso de aditivos.

Deberíamos comer más alimentos con hidratos de carbono sin refinar, y también más fibra procedente de frutas y verduras. La dieta vegetariana emprende este camino de forma natural. No basta, sin embargo, con renunciar a las carnes y seguir como antes. Si se sustituyen las proteínas cárnicas por queso y huevos, el consumo de grasas y colesterol seguirá siendo excesivo. Es posible que a causa de las dificultades para obtener ingredientes frescos, se consuman alimentos procesados, perjudiciales o muy poco valiosos.

Existen tres criterios esenciales para una buena dieta. Ha de ser natural —integral, sin refinar, fresca y sin aditivos—. Ha de ser nutritiva —equilibrada en contenido proteínico, grasas e hidratos de carbono— y variada en la oferta de fuentes vitamínicas y minerales. Además, ha de ser adecuada a la persona. Nadie puede sentar cátedra sobre las diferencias en las necesidades dietéticas y los gustos de las personas.

En los últimos años se ha generado tal riqueza de información sobre alimentos buenos o malos y recomendaciones dietéticas que uno podría tener razones para sentirse confundido. Corremos el riesgo, en estos momentos, de angustiar a la gente hasta tal punto que acuda a las tiendas de productos naturales para adquirir un sinfín de suplementos dietéticos, a menudo innecesarios.

Este capítulo le facilitará las cosas. Procure relajarse, pues este libro ofrecerá al que lo desea un futuro vegetariano sano y feliz.

*Desde arriba, de izquierda a derecha: Zanahorias a
la papillote, Salsa de cacahuete (pág. 194), Manzana
al horno, Piña glaseada, Almortas con huevos
jaspeados (págs. 152 y 58), Verduras variadas a la
papillote (ver página 201).*

Hacer el cambio

La experiencia de cambiar a una dieta vegetariana varía de persona en persona. Existen muchos grados en una dieta ecológica que no llegan a constituir el auténtico vegetarianismo: comer menos carne, o nada de carnes rojas por motivos de salud o preocupación por el medio ambiente; rechazar el consumo de aves, huevos o cerdo de cría intensiva, o todos los alimentos producidos de forma cruel; comer simplemente menos alimentos y, más frecuentemente, comer sobre todo alimentos vegetales y ocasionalmente carnes. El auténtico vegetariano, en cambio, no come carnes ni pescado ni aves, y algunos renuncian totalmente a los alimentos de origen animal.

La decisión de convertirse en vegetariano puede ser deliberada y planificada, pero muchas personas encuentran que han empezado a abandonar la carne de forma bastante natural, sin percatarse plenamente de las implicaciones. Un buen día se dan cuenta de que tienden a evitarla en los restaurantes, casi nunca la compran, tal vez sólo la hayan comido una o dos veces en los últimos meses y no la echan en falta. Quizá se pregunten por el motivo, y piensen en cambiar definitivamente a una dieta vegetariana por razones éticas o de salud, o por preferencia personal. Tener fuertes razones éticas para cambiar es un apoyo útil mientras perdura el deseo de comer carne. Pero en cuanto se familiarizan con la nueva dieta, la mayoría de las personas se mantienen fieles a ella porque la prefieren, se sienten mejor, y observan cómo cambian sus hábitos alimenticios. Por lo general, el cambio suele tener únicamente resultados positivos para su salud, su autoestima y su gastronomía.

No obstante, si se propone tomar la decisión consciente de cambiar de dieta, es mejor hacerlo progresivamente. Lo más probable es que si se lanza de cabeza a un régimen de soja y ajo trastornará su digestión y a sus amigos. Podría, por ejemplo, alternar semanas de comer carne y comida vegetariana durante un par de meses, antes de renunciar totalmente a la carne. O simplemente empezar por eliminar las carnes rojas durante un mes, carnes blancas y pollo al mes siguiente, y finalmente el pescado y el marisco. Habría que reducir aún más lentamente los productos lácteos y los huevos, ya que es importante vigilar muy de cerca las nuevas fuentes proteínicas que necesitará en su dieta (ver página 25). En todos estos casos, es recomendable ampliar la dieta concienzudamente y obsequiarse a menudo con festines vegetarianos. Experimente con alimentos nuevos y no se deje intimidar por los sabores y texturas inesperados. Los gustos son volubles, producto de actitudes establecidas. Al cambiar estas actitudes, se logra controlar la dieta.

- **Ovo-lácteo-vegetariano.** *Es la forma más común de vegetarianismo; incluye leche, huevos y todos los productos lácteos.*
- **Lacto-vegetariano.** *Se consume leche y productos lácteos, pero se omiten los huevos.*
- **Vegetaliano.** *La dieta más ética pues evita todos los alimentos animales, incluidos los huevos y los productos lácteos. Consiste en verduras, cereales, frutos secos, semillas, algas, frutas frescas y secas.*
- **Frugívoro.** *Es una variante de la dieta vegetariana. Contiene sólo alimentos que pueden cosecharse dejando que se desarrolle la planta madre. Incluye frutas, frutos secos y algunas verduras.*

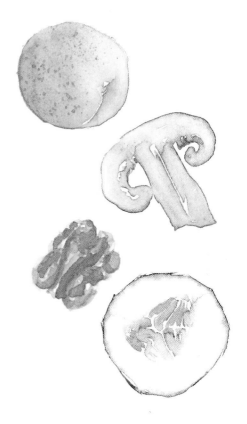

Otras dietas

Es asombrosa la gama de dietas alternativas que se promocionan actualmente en nuestra sociedad, tan preocupada por la salud. Algunas están basadas en toda una filosofía, otras son fundamentalmente terapéuticas, muchas son dietas adelgazantes. Algunas son vegetarianas, otras no. A continuación, presentamos una selección.

Dietas filosóficas

● **Yoga.** *Básicamente vegetariana, con alimentos naturales. El yoga divide los alimentos en tres categorías. Los alimentos* **sátvicos***, o puros, proporcionan tranquilidad y serenidad; incluyen cereales, pan integral, fruta, verduras, frutos secos y semillas. Los alimentos* **rajásicos***, o estimulantes, producen desasosiego y malestar; incluyen alimentos picantes, amargos, agrios, secos o salados — café, té, pescado, huevos y chocolate—. Los alimentos* **tamásicos***, o nocivos, producen inercia, irritación y apatía; incluyen la carne, el alcohol, el tabaco, las cebollas, el ajo, y todos los productos fermentados.*

● **Macrobiótica.** *Cereales y alimentos naturales integrales; incluyen algunas carnes en los niveles inferiores. Existen 10 niveles en total, y el más puro y elevado consiste en consumir sólo arroz integral. El alcohol, las drogas y el tabaco están prohibidos.*

La macrobiótica es una forma de vida basada en la complementación de opuestos interdependientes, el yin y el yang. Los alimentos yin son ácidos; los yang, alcalinos.

Dietas basadas en la salud

● **Crudívora.** *Verduras y frutas crudas. Estos son los únicos alimentos que proporcionan una nutrición completa.*

● **Biogénica.** *Alimentos naturales sin combinar, de alto contenido hídrico; incluye la carne. Intenta no mezclar proteínas y féculas concentradas. Diseñada para lograr un equilibrio bioquímico.*

● **Naturopática.** *Promueve el ayuno para limpiar el organismo y una dieta abundante en alimentos crudos y sin procesar.*

Dietas adelgazantes

Independientemente del sistema o régimen, todas las dietas adelgazantes recomiendan una reducción en el consumo de calorías.

● **Rica en fibra.** *La más conocida. Alimentos de alto contenido fibroso, sin refinar; incluye la carne. Al ser abundantes y menos caloríficos, los alimentos con mucha fibra ayudan a perder peso.*

● **Dietas de Scarsdale y Cambridge.** *Dietas adelgazantes aprobadas médicamente; incluyen algunos alimentos con muchas calorías.*

Dietas curativas

● **Dieta de Bristol.** *Alimentos naturales que no contienen elementos químicos, bajos en grasas y sales; diseñada por el Centro de Prevención del Cáncer de Bristol.*

Comer natural

Usted podría ser un vegetariano feliz, seguir una dieta equilibrada y, no obstante, comer de forma poco sana, simplemente porque consume demasiados alimentos excesivamente procesados y refinados. Nuestra sociedad es activa, estresante, valora mucho la conveniencia y la velocidad en todos los aspectos de la vida cotidiana, y, sobre todo, en relación a cómo comemos y preparamos nuestras comidas. Los alimentos envasados, la comida para llevar y los platos preparados son nuestra respuesta. Pero, por desgracia, al crear estos productos preparados hemos ignorado que en el proceso de elaboración perdemos nutrientes muy valiosos. La harina blanca, por ejemplo, ha perdido hasta un ochenta por ciento de sus vitaminas, proteínas y minerales en el refinado. Peor aún, añadimos productos químicos sin considerar sus repercusiones combinadas sobre nuestra salud.

Pese a no estar de acuerdo en los detalles, los bromatólogos y expertos de la salud tienden a coincidir en los aspectos fundamentales de una dieta sana. Ante todo, los alimentos que comemos deberían hallarse lo más cerca posible de su estado natural. Los alimentos deberían ser frescos (o congelados), sin refinar, e «integrales»; es decir, deberían contener, en la medida de lo posible, la planta original entera con la fibra y nutrientes intactos. No deberían llevar productos químicos innecesarios en su preparación, conservación y almacenamiento, y es preferible que tampoco estén expuestos a ellos durante el período de desarrollo. También deberíamos reducir el consumo de azúcar, sal y estimulantes como el alcohol y el café. Por último, si deseamos vivir más, deberíamos comer menos y más ligeramente.

Una dieta natural tiene sentido. Es evidente que cuanta más fruta y verdura cruda coma, recién cosechada, más rico será el consumo de vitaminas, minerales y fibras. Y si bien se consume azúcar a través de las manzanas, habría que comer veinte manzanas dulces de tamaño grande para consumir el equivalente a 100 g de azúcar refinado —un alimento «vacío», en cualquier caso (ver página 17)—. Según mi experiencia, el sabor mejora notablemente cuanto menor sea el tiempo entre cosecha y cocina. En efecto, algunas hortalizas como el maíz dulce y las alcachofas se transforman tan radicalmente cuando son cultivadas de forma doméstica que existe muy poca similitud entre ellas y su equivalente comercial. Otro tema polémico es el de los plaguicidas. Cada vez hay más pruebas de la perdurabilidad de algunos residuos tóxicos en los alimentos. Los vegetales cultivados de forma biológica son preferibles y de mejor calidad.

Deberíamos ser más selectivos con los productos elaborados que comemos. Discrimine, lea las etiquetas, compruebe que los alimentos estén frescos, busque distribuidores de alimentos ecológicos e integrales, coma en general alimentos crudos, y prepare comidas con ingredientes sin refinar. Su menú mejorará a la par que su salud.

El reloj digestivo

- *Las comidas regulares son una necesidad biológica. Es importante establecer hábitos alimenticios a los que se acostumbrará el cuerpo.*
- *Saltarse una comida significa comer de forma contraproducente, y eso afecta el organismo.*
- *Si prefiere tomar varias comidas ligeras en lugar de dos o tres abundantes, procure no picar dulces y galletas de alto contenido graso.*

El ayuno

- *El ayuno limpia y revitaliza el organismo.*
- *El ayuno requiere beber mucho zumo, agua o infusiones. Si lo desea, puede comer fruta.*
- *En principio, no ayune durante más de 36 horas.*
- *Debería reposar cuando ayune y comer ligero en cuanto rompa el ayuno.*
- *Si le resulta imposible ayunar, mantenga su dieta normal y procure beber un vaso de agua tibia, ligeramente salada, por las mañanas.*

Hábitos alimenticios naturales

Lo que se come es importante. Pero es igualmente importante cuándo y cuánto se come. Los alimentos naturales son valiosos para todos, pero los hábitos alimenticios varían de un individuo a otro. Procure reconocer sus propias necesidades y hábitos. No coma nunca cuando está saciado y procure hacerlo despacio, ya que así su estómago dispondrá de más tiempo para indicarle cuándo está saciado antes de que haya ingerido demasiado. Nuestros organismos tienen necesidades diferentes en función de los momentos del día y del año. La mayoría respondemos a ello de forma bastante natural. Durante los meses de invierno, tendemos a comer alimentos con mayor contenido nutritivo, valiosos por el calor y la energía que aportan, y en épocas cálidas recurrimos a alimentos más ligeros y a las ensaladas.

Nuestros hábitos alimenticios varían de acuerdo con la vida que llevamos, el lugar donde vivimos y nuestras preferencias personales. Algunas personas son incapaces de hacer nada hasta haber desayunado con abundancia; otras se desmayarían sólo de pensarlo. Así es la vida. Es más, algunas personas se sienten mejor comiendo poco varias veces al día, a la hora que desean; otras necesitan la rutina de las tres comidas regulares al día. No existen normas severas ni inmediatas, excepto comprender lo que le sienta bien al cuerpo, y atenerse a ello.

Si sigue una dieta de contenidos y hábitos naturales, no hay duda de que está muy sano y no debe sufrir problemas de peso. Si se entrega a un banquete ocasional, no importa. Tal vez le gustaría probar un ayuno como compensación. Si está sano, un breve ayuno de 24-36 horas a base de agua y zumos limpia el cuerpo y también aclara la mente.

Alimentos procesados y refinados

● *Siempre se pierden nutrientes durante el procesado, independientemente del método que se utilice. Durante el enlatado, se eliminan la vitamina C, la tiamina y el ácido fólico; en el secado se llega a perder hasta la mitad de la vitamina C.*

● *Todos los alimentos procesados —sobre todo los tentempiés— suelen tener un alto contenido de grasas, sal y azúcar. Vigile los denominados cereales con salvado, o mueslis comerciales, pues pueden llevar mucho azúcar. Prepárelos usted mismo.*

● *Se ha demostrado que numerosos aditivos químicos en los alimentos procesados son perjudiciales para la salud (ver página 21).*

● *Cuando se refina la harina, se eliminan el salvado (que contiene fibra) y el germen (que contiene grasas poliinsaturadas, vitamina E, tiamina, riboflavina, B_6 y proteínas) y queda sólo el endoesperma, o almidón del grano. Se pierden con ello hasta el ochenta por ciento de los nutrientes esenciales.*

● *Durante el refinado del arroz, se eliminan las proteínas, la vitamina C y los minerales. En realidad contiene menos de la mitad de vitamina B_6 que el arroz integral.*

Corte de un grano de trigo

Endoesperma

Salvado

Germen

Durante el refinado, se eliminan el salvado y el germen, que contienen vitaminas, proteínas y fibra, dejando únicamente el endoesperma o almidón. En este proceso, se pierden hasta el ochenta por ciento de los nutrientes.

Contenido alto en fibra

La fibra es una palabra nueva y mágica en la nutrición, y con razón. Actualmente se cree que un menú con un alto contenido en fibra dietética reduce el riesgo de diabetes, cáncer de intestinos y, posiblemente también, cardiopatías. Mantiene sana la digestión, combate la subida de peso y, debido a que la fibra absorbe algunos químicos, puede también ser un amortiguador de toxinas alimenticias. Y, por supuesto, una dieta rica en fibra contiene automáticamente muchos alimentos sin refinar, con un gran contenido nutritivo y pocas grasas saturadas (ver página 28).

La fibra está presente en muchos alimentos. No se trata de una sustancia, sino de varias. Incluye las partes de nuestros alimentos que nuestras enzimas digestivas no pueden descomponer, especialmente la celulosa de los carbohidratos (ver página 26).

Tal vez el mayor beneficio de la fibra sea que se instala en los intestinos llevándose las toxinas que pueden haberse acumulado en el intestino delgado, reduciendo así el riesgo de enfermedad y estreñimiento. Es más, los alimentos saciantes, satisfacen nuestro apetito sin aumentar las calorías.

Datos
- *La fibra en los alimentos sacia el apetito, y produce una rápida evacuación de los restos que permanecen en el intestino. Alivia el estreñimiento y protege de las enfermedades intestinales.*
- *Los alimentos de alto contenido en fibra son recomendables porque son bajos en grasas y tienen un alto contenido de vitaminas y minerales.*
- *Las dietas que contienen abundante fibra de cereal pueden interferir en la absorción de determinados minerales (por ejemplo, el calcio y el hierro). Es probable, no obstante, que esto tenga importancia sólo en las dietas de los más jóvenes y ancianos, que tal vez se beneficiarían más si su aporte de fibra procediera de la fruta y de la verdura.*

Para aprovechar bien la fibra

1 Aumente progresivamente el consumo de fibra en su dieta a lo largo de dos o tres meses, a fin de permitir que se habitúe el sistema digestivo.

2 Coma patatas con la piel (a menos que estén verdes).

3 Coma muesli preparado en casa (ver página 97) y no el que venden en los supermercados. Éste último suele contener demasiado azúcar.

4 Coma abundantes pastas y cereales integrales, fruta y verdura.

5 Evite los panes y harinas refinadas.

6 Coma más legumbres (judías, cereales, y frutos secos), añádalas en sopas y estofados.

7 Las hojas exteriores de las verduras son una fuente más rica en fibra que interiores. No las deseche, corte las hojas y agréguelas en sopas y estofados.

8 Coma alimentos ricos en fibra en lugar de añadir salvado a los poco apetitosos.

Contenido bajo en azúcar

Procure evitar el azúcar. Es un alimento «vacío», que sólo aporta calorías, y es un causante principal de la obesidad, que puede producir cardiopatías. También está vinculado a la diabetes y, por supuesto, produce caries dentales.

El exceso de azúcar es nocivo. Existe poca diferencia entre los azúcares blancos y refinados y los azúcares morenos y las melazas. Contienen pocos minerales, pero en términos nutritivos es poca la diferencia dietética. La miel y las savias de arce y abedul no son mucho mejores en ese sentido.

La única excepción es la fructosa, o azúcar de fruta. Aunque es más dulce que el azúcar corriente, el cuerpo absorbe la fructosa más lentamente y, por consiguiente, no afecta a los niveles de azúcar en la sangre de forma tan aguda. Al ser un tanto más dulce, se puede usar en menor cantidad.

Comer azúcares refinados sin acompañarlos de otros alimentos, produce un aumento rápido en el nivel del azúcar en la sangre, que vuelve a descender y provoca hambre —e incluso ansiedad— de productos dulces. Como todas las adicciones, es mejor renunciar a ella totalmente. No hay duda de que es más sensato no habituar a los niños al dulce, ni ofrecerles platos dulces como «recompensa». El azúcar debería estar totalmente ausente del alimento de los bebés.

Sin embargo, lo más importante de la dieta es el equilibrio. Por el bien de su dieta y de su cintura, procure no abusar. Pocas recetas en este libro contienen azúcar, pero puede omitirlo o usar zumo de frutas u otros sustitutos según su gusto personal.

Para reducir el consumo de azúcar:

- *Elimine el azúcar en las bebidas calientes. Para los refrescos, beba agua mineral o zumo de frutas sin azúcar en lugar de refrescos gaseosos. Beba vinos secos o sidra en lugar de los dulces.*
- *Use menos azúcar del que indican las recetas. Redúzcalo a la mitad para empezar, e ingiera cada vez menos.*
- *Compre mermeladas sin azúcar o baja en azúcar.*
- *Compruebe todas las etiquetas de los productos procesados, porque suelen llevar un alto contenido en azúcar. Los ingredientes están ordenados según las cantidades utilizadas. Muchos alimentos salados contienen azúcar como, por ejemplo, el ketchup, las judías enlatadas, sopas, salsas, encurtidos y verduras enlatadas.*
- *Si desea un tentempié, coma bocadillos salados, como por ejemplo, pan integral con germinados de alfalfa en lugar de galletas y pastas.*
- *Pruebe alguno de los sustitutos que presentamos bajo estas líneas.*

Sustitutos válidos del azúcar

- Actualmente la fructosa se puede adquirir en polvo o como jarabe; también en el zumo de frutas y en frutas frescas y secas.
- La miel, la melaza y el jarabe de arce son más aconsejables.
- Pruebe las especias para endulzar los postres (por ejemplo, la canela y el clavo).
- Utilice orejones de frutas en los pasteles.
- Pruebe el yogur casero, las frutas frescas, cocidas o secas, y el queso tierno como postre.

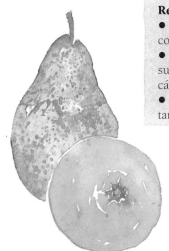

Reduzca el consumo de

- Alimentos procesados que contienen azúcar.
- Los ciclamatos (contienen sustancias que pueden causar cáncer.)
- Las pastas y galletas, pasteles y tartas, caramelos y helados.

Contenido bajo en sal

Existen muchos mitos en torno a la sal. Durante muchos años hemos pensado que necesitamos una abundancia de sal en nuestras dietas y que, sobre todo en climas cálidos, ésta previene la deshidratación. Hay algo de verdad en ello. La sal es cloruro sódico; al sudar, eliminamos sal y perdemos sodio; una pérdida excesiva de sodio no recuperada podría producir calambres musculares y deshidratación. Pero es un peligro poco frecuente que sólo se manifiesta en cuerpos no habituados a los climas cálidos y expuestos repentinamente a un exceso de calor.

Lo cierto es que la sal es necesaria, pero sólo en cantidades muy reducidas (aproximadamente 200 mg al día), y es fácil ingerir esta cantidad a través de alimentos frescos e integrales. Actualmente, consumimos de diez a doce veces más de lo que necesitamos.

Durante los últimos cincuenta años se ha pensado que la sal, o más concretamente el sodio, puede ser un factor causante de la hipertensión. Pero todavía no se conoce plenamente el fenómeno. Ahora se cree que tal vez se deba a un desequilibrio corporal entre la sal y otros minerales.

En cualquier caso, la medicina recomienda reducir la presencia de sal en la cocina. En las recetas, me he limitado a indicar «condimentar al gusto» y he dejado que usted decida por sí mismo.

Reduzca el consumo de sal:
- *Agregue menos sal de la cantidad indicada en las recetas (empiece reduciendo a la mitad). Es preferible eliminarla del todo.*
- *No use salero en la mesa.*
- *Coma alimentos de alto contenido potásico, ya que, al parecer, el potasio contrarresta el efecto del sodio. La fruta fresca y las verduras, el zumo de frutas y los frutos secos, especialmente las ciruelas, son buenas fuentes de potasio.*
- *Pruebe alguno de los sustitutos que indicamos abajo.*

Sustitutos válidos de la sal
- Una condimentación a base de hierbas o especias puede sustituir a la sal, pero pruebe especialmente el zumo de limón, la sal de hierbas, el gomasio (ver página 61) y el ajo.
- Utilice miso o salsa de soja para condimentar las sopas y las salsas. Contienen sodio concentrado, pero están tan concentrados que bastan pequeñas cantidades y, a diferencia de la sal, también contienen otros nutrientes válidos.
- Para empezar, pruebe la sal de bajo contenido sódico (mitad potasio, mitad sodio). Es útil en fases de transición.

Reduzca el consumo de...
- Muchos alimentos tienen un alto contenido en sodio. Pero no crea que éstos tendrán siempre gusto a sal. Si sólo evita los alimentos con gusto a sal, es posible que esté escogiendo alimentos con más sodio incluso que los que ha rechazado. Ejemplos de alimentos cuyo elevado contenido de sodio no es evidente son las galletas y los quesos.
- Margarina, mantequilla, pastas, extractos de levadura (aunque éstas tienen mucha vitamina B_{12}), galletas saladas, salsas, verduras enlatadas, sopas y encurtidos.
- Todos los alimentos procesados o productos con aditivos, pues la mayoría están basados en el sodio.

*Una selección de alimentos que pueden usarse en
lugar del azúcar y la sal para dar sabor. Muchos
están descritos en el Glosario (ver páginas 59-93).*

El problema de los aditivos

Los aditivos alimenticios no tienen nada de novedosos. La contaminación de los alimentos para hacerlos más convenientes o apetecibles ha ocurrido desde siempre. Y para que los alimentos puedan transportarse en buenas condiciones o almacenarse bien durante los meses de invierno es necesaria su conservación. El dióxido de azufre, un conservante generalizado en la actualidad, se ha utilizado desde la Grecia antigua, y la sal y las especias como el clavo, la canela y la pimienta desde mucho antes.

Pero hoy en día la escala de los aditivos alimenticios es totalmente diferente. Además de conservantes, hay estabilizantes, emulgentes, colorantes, antioxidantes, potenciadores del sabor y edulcorantes artificiales. Hoy sabemos que muchos aditivos corrientes producen problemas de salud, entre los que se cuentan las reacciones alérgicas, los trastornos digestivos y erupciones cutáneas. No hay duda de que algunos pueden ser nocivos, incluso cancerígenos. Pero sobre todo es preocupante el cóctel químico que se crea cuando comemos toda una gama de productos procesados y se mezclan en nuestros cuerpos distintos aditivos.

La legislación del etiquetaje de los alimentos es útil. Pero desgraciadamente no abarca la carne y el pescado. Los animales de granja se alimentan con un desagradable cúmulo de antibióticos, aditivos y hormonas del crecimiento.

Sin embargo, las cosas empiezan a mejorar; estamos en una época en que la voz de los consumidores se hace oír y los fabricantes empiezan a responder con lentitud.

Irradiación alimenticia

Hoy en día se está investigando un nuevo método de conservar alimentos industrialmente. Se trata de bombardearlos con rayos gamma para destruir las bacterias. El proceso no deja partículas radiactivas en los alimentos, y puede constituir una alternativa a los aditivos químicos —aunque lo más probable es que se acaben usando ambos métodos de forma combinada.

Sin embargo, esa técnica no es la panacea que algunos piensan. Los alimentos pueden quedar contaminados después de la irradiación, y es posible que no se destruyan todas las bacterias. El proceso reduce, asimismo, los nutrientes en algunos alimentos: las vitaminas B en el arroz y el pescado, la vitamina C en la fruta y las patatas.

Otra preocupación fundamental es la ubicación de las centrales de irradiación y la seguridad de los trabajadores. Antes de que los gobiernos desarrollen una legislación al respecto es necesario un debate público.

Para protegerse
- Leer bien todas las etiquetas.
- Cuando haga la compra, lleve una clave del código E de los aditivos, sus nombres y los peligros que representan.
- Busque establecimientos que vendan marcas de alimentos sin aditivos ni conservantes.
- Procure cocinar y comer alimentos frescos de cultivo ecológico.
- Compre huevos de gallinas criadas en libertad.
- Lave todas las frutas y verduras, sobre todo las importadas de países en los que apenas se controla el uso de plaguicidas.

Reduzca el consumo...
- Alimentos muy procesados. No compre nunca alimentos cuyos ingredientes no se indiquen.
- Alimentos de ganadería intensiva.
- Alimentos con etiquetas que indican simplemente «contiene conservantes».
- Alimentos con los aditivos nocivos detallados en la página de la derecha.
- Bebidas embotelladas y enlatadas que no sean agua mineral natural y zumo de frutas.

Identifique los aditivos

No todos los aditivos son indeseables. Muchos son productos naturales y no hay pruebas documentadas de que su uso adecuado sea pernicioso para la mayoría de la población. Son más las personas que padecen una intoxicación alimenticia como resultado de alimentos mal conservados que las que se ven afectadas negativamente por los aditivos. Sin embargo, la investigación constante en este campo revela continuamente nuevos datos, y la lista de aditivos conocidos que provocan o exacerban ciertos estados en determinadas personas aumenta progresivamente. Debido al carácter complejo de estas investigaciones, suele transcurrir un tiempo considerable entre el descubrimiento de los efectos secundarios y la prohibición definitiva del aditivo. Los más criticados son la tartracina, por su posible relación con la hiperactividad infantil, y los nitratos y nitritos de sodio, que pueden provocar cáncer de estómago.

Nota: La legislación del etiquetado de los alimentos varía de un país a otro. En Estados Unidos es obligatorio detallar el nombre del elemento químico y sus funciones. En el Reino Unido y otros países de la CE los aditivos se identifican con el código «E» seguido de un número. No existe ninguna legislación de la CE que obligue a detallar todos los aditivos.

E100 suelen ser colores.

E200-282 son principalmente conservantes y ácidos.

E300-341 son principalmente antioxidantes y reguladores de ácidos.

E400 incluyen los emulgentes, estabilizantes, espesantes, agentes antiespesantes, catalizadores y voluminizantes.

Precaución

Se cree que los aditivos detallados a continuación exacerban el estado de quienes sufren hiperactividad, asma y son sensibles a la aspirina. Se sospecha, aunque no se ha demostrado, que los indicados con un asterisco son agentes cancerígenos.

E102 (Tartracina)
Se usa en refrescos, postres, pasteles, galletas, confitería, comidas preparadas enlatadas y envasadas.

E123 (Amaranto)*
Se usa a veces en hamburguesas y en el refresco de grosella negra. Prohibido en Estados Unidos.

E150 (Caramelo)*
Se usa en refrescos, pan moreno, pasteles, galletas, mermelada de naranjas amargas y productos de vacuno.

E250 (Nitrito sódico)*
Aunque es útil para evitar el botulismo en carnes enlatadas, los nitritos han manifestado propiedades cancerígenas en ensayos de laboratorio con animales. Se usa en el beicon, salchichas y pizzas congeladas.

E251 (Nitrato sódico)*
Parecido al E250. Se encuentra en carnes enlatadas, beicon, queso y pizzas congeladas.

Útiles

Es un error desconfiar de todos los aditivos. Algunos se emplean en el hogar y, entre ellos, otros tienen virtudes nutritivas.

E101 (Riboflavina o Vitamina B_2)
Se usa principalmente en quesos procesados.

E170 (Carbonato de calcio)
Se usa en el pan, los pasteles, galletas, helados y confitería.

E260 (Ácido acético o Vinagre)
Se usa en encurtidos, quesos, salsas y crema de rábano rusticano.

E300 (Ácido ascórbico o Vitamina C)
Se usa en refrescos, leche en polvo, mantequilla, cerveza y algunos derivados de la patata.

E336 (Tartrato potásico)
Se usa en preparados de repostería, como la tarta de limón con merengue.

E406 (Agar agar)
Se usa en helados y para la gelatina de las carnes.

E410 (Goma de algarrobo)
Se usa en algunas gelatinas, rellenos de repostería enlatados y aliños para ensalada embotellados.

Una dieta equilibrada

Se suele decir que los vegetarianos se limitan porque no comen pescado ni carne. Pero lo cierto es que por lo general los vegetarianos de hoy están abiertos a una amplia gama de alimentos y a una diversidad de ingredientes que el omnívoro centrado en la carne no puede ni imaginar. De hecho, estas personas suelen ser las que tienen una dieta más restringida. Es más, ésta puede producir las mismas deficiencias dietéticas que se atribuyen injustamente al vegetarianismo.

El alimento es supervivencia: aporta la energía y la materia prima necesarias para desarrollar nuestro cuerpo, caminar, hablar, amar, pensar y ser. Es fundamental para el bienestar y la vitalidad conseguir el equilibrio y la diversidad adecuadas en nuestra dieta.

En una dieta sana, hay cinco tipos de alimentos esenciales: las proteínas, los hidratos de carbono, las grasas, las vitaminas y los minerales. Los tres primeros aportan energía, medible en calorías. Todos ellos aportan nutrientes esenciales para el funcionamiento diario del organismo.

En las páginas siguientes se detallan las estadísticas vitales de los cinco alimentos esenciales, con consejos prácticos sobre cómo aprovecharlos mejor y lo que conviene evitar. Las recetas del capítulo 4 están codificadas en función de su contenido proteínico y su conveniencia para los vegetalianos. Para los que tienen otras necesidades dietéticas, el capítulo 6 ofrece mayor información. En caso de confundirse con todos estos consejos, existen algunas reglas sencillas para seguir. Procure comer alimentos lo más variados posible. La mayoría de los alimentos integrales y naturales contienen los cinco elementos en proporciones variables. Coma poco y más veces al día, o coma más y menos veces, para beneficiarse al máximo de su dieta y, si es vegetariano, combine sobre todo alimentos proteínicos complementarios (ver página 25) en sus menús. No recurra exclusivamente a los productos lácteos y a los huevos para su aporte de proteínas, ya que tienen muchas grasas y colesterol (ver página 28); busque también diversas fuentes de proteína vegetal. Experimente con cualquier cosa, desde verduras crudas y frutas exóticas hasta algas marinas, desde miso hasta frutos secos y granos. Prepare panes interesantes, ensaladas hermosas y sabrosas pastas para untar. Cuanto más diversa sea su dieta, mejor.

Los líquidos

Se recomienda un consumo aproximado de un litro diario, pero no es necesario regular el líquido que bebe: su organismo se ocupará de indicárselo a través de la sed.

*Pero es importante **cuidar lo que se bebe**. El agua mineral es preferible al agua del grifo, que suele estar contaminada con plomo. Si bebe agua del grifo, déjela correr unos 10 segundos antes de llenar el vaso, sobre todo al principio del día, o cuando llegue a casa.*

La mayoría de las personas toman vino o agua en las comidas. Existen corrientes de pensamiento que abjuran del alcohol, y otras que desaprueban el agua en las comidas aduciendo que diluye los jugos gástricos. Este último me parece un argumento extravagante, y le otorgo poca credibilidad. En cuanto al vino, se sabe que tomado con moderación es estimulante y favorece la digestión.

Las infusiones de hierbas y las tisanas pueden ser refrescantes, y el lassi (batido de yogur, ver página 209) constituye una bebida noble y digestiva, especialmente en verano. La leche de soja fría mezclada con yogur también es deliciosa.

Reducir el consumo de	Beber	Comer
● Alimentos refinados	● Leche descremada	● Una dieta lo más variada posible
● Productos lácteos para el aporte de proteínas	● Agua mineral, zumo de frutas o verduras	● Todos los alimentos frescos, integrales o crudos que pueda
● Refrescos gaseosos (suelen contener aditivos y azúcar)	● Infusiones de hierbas	● Comidas ligeras y frecuentes
● Leche y bebidas lácteas	● Café descafeinado	● Fuentes diversas de proteínas
● Café y té		● Proteínas complementarias en la misma comida

Los ingredientes de la comida vegetariana que presentamos aquí están combinados para proporcionar el aporte necesario de proteínas, hidratos de carbono, grasas, vitaminas y minerales. Todos aportan los nutrientes mencionados.

**Desde arriba,
de izquierda a derecha:**
Panecillo integral de alto contenido proteínico con setas en vino tinto y mostaza: *hierro, zinc, cobre, magnesio, fibra, niacina, vitaminas B_1, B_2 y B_6.*
Gratinado Dauphinois: *hidratos de carbono, vitaminas A, B_{12}, C, D y E.*

Croquetas de puerros: *hierro, calcio, caroteno, vitaminas B_6, B_{12} y C.*
Pisto: *hierro, fibra, grasas no saturadas, vitaminas B_6, C y E.*
Ensalada verde: *caroteno, vitamina C, fibra, ácido fólico.*
Melón con puré de mango: *caroteno, vitaminas y fibra.*

Las proteínas

Hoy en día los nuevos vegetarianos no tienen por qué preocuparse por la cantidad de proteínas que contiene su dieta ni tampoco por su calidad. Las ideas en torno a las proteínas han cambiado. En el pasado se creía que el consumo de proteínas necesario para una vida sana era mucho mayor de lo que consideramos actualmente. A la gente se le recomendaba comer demasiadas proteínas y, en las sociedades opulentas, la mayoría lo sigue haciendo.

Es más, hasta hace poco se pensaba que la proteína animal era superior a la vegetal, incluso llegaron a clasificarse, erróneamente, como proteínas de primera y de segunda clase. Estas opiniones tan arraigadas nacían de la ignorancia. La carne, los huevos, la leche y el pescado eran fuentes proteínicas familiares, mientras que la diversidad de alimentos con proteínas vegetales —legumbres (especialmente las alubias de soja), frutos secos, cereales integrales, raíces y semillas (sobre todo los germinados de semillas de alto contenido proteínico, como la alfalfa)— era menos frecuente en las dietas occidentales. Hoy en día, las tiendas ofrecen una gran diversidad de alimentos de este tipo.

Las proteínas forman parte de todas las células de nuestro cuerpo. Se encuentran en un estado de cambio permanente, se descomponen y se recomponen en una labor incesante de reparación y fabricación de tejidos, regulan la química corporal y protegen de las infecciones. En la digestión, las proteínas que comemos se descomponen en los aproximadamente veinte aminoácidos que las constituyen. De estos aminoácidos, ocho (nueve en el caso de los niños) no son producidos por el tejido vivo, sino que deben obtenerse en la dieta. Los alimentos proteínicos «enteros» tienen un equilibrio correcto de estos aminoácidos esenciales de la dieta —la yema de huevo tiene la relación más próxima al ideal—. La soja y sus derivados, así como la leche y los productos lácteos, tienen también proteínas muy completas para el organismo humano.

Asimismo, se pueden obtener proteínas enteras a través de la combinación en una misma comida de dos o más fuentes de proteína «complementarias» —arroz o trigo con legumbres o semillas de sésamo, por ejemplo, o legumbres con maíz, cebada o avena—. Un alimento aporta los aminoácidos de los que puede carecer el otro. Si reflexiona un momento sobre esta combinación de proteínas complementarias, observará que la usamos de forma natural en muchos de nuestros platos preferidos. Un curry vegetal, por ejemplo, se sirve con arroz y lentejas. Recogemos el hummus (paté de garbanzos) ayudándonos del pan árabe sin levadura. Las tortillas de maíz mejicanos se toman con frijoles. En la sección de recetas de este libro se ofrecen muchos más ejemplos apetitosos.

Datos

● *No existe peligro de deficiencia proteínica en una dieta vegetariana equilibrada.*

● *La mayoría de las personas siguen comiendo el doble de las proteínas que necesitan.*

● *No existe en el cuerpo ningún órgano que se ocupe de almacenar el exceso de proteínas. El excedente se expulsa en la orina.*

● *La necesidad de proteínas disminuye con la edad.*

● *Un exceso de proteínas puede engordar.*

● *Los ancianos, y los que tengan los riñones débiles, no pueden seguir una dieta con demasiadas proteínas. Los bebés, los niños y los adolescentes, al estar creciendo, necesitan más proteínas en función de su peso que los adultos.*

PROTEÍNAS INCOMPLETAS	Sólo comidas	Comidas en combinación con:				Platos recomendados
		Cereales	**Legumbres**	**Frutos secos**	**Lácteos**	
Cereales Arroz integral, trigo, trigo descascarillado, cebada, avena y harina de avena, centeno, pan, maíz, alforfón.	◖— — — — ◁				◁	**Cereales y lácteos** Muesli con leche y yogur. Pasta con queso. Pan con queso. Arroz con leche.
Legumbres Lenteja, judía mungo, judía azuki, judía seca, judía común, judía roja, haba común, judía lima, garbanzo, guisante seco.	◖— ◁	◁		◁		**Legumbres y cereales** Judías estofadas con tostadas. Arroz con lentejas o guisantes. Cazuela de judías y verduras con arroz.
Frutos secos y semillas Semillas de girasol, de sésamo, de calabaza, tahini, anacardo, cacahuete, almendra, avellana, nuez del Brasil, castaña, coco, piñón, pistacho.	◖— — — — ◁		◁			**Frutos secos y legumbres** Empanadas de garbanzos. Lentejas y frutos secos. Ensalada con semillas de girasol.

PROTEÍNAS COMPLETAS	
Huevos	◯
Productos lácteos Leche y leche en polvo, yogur, queso, requesón	◯
Derivados de la soja Judías de soja, tofu, miso, salsa de soja, leche de soja, harina de soja.	◯

Combinando sus alimentos con sensatez aumentará hasta un 50% la calidad de las proteínas que consume en una comida. Las judías (legumbre) y las tostadas integrales (cereal), por ejemplo, tienen puntos positivos y negativos complementarios en sus aminoácidos. Si se consumen juntos, aportan el equilibrio proteínico adecuado. Las combinaciones de proteínas complementarias más útiles se indican arriba. Los alimentos en la columna superior izquierda contienen proteínas incompletas cuando se comen solos. Para completar la proteína, se pueden comer acompañados de otros alimentos proteínicos, tal y como indican los símbolos correspondientes. Los derivados lácteos y de la soja y los huevos son proteínas completas en sí mismas, como se indica a la izquierda; aumentan el valor nutritivo de una comida.

Los hidratos de carbono

Los hidratos de carbono tienen muy mala imagen ante los consumidores. Tendemos a pensar que son indigestos —llenan, engordan y poca cosa más—. Pero así como en los últimos tiempos han cambiado las ideas sobre las proteínas, también ha cambiado el modo de considerar los hidratos de carbono.

Los carbohidratos tienen dos formas básicas —los almidones y los azúcares— y un tercer tipo, la fibra o celulosa, que es la parte indigesta del alimento cuya importancia para la salud se ha reconocido en la última década (ver página 16). En los últimos treinta años, los hidratos de carbono refinados se han hecho alarmantemente corrientes. Pero desprovistos de la fibra, vitaminas y minerales, son muy poco nutritivos.

En su estado natural, sin refinar, los carbohidratos son una fuente muy importante de energía y de nutrición. La humilde patata, por ejemplo, contiene proteínas, hierro, fósforo, tiamina, niacina, vitaminas C y B$_6$, además de muchos minerales. Y eso no es todo. Los hidratos de carbono *no* son en sí mismos alimentos que engorden. Las patatas, por ejemplo, por peso, tienen menos calorías que un filete de carne. Sólo engordan cuando se consumen en cantidades superiores a las necesidades energéticas del cuerpo acompañadas de grasas, como suele hacerse con las patatas al horno aderezadas con mantequilla o crema de leche. Tome carbohidratos como guarniciones bajas en grasas y en su forma más natural posible. Serán una excelente fuente de nutrientes y de fibra dietética.

Datos

● *Los hidratos de carbono por sí mismos **no** engordan.*

● *Los alimentos con abundantes carbohidratos son muy nutritivos. Son una valiosa fuente de energía y, si se consumen sin refinar, contienen muchos otros nutrientes.*

● *Los azúcares, en cualquier forma, aportan únicamente calorías.*

> **Para aprovechar al máximo los hidratos de carbono:**
> **1** Cómalos sin refinar (los cereales integrales, pastas, legumbres y patatas son buenas fuentes).
> **2** Observe las instrucciones en las páginas 50-53 y 17 para preparar y cocer alimentos con carbohidratos, y para reducir el consumo de azúcar.

*Selección de alimentos con un alto contenido de
hidratos de carbono y proteínas. Algunos menos
frecuentes se pueden encontrar en el Glosario
(ver páginas 59-93).*

Grasas, buenas y malas

Las grasas se dividen químicamente en tres categorías: las grasas saturadas, las poliinsaturadas (ahora más familiares) y las monoinsaturadas, menos publicitadas. Las grasas saturadas son las malas de la película, pues elevan los niveles de colesterol y obturan las arterias hasta que un coágulo o bloqueo produce un infarto cardíaco. Las poliinsaturadas no obturan los vasos sanguíneos y, se dice, que tal vez incluso actúen como antídoto del proceso (aunque todavía no está demostrado). Las poliinsaturadas también nos proporcionan ácidos grasos esenciales (AGE: ácidos linoleico, linolénico y araquidónico), que son necesarios para una buena circulación de la sangre y para mantener los vasos sanguíneos sanos. Las monoinsaturadas son neutrales por lo que respecta a la salud.

No siempre resulta fácil distinguir las grasas buenas de las malas. Por regla general, las grasas saturadas tienden a ser sólidas, y las poliinsaturadas líquidas. Las saturadas se encuentran en las grasas animales, como la mantequilla, el queso, las aves y los huevos. Las poliinsaturadas pueden encontrarse en el pescado, los frutos secos y los aceites vegetales; y las monoinsaturadas en los frutos secos y, sobre todo, en el aceite de oliva. El aceite de coco, no obstante, es vegetal pero sólido y saturado, y el aceite de palma, aunque vegetal y líquido, también es saturado.

De hecho, la mayoría de las grasas y de los alimentos de toda clase contienen una proporción variable de los tres tipos; lo que importa es la proporción. Para complicar aún más el asunto, cuando se hidrogenan los aceites poliinsaturados (calentados bajo presión con hidrógeno) con el fin de solidificarlos —en la fabricación de la mayoría de las margarinas— se convierten en aceites saturados.

No hay duda de que necesitamos grasas. Son una fuente concentrada de energía, nos proporcionan ácidos grasos esenciales y las vitaminas liposolubles hacen que la comida sea más sabrosa; contribuyen a saciar el apetito moderando el ritmo de la digestión.

Datos
- *El cuerpo necesita grasas en cierta medida, pero se recomienda reducir el consumo de grasas saturadas.*
- *Si reduce el consumo de ácidos grasos saturados, el nivel de colesterol en la sangre se verá automáticamente disminuido.*
- *La grasa es una fuente de energía concentrada.*
- *La grasa puede cambiar su naturaleza cuando se calienta.*

Para aprovechar las grasas:
1 Procure consumir grasas poliinsaturadas. Use aceites poliinsaturados como el aceite de azafrán de girasol, y observe las recomendaciones de la página siguiente.
2 Las grasas monoinsaturadas (presentes en los frutos secos, semillas y aceite de oliva) son un buen sustituto de las saturadas.
3 Procure utilizar aceites prensados en frío pues son más saludables.

Para reducir el consumo de grasas saturadas:
- *Use productos lácteos semidesnatados.*
- *Sirva los cereales con zumo de frutas o con leche desnatada.*
- *Al freír, use una sartén antiadherente (así necesitará menos aceite), y use aceites poliinsaturados, pero no los deje calentar demasiado, ya que esto los transforma en aceites saturados. (El aceite de maíz es el más estable en temperaturas elevadas.)*
- *Limite el consumo de huevos a dos o tres por semana.*

Reducir grasas es reducir colesterol

Durante muchos años, los ciudadanos de las sociedades opulentas han consumido demasiadas grasas, fundamentalmente las grasas saturadas. El exceso de grasas saturadas en la dieta está relacionado con el cáncer, la diabetes y, sobre todo, con las cardiopatías.

Los vegetarianos tienen cierta ventaja en este aspecto, ya que evitan la elevada proporción de grasas saturadas de la carne. Pero, salvo para los vegetalianos (que no toman huevos ni leche) todavía quedan los productos lácteos, con un alto contenido de grasas saturadas. Por tanto, vigile el consumo de éstos, y también de los huevos, que tienen niveles concentrados de grasas saturadas en la yema. Recurra a la leche desnatada, cocine con aceites de abundantes grasas poliinsaturadas y, en lugar de mantequilla, utilice una margarina con un alto contenido de poliinsaturados y tome menos margarina, mantequilla, nata y quesos grasos. Muchos alimentos procesados tienen también una proporción sorprendentemente elevada de grasas: los pasteles, galletas, tartas y algunas comidas enlatadas y congeladas contienen muchas grasas adicionales —fíjese bien en las etiquetas.

El factor colesterol

El colesterol es un tipo de grasa que se encuentra de forma natural en los tejidos animales, producido principalmente por el hígado. Se habla mucho de sus efectos nocivos, pero lo cierto es que tiene muchas funciones vitales: en la producción de vitamina D, hormonas, paredes celulares y ácidos biliares para la digestión.

Los estudios más recientes sugieren que en el cuerpo podría haber variantes de colesterol «buenas» y «malas». La clave yace en su forma de transporte. El colesterol viaja en la sangre en forma de una bolsa de proteínas grasas llamadas lipoproteínas, de las que existen tres tipos: de alta densidad (HDL), de baja densidad (LDL) y de muy baja densidad (VLDL). Las LDL son las nocivas, puesto que obturan las arterias, contribuyendo así a las cardiopatías. Las HDL protegen de la obturación, enviando el colesterol de vuelta al hígado, donde se podrá expulsar el exceso en forma de bilis.

Cuando la dieta está compuesta de abundantes grasas saturadas, el hígado produce grandes cantidades de VLDL y LDL. Las grasas saturadas muy cargadas de colesterol se encuentran, sobre todo, en los productos animales. Los vegetarianos, por tanto, tienen una ventaja básica salvo que abusen de los huevos.

Sustitutos válidos bajos en grasas

Lácteos. *Quark (ver página 45), requesones, y nata agria semidesnatada.*
No lácteos. *Leche de soja, tofu.*
Esencialmente sin lácteos. *Margarina con un alto contenido de poliinsaturados. (Compruebe la indicación de «alto contenido de poliinsaturados». Si sólo dice «bajo en colesterol», podría estar producida con aceites compuestos de abundantes grasas saturadas).*

● *En lugar de nata, pruebe el yogur semidesnatado, yogur griego (más denso) o nata agria semidesnatada para aliñar, y quark, cuajada o puré de requesón para cocinar.*
● *En lugar de mantequilla, use margarina poliinsaturada, y con las verduras, pruebe el requesón, nata agria o yogur semidesnatados.*
● *En lugar de leche, pruebe la leche de soja y, para espesarlos salsas, agua con sémola de maíz.*
● *En lugar de mayonesa o cremas espesas para ensaladas, prepare aliños con yogur semidesnatado, requesón, quark, o una combinación de éstos.*

Reduzca el consumo de...
● Leche entera
● Nata, mantequilla y quesos de alto contenido graso
● Alimentos procesados con grasas entre los ingredientes detallados
● Pastas, tartas, pasteles, tentempiés industriales con aceites combinados
● Alimentos fritos

Las vitaminas

En la actualidad está muy de moda preocuparse por el consumo de vitaminas. Pero lo cierto es que necesitamos vitaminas en cantidades tan reducidas que es muy improbable que padezcamos una deficiencia si observamos una dieta variada.

Existen en total unas trece vitaminas reconocidas, que se dividen en dos grupos principales: hidrosolubles (vitaminas del complejo B, vitamina C y ácido fólico) y liposolubles (vitaminas A, D, E y K). Las vitaminas hidrosolubles se disuelven en la sangre y en el líquido intracelular y no se conservan en el cuerpo por mucho tiempo. Se pierden rápidamente al cocinar y por tanto es fundamental un consumo diario regular. Las vitaminas liposolubles, en cambio, son retenidas en el hígado y en los tejidos adiposos y por ello no hace falta consumirlas en cantidades diarias. También es más fácil que perduren en los alimentos, ya que son más estables en la cocción y en el procesado. Las necesidades vitamínicas dependen de varios factores, como la edad, el sexo, la ocupación, la dieta y el estilo de vida. Las necesidades para casos especiales se detallan en el capítulo 6. En la página 32 se desglosan las distintas vitaminas y sus funciones.

El alcohol, los cigarrillos, el té, el café, la aspirina y la píldora anticonceptiva aumentan la necesidad de vitaminas en el cuerpo. Si usted consume con regularidad alguno de estos productos, es aconsejable que tome, además, un pequeño complemento multivitamínico. Otra preocupación, aunque pequeña, que afecta únicamente a los vegetalianos, es el problema de la carencia de B_{12} (ver página 33).

Para evitar la pérdida de vitaminas al cocinar de forma indebida, o al consumir alimentos refinados en exceso o procesados, lea los consejos de la página 53.

Los minerales

Tal vez no signifiquen gran cosa para la mayoría de personas, pero los minerales son vitales para nuestro bienestar. Forman parte de nuestros sistemas enzimático y hormonal y, en sales solubles, pueden afectar la composición y el equilibrio de los fluidos corporales. También posibilitan el funcionamiento correcto de los músculos y de los nervios.

Los minerales constituyen aproximadamente el 4% de nuestro peso corporal. En total, existen unos cien, de los que se cree que son esenciales unos veinte. De éstos, seis se necesitan en grandes cantidades y se llaman *macroelementos*: sodio, cloro, potasio, calcio, fósforo y magnesio. Los otros catorce se necesitan únicamente en cantidades muy reducidas y se llaman *oligoementos*: hierro, manganeso, zinc, cobre y yodo, entre otros.

Al igual que algunas vitaminas, hay minerales hidrosolubles que pueden eliminarse al cocer los alimentos que los contienen. Más adelante desglosamos los distintos minerales y sus funciones.

Datos

● *Si observa una dieta equilibrada no hay peligro de carencia vitamínica, aunque los vegetarianos estrictos deberían vigilar el consumo adecuado de B_{12} (ver página 33).*

● *Las vitaminas pueden ser destruidas durante el almacenamiento, cocción y procesado, pero la congelación apenas las afecta. Las vitaminas liposolubles son en general más estables que las vitaminas hidrosolubles.*

Aproveche mejor las vitaminas

1 Coma los alimentos lo más frescos posible.
2 Guarde la fruta y las verduras en un lugar fresco, oscuro y seco (las vitaminas liposolubles son sensibles a la luz).
3 Coma alimentos integrales.
4 Compruebe que la leche desnatada esté enriquecida con vitaminas A y D, pues son las que se eliminan con la grasa.
5 Procure utilizar un método sano para cocinar.
6 Evite dejar las verduras en remojo demasiado tiempo y no lave el arroz antes de cocerlo.

Datos

● *Los minerales deben estar bien equilibrados en el cuerpo para que éste funcione de forma eficaz.*

● *Los minerales pueden ser eliminados por muchos factores como el tabaco y la cafeína.*

Aproveche mejor los minerales

1 La fibra cereal, sobre todo la fibra de trigo, reduce la presencia de minerales. Coma otras fibras para contrarrestarlo.
2 La vitamina C aumenta la absorción de hierro.

Estos alimentos son buenas fuentes de vitaminas y minerales. Para detalles más específicos, ver el Glosario (páginas 59-93).

Las vitaminas

Vitamina A
Liposoluble. Importante para el crecimiento, la reparación de tejidos y la salud de los ojos. También protege contra las infecciones. *Buenas fuentes:* zanahorias, brécol, espinaca y derivados lácteos.

Vitaminas del complejo B
Importantes en el metabolismo de los hidratos de carbono, grasas y proteínas. A continuación se detallan las distintas vitaminas B, sus funciones y fuentes.

Vitamina B_1 (Tiamina)
Ayuda a liberar energía de los carbohidratos. También mejora la función mental y nerviosa y estimula el crecimiento. *Buenas fuentes:* cereales integrales (incluida la pasta y el pan), germen de trigo, harina de avena, frutos secos y la mayoría de las hortalizas.

Vitamina B_2 (Riboflavina)
Hidrosoluble. Contribuye a la salud de los ojos, piel, uñas y pelo, y favorece el crecimiento y la reproducción. *Buenas fuentes:* verduras, huevos, cereales integrales, setas, levadura.

Vitamina B_3 (Niacina)
Hidrosoluble. Ayuda a regular el azúcar en la sangre y los niveles de colesterol. En combinación con las vitaminas B_1 y B_2 favorece la producción de energía en las células. *Buenas fuentes:* frutos secos, cereales integrales, huevos, aguacates, levadura y legumbres.

Vitamina B_6 (Piridoxina)
Hidrosoluble. Esencial para la producción de glóbulos rojos, anticuerpos y proteínas. También ayuda al organismo a hacer uso de las grasas y puede aliviar el dolor premenstrual en algunas mujeres. *Buenas fuentes:* cereales integrales, aguacates, judías verdes, plátanos, frutos secos, patatas, verduras, fruta fresca y seca, germen de trigo.

Vitamina B_{12}
Hidrosoluble. Importante para el metabolismo del hierro y para mantener la vida celular y un sistema nervioso sano. *Buenas fuentes:* huevos y derivados lácteos, extracto de levadura y alimentos fermentados, como el miso. Los vegetalianos pueden verse afectados por una carencia de esta vitamina.

Ácido fólico
Hidrosoluble. Es importante en la prevención de la anemia y para una vida celular sana. Vital para las embarazadas. *Buenas fuentes:* verduras, zanahorias, calabazas, aguacates, albaricoques, cereales integrales y yema de huevo.

Vitamina E
Liposoluble. Forma parte de las membranas celulares, y protege las grasas insaturadas del cuerpo y las células del sistema circulatorio; se cree que posterga la vejez. *Buenas fuentes:* aceites vegetales, verduras, germen de trigo, cereales integrales, frutos secos y huevos.

Vitamina C (ácido ascórbico)

Hidrosoluble. Es vital para muchas funciones corporales, incluida la cicatrización de heridas y la resistencia a contraer enfermedades. También sirve para aumentar la absorción del hierro. Cuando el organismo se halla expuesto a un esfuerzo mayor de lo habitual precisará un mayor aporte. *Buenas fuentes:* verduras, patatas, tomates, fruta (sobre todo cítricos y bayas).

Vitamina D

Liposoluble. Es esencial para mantener los niveles normales de calcio y de fósforo en la sangre, potenciando así la formación sana de huesos y dientes. Es particularmente importante para las mujeres embarazadas y los niños. *Buenas fuentes:* derivados lácteos. La luz solar también produce esta vitamina.

Vitamina K

Liposoluble. Vital para la coagulación de la sangre. *Buenas fuentes:* yema de huevo, yogur y verduras.

Nota para los vegetalianos

Al adoptar una dieta sin huevos ni productos lácteos, la principal preocupación es la posibilidad de una carencia de B_{12}, ya que esta vitamina se encuentra sobre todo en los productos animales. No hay motivo para preocuparse si ha sido omnívoro toda su vida y luego adopta una dieta de este tipo, puesto que su cuerpo ya cuenta con una buena reserva de B_{12} que tardará años en agotarse. Las fuentes de B_{12} se dan en nuestros intestinos y en alimentos fermentados, como los extractos de levadura, miso y salsa de soja, además de los derivados lácteos. Es más, muchos fabricantes de cereales la han incorporado en sus productos.

No obstante, existen algunas situaciones en las que un vegetaliano puede tener una mayor necesidad de B_{12} como, por ejemplo, los bebés que precisarán complementos especiales (ver página 232), o durante el embarazo o en los trastornos gastrointestinales. En estos casos, el médico deberá recomendar un complemento.

Los minerales

Calcio, Fósforo y Magnesio

El calcio es importante para fortalecer los huesos y los dientes, y para el buen funcionamiento de las enzimas. Las espinacas, la leche y el queso son buenas fuentes. El fósforo es esencial para el corazón, los riñones y los huesos. Buenas fuentes son los cereales integrales, frutos secos, huevos y soja. El magnesio es necesario para las células, los músculos y los nervios. Buenas fuentes son las hortalizas y los cereales.

Potasio y Sodio

El potasio es esencial para el funcionamiento normal de los músculos cardíacos, los riñones, la circulación sanguínea y el sistema nervioso. Buenas fuentes son la fruta fresca y seca, las verduras, la leche y las legumbres. El sodio sirve para mantener la función nerviosa y muscular y los niveles normales de fluidos. Abunda en la mayoría de las hortalizas y suele agregarse en forma de sal (ver página 64).

Hierro y Zinc

El hierro se necesita para formar la hemoglobina que lleva el oxígeno en la sangre. Buenas fuentes son las frutas secas, las legumbres, semillas de sésamo, nabos y coles. El zinc es importante para el crecimiento y para sintetizar las proteínas. También fortalece el cabello, la piel y las uñas. Buenas fuentes son los huevos, el queso, los cereales integrales y las legumbres.

CAPÍTULO 2

El Cocinero Vegetariano

La transición a una dieta vegetariana suele ser progresiva. Es muy probable que la mayoría no renunciemos nunca del todo a la carne, y que la comamos sólo de vez en cuando. La gente no suele tomar una decisión ética y dramática; simplemente se va decantando hacia una dieta más sana que no explote la tierra ni los animales.

A medida que se abandonan la carne y los productos cárnicos es necesario ocuparse de las carencias que se presentarán en la dieta y en la despensa. Una vez tomada la decisión de evitar la carne, pueden emplearse varias medidas sensatas. Por ejemplo, merece la pena avisar a la familia y a los amigos del cambio de dieta para evitar la humillación de que a uno le sirvan carne y se vea obligado a comérsela por cortesía. Ser vegetariano es una práctica tan extendida que lo más probable es que no sorprenda. La mayoría de personas que cocinan para otras suelen tomar la precaución de comprobar sus preferencias dietéticas.

Otra medida sensata para el nuevo vegetariano es investigar en las tiendas de su barrio para ver si ofrecen un buen surtido de alimentos naturales. Si no es así, solicite que lo hagan. Aunque los establecimientos especializados en productos naturales suelen estar bien abastecidos, resulta alentador señalar que los grandes supermercados empiezan a tomar conciencia de esta tendencia y que cada vez son más los que ofrecen una diversidad de alimentos más sanos —altos en fibra, bajos en grasas saturadas, sal y azúcar.

Es buena idea explorar también los restaurantes desde esta nueva perspectiva. Hasta hace poco era habitual que los restaurantes sirvieran únicamente una tortilla o una ensalada cuando se les solicitaba una comida vegetariana. En una ocasión, en un hotel de cuatro estrellas, me dieron un plato de verduras hervidas que fue uno de los almuerzos más sosos y deslucidos que me han ofrecido nunca. Es evidente que se trata de una coyuntura de lo más patética. Los vegetarianos deberían insistir en su derecho a que le sirvan exquisiteces, tanto como a los aficionados a la carne.

Sin embargo, la tarea más importante para un nuevo vegetariano es revisar su despensa. En cuestión de semanas, esta revisión cambiará su modo de cocinar y ampliará su recetario con cientos de platos nuevos. En las páginas siguientes detallo lo que yo considero los aspectos más esenciales, enfatizando las hierbas, sabores y especias naturales. Ya hace demasiado tiempo que la comida vegetariana ostenta la mala reputación de ser sosa e indigesta. Aunque puede ser ambas cosas fácilmente, no hay motivo para que tenga que ser así; un uso imaginativo de los ingredientes y condimentos puede crear comidas de lo más atrayente.

 *Los patés presentan un aspecto doblemente apetitoso si se moldean en forma de croqueta o en círculo. Pruebe a rebozar el exterior con una picada de nueces o de hierbas. (Ver página 57 para la técnica.)*

La despensa

Aceites

Los buenos aceites son caros, pero influyen de manera importante en el sabor y en la nutrición.

El aceite de oliva virgen es el primer elemento imprescindible. Se produce con el primer prensado de las aceitunas y, por tanto, es espeso y verde, y de sabor potente. Úselo para vinagretas, mayonesas y para cocer hortalizas.

El aceite de nuez y **el aceite de avellana**, prensados en frío a partir de semillas maduras, tienen un sabor delicado y son excelentes con ensaladas, salsas y mayonesas. Son caros, y por eso conviene utilizarlos con moderación, pero, si se lo puede permitir, úselos tan libremente como haría con el aceite de oliva.

Aceite de sésamo tostado es otra ampliación útil para su despensa, sobre todo porque contiene abundantes proteínas. El aceite se extrae de semillas de sésamo tostadas, que le dan un sabor picante y fuerte, de modo que conviene mezclarlo con otros aceites —una media cucharadita escasa será suficiente para aliñar una ensalada—. Este aceite suele usarse para los alimentos salteados, pero utilice, de todas formas, sólo 3 o 4 gotas con un aceite más insípido, de maíz o de girasol.

Aceite de maíz apenas tiene sabor, pero es ligero y perfecto para los salteados y para freír.

Grasas

Todos deseamos reducir el consumo de grasas, y es fácil hacerlo cuando se piensa en la cantidad de grasas poliinsaturadas que tenemos ya a nuestra disposición. Por lo que respecta a la salud, conviene evitar las grasas sólidas, ya que suele ser ésta la forma más habitual de consumir grasas saturadas. Sin embargo, no hace falta evitarlas totalmente. Veamos algunas de ellas

La **mantequilla** es un ingrediente esencial en algunos platos porque aporta una riqueza de sabor que no ofrece ninguna otra grasa. También puede mezclarse con aceite en los fritos para evitar que se queme. Use preferentemente mantequilla sin sal.

La **margarina** es un sustituto de la mantequilla elaborado con grasa animal o vegetal, o con una mezcla de ambas. Sus grasas son también saturadas y se considera menos saludable que la mantequilla. Se puede usar para untar, para repostería y para fritos, pero su sabor no se puede comparar con el de la mantequilla.

La **margarina poliinsaturada** tiene una textura y un sabor más ligeros que la margarina sólida. Sirve para untar, pero no tiene tanto éxito en repostería.

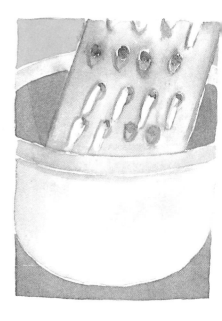

La **manteca de hojaldre** es una manteca vegetal hidrogenada, alta en grasas saturadas, pero que aporta justo la textura necesaria para el hojaldre. Pienso que se puede justificar porque su sabor es mejor que la margarina, y dado que sólo se come una pequeña porción, el consumo de grasa no será excesivo.

El **ghee** es la mantequilla clarificada típica de la cocina india. No se quema con la facilidad de la mantequilla corriente y por tanto se puede calentar a temperaturas mucho más altas. Puede prepararse en casa simplemente fundiendo la mantequilla en una sartén y filtrándola después con un tejido de muselina o gasa.

Vinagres

No asocie los vinagres aromatizados únicamente con las ensaladas. Una cucharada agregada a un plato salteado en el último momento permite que las hortalizas se acaben de cocinar al vapor, absorbiendo el sabor del vinagre.

Los buenos **vinagres de vino tinto o blanco** son una forma excelente de empezar su colección.

Los **vinagres de sidra**, sazonados con hierbas como el estragón, la menta, el tomillo y la albahaca, son buenos para su próxima ampliación. El vinagre de sidra sazonado con menta y batido con nata agria es perfecto para aliñar patatas nuevas o al horno.

El **vinagre de frambuesas**, el **vinagre de jerez** y el **vinagre de judías negras chinas** aportan sabores insólitos y deliciosos con los que merece la pena experimentar.

El **vinagre balsámico** se hace en el norte de Italia y se conserva durante diez años o más en barriletes de madera de roble, castaño, morera o enebro. Tiene un sabor fuerte y denso, y es de color pardo rojizo. Se usa en ensaladas y en salsas.

Vinagre de hierbas hecho en casa

Se lava y se seca un manojo de hierbas frescas variadas, o la mitad si son hierbas secas. Se coloca en un tarro o una botella de litro. Se añaden 10 granos de pimienta, 2 chalotes y una cucharadita de semillas de apio. Se llena hasta arriba de vinagre de sidra, se sella y almacena durante 2 semanas. Se cuela con un paño de muselina y se embotella. Pruebe también otras combinaciones.

Las legumbres

Este grupo incluye todos los tipos de judías, guisantes y lentejas. Tienen mucha proteína y son una fuente útil de fibra. Pese a ello, las legumbres han tenido siempre muy mala prensa, pues se asocian automáticamente con las «ventosidades». Es triste que las legumbres hayan cargado con gran parte de la culpa de las flatulencias. Lo cierto es que el quince por ciento de *todos* los hidratos de carbono tienen el mismo efecto porque el intestino delgado no puede absorberlos en su totalidad. Pasan entonces al colon o intestino grueso, donde las bacterias los degradan produciendo gas. Puesto que somos seres individuales, nuestros intestinos producen cantidades distintas de bacterias y, por eso, hay personas más flatulentas que otras; las legumbres tienen poco que ver. El error principal con las legumbres es abusar de su cantidad. Un plato lleno de lentejas, habas o judías secas desencadenará flatulencias. Pero si esas legumbres complementan un plato de arroz o una ensalada, como nos enseña la cocina asiática, el resultado será muy distinto.

Procure tener varios tipos de legumbres en la despensa para dar color y variedad a sus comidas. Sin embargo, no guarde demasiada cantidad o muchos tipos distintos. Las legumbres se endurecen cuando envejecen y necesitan una cocción larga para ablandarse. Para asegurar que están frescas, compre en tiendas que renuevan asiduamente su surtido, no compre más de medio kilo a la vez, y guárdelas en tarros herméticos.

Mis legumbres preferidas son las *judías secas*, que o bien gustan en demasía o son detestadas con ahínco. Sin embargo, no dude en probar las *judías azuki*, típicas de la macrobiótica, las *judías lima*, las *judías verdes*, las *judías mungo* y la *soja*. La familia de las legumbres es muy variada (ver página 80). Por lo que a mí respecta, la mayor decepción de esta selección es la soja. Durante muchos años he intentado crear platos sabrosos con soja, cocinándola a la cazuela con ajo, jengibre, hierbas y casi cualquier cosa que creciera en el huerto de casa, pero el sabor de la alubia de soja es insípido. Pese a ello, es la legumbre más nutritiva y no deber descartarse.

Guisantes

Se cree que han sido cultivados desde el neolítico, y se han puesto de moda en diferentes épocas. En la Edad Media, los guisantes secos se utilizaban habitualmente en la cocina, sobre todo con la carne y el pescado. En la Francia del siglo XVII, Luis XIV era un adicto a los guisantes frescos. Consumía grandes platos llenos a rebosar. Una de sus doncellas llegó a esribir en su diario: «¡Esta pasión por los guisantes es una locura!». La moda pasó a Inglaterra y los guisantes se convirtieron en una selecta exquisitez.

Guisantes y garbanzos

Al ser de temporada tan corta, los *guisantes secos* constituyen un recurso útil en su despensa. Los *garbanzos* no se parecen en nada a los guisantes de huerto, pero tienen un buen sabor anuezado y merece la pena tenerlos en la despensa. Deben dejarse en remojo un mínimo de doce horas antes de cocinarlos. Son ricos en calorías y proteínas. Los diabéticos y quienes padezcan gota o artritis no deben abusar de ellos.

Las lentejas

Aunque poseen un elevado contenido nutritivo, las lentejas carecen de algunos de los aminoácidos más esenciales y no aportan, por tanto, una proteína completa (ver página 25). Para compensarlo, durante miles de años se han comido con arroz en muchos lugares: en el Lejano Oriente, en la India, en Oriente Medio y en el norte de África; pero desde la Segunda Guerra Mundial se han convertido en una de las legumbres más populares de Europa y Estados Unidos. A mí me encanta la versatilidad de las lentejas: con ellas se pueden preparar buenas sopas, ensaladas, patés o cazuelas, y no necesitan mucha elaboración. Si no se emplean las variedades peladas, lo ideal es dejarlas en remojo unos diez minutos para que absorban el agua. Con este procedimiento, el tiempo de cocción será menor.

Los cereales

Estamos muy habituados a comer cereales en forma de pan, o a beber alcohol elaborado a partir de cereales (cerveza, whisky). Sin embargo, existen muchos tipos de cereales que pueden prepararse de varias maneras para añadir color, textura y sabor a cualquier plato. La mayoría se obtienen de formas distintas, desde el cereal integral sin refinar hasta los copos prensados (ver página 85). La cebada, el bulgur o trigo partido, el maíz, el mijo, la avena, el centeno, el trigo y el alforfón o trigo sarraceno (que en realidad es una legumbre) son los cereales que suelo usar más asiduamente. Si conserva un pequeño surtido de éstos o de cualquiera de sus derivados, podrá crear platos sabrosos y nutritivos.

Los frutos secos

Al contener abundantes proteínas y grasas esenciales, incluido el ácido linoleico que sirve para controlar el colesterol, los frutos secos son bien recibidos por los vegetarianos. Sin embargo, su uso en el pasado ha sido tan poco imaginativo que se han convertido en la oveja negra de todos los gastrónomos, pues solían aparecer en panes indigestos, sopas turbias y salsas demasiado espesas. La regla de oro es utilizar este valioso y delicioso alimento con moderación. Para los nuevos vegetarianos, sobre todo, los frutos secos pueden ser muy útiles para hacer la transición. No utilice el molinillo de café ni un robot de cocina para picarlos, o se convertirán en arenilla, en el mejor de los casos, o en polvo. Utilice el mortero y pequeñas cantidades, teniendo la precaución de pelar previamente las almendras tostadas. También puede invertir en un aparato para picar o en un molinillo de mesa, ambos de uso manual. En los tres casos la textura resultante será más gruesa y podrán ejercitar las mandíbulas.

Las harinas

Se puede hacer harina con casi todas las legumbres o cereales. Recomiendo que para su despensa se abastezca de una buena diversidad en cantidades más bien reducidas. De este modo, podrá experimentar con ellas por separado o combinarlas para lograr texturas y sabores distintos. La harina empieza a perder su valor nutritivo despúes de los seis meses, así que no debe comprar o almacenarla en grandes cantidades. Aparte de las harinas de trigo, encontrará que por lo general las otras harinas no contienen gluten suficiente para leudar el pan por sí mismas. El gluten es una proteína que está presente en muchas harinas. Cuando se mezcla con agua y se amasa, el gluten hace que la masa se estire. Si se agrega levadura o levadura en polvo, la mezcla produce burbujas de aire que son atrapadas por el gluten. Este es el proceso que hace que la masa se hinche. Las personas alérgicas al gluten pueden comer pan y pasteles hechos con harina de centeno.

En el Glosario se incluye una lista completa de las distintas harinas (ver página 85). Observe que no siempre resulta posible ofrecer los equivalentes exactos en nuestro país de ciertas harinas. Por ejemplo, la harina común de Estados Unidos se parece mucho a la harina corriente de Europa, pero, a diferencia de ésta, sirve para hacer un buen pan. La harina de «granero», cada vez más popular en Inglaterra, no se puede conseguir en ninguna parte en el resto de Europa. Por su excelente sabor, merece la pena que uno mismo la prepare en casa (ver arriba).

> **Harina de «granero»**
> Se calientan 4 cucharadas de granos de trigo descascarado con 1 cucharada de extracto de malta. Se mezclan con 450 g de harina para pan y se añade una cucharada de salvado.

Los espesantes

Los siguientes alimentos son ingredientes esenciales en muchas salsas, estofados y gelatinas. La mayoría se conservan durante varios meses si se han guardado en recipientes herméticos en un lugar fresco y seco.

El **agar agar** se obtiene en rama o en polvo, y es el sustituto vegetariano de la gelatina. Es fundamental asegurarse de que esté totalmente disuelto antes de cocinarlo. Debe removerse en agua hirviendo y ponerse a fuego lento durante 5 minutos. Cuaja a temperatura ambiente en 1 hora y se puede volver a licuar en un horno microondas o al baño María. 8 g de agar agar supone 250 ml/1 taza de líquido.

El **arrurruz** es una harina blanca y fina que se usa para espesar salsas.

Harina. La mayoría de harinas sirven para espesar (ver página 85).

El **kudzu** se obtiene en forma de polvo blanco, y se usa mucho en la cocina oriental. Es muy superior al arrurruz y a la sémola de maíz, ya que contiene proteínas.

Los agentes fermentadores

La elaboración del pan y de los pasteles es una tarea muy agradable. El éxito depende de los agentes fermentadores que alteran la composición de la masa.

La **levadura en polvo** sirve para hacer pasteles y pan convencional. Se puede preparar en casa mezclando 3 partes de bicarbonato de sosa con 2 partes de tartrato potásico.

La **levadura fresca** se conserva en la nevera envuelta en celofán durante 2 semanas como máximo.

La **levadura seca** se obtiene en sobres que suelen bastar para un pan de 450 g, y en ocasiones su sabor es más fuerte que la levadura fresca. Se mezcla con un poco de agua antes de su uso. El pan elaborado con esta levadura requiere dos fermentaciones antes de la cocción, de manera que debe procurarse distribuir bien la levadura.

La **levadura micronizada** es seca y tiene el aspecto de minúsculas bolas. No requiere preparación alguna y se mezcla sin más con los ingredientes secos antes de añadir el líquido. Sólo necesita una fermentación.

Los condimentos

Esta sección abarca polvos, líquidos y pastas que se pueden usar de forma cotidiana.

Ajo. Es uno de los condimentos más vitales, «alimento y medicina» como diría Hipócrates.

Azúcar. Existen muchos tipos de azúcar. El único que tiene algún valor nutritivo es el integral de caña de azúcar, pero incluso ésta tiene un cantidad mínima de minerales naturales, de modo que sólo aporta calorías. Todos los azúcares producen caries y, por consiguiente, es mejor evitarlos.

Mostaza de Dijón. Es una mostaza francesa muy útil en la cocina, ya que su sabor es bastante «puro»; a diferencia de muchas otras mostazas, no contiene azúcar ni vinagre.

Mostaza de Meaux. Es una mostaza francesa granulada elaborada con semillas de mostaza integrales trituradas.

Mostaza inglesa en polvo. Se mezcla con un poco de agua fría hasta formar una pasta suave. No use vinagre, agua hervida o sal, ya que destruirían las enzimas y su sabor sería más bien amargo en lugar de picante.

Pimienta negra en grano. Contribuye al aroma y al sabor sólo cuando está recién molida.

Sal marina. Preferible a la sal de mesa corriente pues no tiene conservantes añadidos.

Salsa de soja. Yo prefiero la salsa natural fermentada llamada «shoyu». La variante japonesa se llama «tamari».

Salsa Worcestershire. Contiene anchoas, de manera que los verdaderos vegetarianos se abstendrán de ella. Sirve como condimento en algunas salsas, sopas y estofados.

Tabasco. Es una salsa muy picante elaborada con guindillas, vinagre y sal. Sólo se necesitan *unas cuantas gotas* para condimentar un plato.

Wasabi (crema de rábanos japonesa). Es más picante que la crema de rábanos europea y sirve para platos que necesitan un sabor un poco más picante.

Zumo de limón. Potencia el sabor de muchos platos. La cáscara está tratada con un fungicida para agregarle lustre. Se disuelve con ginebra pero son preferibles los de cultivio biológico.

Hierbas y especias

Es esencial tener un surtido variado en la despensa si pretende preparar usted mismo los currys. Compre hierbas y especias en tiendas donde se renueve asiduamente el surtido para asegurarse de que están frescas. Cómprelas en cantidades reducidas, por ejemplo, en paquetes de 50 g, y guárdelas en frascos de cierre hermético alejados de la luz. Al agregarlas a los alimentos, mantenga el tarro alejado del vapor para evitar que se humedezca el contenido.

Las esenciales

Ajedrea, albahaca, alcaravea, anís, anís estrellado, asafétida, bayas de enebro, canela, cardamomo, casia, chiles o guindillas, clavo, cúrcuma, eneldo, especias variadas, estragón, fenogreco, jengibre, macís, mejorana, nuez moscada, orégano, perejil, perifollo, pimentón, pimienta en grano, romero, sal de ajo, sal de apio, salvia, semillas de cilantro, semillas de mostaza, tamarindo, tomillo.

Especias para el curry

Yo prefiero usarlas enteras, y cocinarlas en aceite caliente hasta que chisporroteen, para luego añadirles el resto de los ingredientes. Las especias a elegir son: nuez moscada, semillas de cilantro, cúrcuma, casia, comino, pimienta en grano y jengibre entre otras.

Curry en polvo. No es buena idea comprar curry en polvo, ya que no se conserva bien. Prepárelo en cantidades reducidas a medida que lo necesite. Si prefiere hacer pasta de curry, mezcle las especias molidas con aceite de maíz, girasol o azafrán. Si lo guarda en un frasco, se conservará durante varios meses. Utilice cinco de las siguientes especias: pimienta negra en grano, guindilla, clavo, canela, cardamomo, nuez moscada, cilantro, comino, jengibre, cúrcuma.

Aparte de las guindillas, el cardamomo y el jengibre, es fundamental tostar cada especia por separado, ya que algunas se cuecen más fácilmente que otras. Hágalo en una cazuela pesada y seca sobre el hornillo, cuidando de no tostarlas demasiado. La especia estará lista en un par de minutos, al cambiar de color y despedir su aroma. Una vez tostadas, se pueden mezclar y moler hasta formar un polvo.

Garam masala. Como el curry en polvo, es mejor cuando se prepara de forma casera en pequeñas cantidades. Es una mezcla de varias especias molidas, que pueden usarse además del curry en polvo. La fórmula base es una medida igual de pimienta negra, clavo y canela, y una doble medida de cilantro y semillas de comino. Se tuesta y muele del mismo modo que para el curry.

Pimientos de chile. Tenga cuidado cuando cocine con guindillas frescas. Si manipula las semillas y sin darse cuenta se toca los ojos, puede ser muy doloroso. Secos son muy prácticos; se conservan bien, aportan un sabor potente y no presentan problemas de elaboración. Existen muchos tipos (ver página 60).

Las semillas

Suele ser útil tener una diversidad de semillas para mejorar la textura de algunos alimentos y hacerlos más crujientes. También sirven como aderezo estético cuando se espolvorean sobre los panes y panecillos. En mi opinión, las más deliciosas son las *semillas de sésamo* o ajonjolí, pero también tengo un surtido de *linaza, semillas de amapola, semillas de calabaza* y *semillas de girasol* en la despensa.

Para untar

La **miel** es el edulcorante más antiguo. Úsela en lugar del azúcar, pero no se deje engañar: también produce caries. La miel con yogur es ya un clásico.

La **melaza** es un derivado del azúcar, muy dulce y de sabor fuerte. Se suele usar en pasteles y postres.

La **manteca de cacahuete** es una pasta elaborada con cacahuetes pelados. Se puede agregar en algunos estofados o en cazuelas, pero debe usarse con moderación ya que tiene un sabor muy fuerte.

Los **jarabes** o **almíbares** y **pastas de fructosa pura** son un hallazgo bastante reciente pero pueden encontrarse en la mayoría de los establecimientos de alimentos naturales. Se elaboran reduciendo la fruta a fructosa y son muy útiles en budines y postres, y como sustituto general del azúcar. Existen distintos sabores de fruta natural. Si le resulta difícil obtener productos de fructosa, use miel.

El **tahini** (mantequilla de sésamo) es una pasta oleosa hecha con semillas de sésamo. En ocasiones se añade al hummus (ver página 188) y también se puede mezclar con miso (ver página 138). Es muy nutritivo y delicioso.

Extractos de levadura. Existen muchos tipos de extracto de levadura en el mercado, pero todos contienen mucha sal. Si le gusta el sabor, use extractos de levadura como pasta para untar en tostadas y bocadillos, pero evite cocinar con ellos.

Alimentos enlatados

Tener un surtido de latas en la despensa suele ser un buen recurso. Los fondos de alcachofa, habas, algas, nori, a veces congelado, salsa de tomate y tomates constituyen una buena contribución, pero no habría que recurrir demasiado a ellos.

La pasta

No hay duda de que éste es uno de los alimentos más versátiles jamás creados. Suele elaborarse a partir de una sencilla mezcla de harina, huevos y agua, pero la harina puede ser blanca, de trigo integral o de trigo sarraceno. La pasta se comercializa en muchísimas formas y tamaños, desde grandes hojas de lasaña hasta minúsculas estrellas. Se puede hervir, cocer en el horno o añadir en las sopas.

Los encurtidos

No hay nada que suscite más imágenes de abundancia, buenos alimentos, amor y seguridad como las estanterías hundiéndose bajo el peso de grandes frascos de encurtidos caseros. Los que cito a continuación son elaboraciones comerciales, pero no obstante, merece la pena tener un buen surtido: alcaparras, cebollitas, pepinillos, pimienta verde en grano, olivas, ciruelas, membrillos, seitán (ver receta en la página 55), chalotes, col fermentada y nueces (excelentes con queso).

Hortalizas secas

El único método para conservar las verduras de manera que retengan todos sus nutrientes es secándolas. La siguiente selección aportará diversidad y proteínas a la dieta vegetariana.

Setas. Existe una gran diversidad de hongos mediterráneos, chinos y japoneses. Constituyen una mejor inversión de lo que se diría a juzgar por su aspecto, puesto que son muy sabrosos y nutritivos (ver página 93).

Algas. Según el tipo, se pueden cocer a la parrilla hasta que estén crujientes, se pueden picar y agregar a sopas, estofados y ensaladas, se pueden saltear, o cocer hasta ablandarlas y envolverlas en moldes redondos.

Al igual que las setas en conserva, las algas marinas se expanden mucho cuando están en remojo, de modo que sólo se necesitará un poco.

Frutas desecadas

Es fundamental una selección de frutas secas. Además de su delicioso sabor, son muy nutritivas, sobre todo los albaricoques. Los orejones de manzana, albaricoque y melocotón, así como las pasas de Corinto, dátiles, higos, peras y uvas se usan con frecuencia en platos dulces y salados. Experimente mezclándolos con todo tipo de frutos secos y apio para rellenar raíces vegetales.

Productos lácteos y sustitutos sin lácteos

La preocupación del nuevo vegetariano por reemplazar el vacío proteínico causado por la falta de carne es errónea. Existen muchas otras fuentes de proteínas y, de todos modos, el cuerpo no necesita cantidades ingentes. Muchos vegetarianos se avienen a consumir leche, queso y huevos para su consumo de proteínas, pero estos productos no son la respuesta cuando se es alérgico a ellos o se observa una dieta vegetaliana. Para las personas que se encuentran en este dilema, lo mejor es comprar leche y queso de soja y un sustituto vegetaliano de los huevos. Este último sirve sobre todo para elaborar platos que necesitan cuajar, como los patés y los moldes, para los que se recurre tradicionalmente a los huevos.

Huevos

Los huevos de gallinas criadas en libertad suelen ser bastante más sabrosos que los huevos de cría intensiva y, además, sabemos que maduran en condiciones respetuosas y naturales. Al cascar el huevo fresco, éste debería descansar sobre un lecho de clara. El color de la yema no es una indicación fiable de si el huevo está fresco.

Para los vegetalianos, es posible comprar un sustituto para los huevos que sirve para la repostería. El sustituto más parecido por su aspecto y contenido proteínico sería el tofu o queso de soja (ver página 46). Pero existen muchas otras fuentes de proteínas, de manera que no cabe preocuparse si los huevos no forman parte de su dieta.

Más adelante, detallo los productos lácteos que me resultan más útiles en la cocina, pero no dude en hacer cambios y sustituciones para ajustarse a sus propias necesidades. El contenido graso es una consideración fundamental para muchas personas, y la mayoría de las recetas de este libro reflejan la tendencia hacia una reducción de las grasas en la dieta. En las pocas recetas donde he utilizado nata, suelen haber alternativas (a menos que se indique lo contrario). Experimente sustituyendo con yogur o nata agria «desnatada», cuya consistencia se asemeja a la de la nata, pero con un sabor más acre. Si precisa una alternativa más espesa, pruebe un queso tierno desnatado y dilúyalo con un poco de leche si lo necesita. En las tiendas de alimentos naturales se encuentran quesos elaborados con soja o frutos secos.

Los quesos tiernos semigrasos son indispensables, ya que pueden usarse en lugar de los huevos para cuajar purés y otros platos. Si le parece insípido el sabor, refuércelos con una cantidad muy pequeña de parmesano.

La leche

Leche de vaca. Se obtiene en muchas formas distintas y tiene numerosos derivados. Por razones de salud, es preferible utilizar leche desnatada, que aporta todo lo positivo, pero sólo el 1% de las grasas de la leche entera. La *leche de vaca semidesnatada en polvo* sólo sirve para repostería, y se puede usar para enriquecer las sopas y la leche desnatada.

Leche de cabra. Tiene un sabor más acre que la leche de vaca y es un buen sustituto para los alérgicos a ésta. Se puede usar de la misma manera que la leche de vaca, y produce quesos muy buenos.

Leche de soja. Se encuentra en forma líquida y en polvo. Tiene un sabor anuezado muy agradable y aporta un gusto diferente a las sopas. No combina demasiado bien con té ni con café.

Yogur. Se elabora a partir de la leche cuajada por la acción de determinadas bacterias. Cuélelo con un paño de muselina. Cómalo al natural o con frutas y miel, o utilícelo en lugar de la nata para cocinar. Mezclado con pepino y menta, es un acompañamiento refrescante para los platos al curry (ver página 190).

Mantequilla (ver página 36).

El queso

Actualmente existe una enorme diversidad de quesos en los comercios, y pueden contribuir a la dieta vegetariana de forma muy interesante. Sin embargo, están elaborados con cuajo animal, de estómago de cabrito, de manera que los vegetarianos puros tendrán que optar por los quesos producidos exclusivamente con cuajo vegetal.

Quesos de pasta dura. Son particularmente útiles, sobre todo el *de bola*, el *gruyère* y el *parmesano*. Procure comprar el queso recién cortado en una pieza en lugar del empaquetado en plástico, el primero es más natural y sano.

Queso vegetariano. Se elabora con cuajo vegetal. El más corriente es de la planta galio o «cuajaleche». A medida que aumente la demanda pública, los productores elaborarán más quesos sin cuajo animal.

Quesos de pasta blanda. Hay muchísimos, particularmente franceses. Algunos, como el *brie* y el *camembert*, pueden necesitar un tiempo de «maduración» antes de su consumo. No corte nunca el *brie* o el *camembert* entero antes de que esté maduro porque, una vez cortado, ya no madurará más y sólo conseguirá estropear el queso.

Quesos tiernos. Procure tener a mano *cuajada*, *quark*, *queso ricotta* y *requesón*. Todos son semigrasos y útiles para cuajar los alimentos cocinados. Puesto que en algunos lugares no existe un equivalente del *quark*, o de la cuajada desnatada, reemplácelos por el puré de requesón.

Sustitutos de la carne

Algunos elementos vegetales no ofrecen tantas proteínas como la carne y sus derivados. En estas líneas se detallan las propiedades y características de estos alimentos. Con un poco de imaginación y con la oferta alimentaria actual, el vegetariano podrá preparar los platos más exquisitos, con todos los valores nutritivos necesarios para una alimentación sana y equilibrada.

PVT (Proteína vegetal texturizada). Es el nombre que recibe un compuesto proteico de soja. Se utiliza de la misma manera que la carne picada.

Tofu. Es una cuajada blanca hecha con soja y tiene el equivalente proteínico de los huevos. La variante ahumada tiene un sabor sutil, pero la blanca es totalmente insípida. Si usa tofu de paquete, es mejor colarlo y secarlo con papel absorbente —será más fácil de cocer—. Salteado o aliñado con aceites y especias, se convierte en un ingrediente muy sabroso y versátil. Para platos dulces, se puede batir con zumo de frutas concentrado, o usar en suflés y budines fríos.

Tempeh. Es el tofu fermentado. Se obtiene en forma de pastel denso y se usa en salteados y sopas como el tofu.

Seitán. Es una pasta proteica elaborada a partir del gluten del trigo. Con ella se hacen croquetas o «hamburguesas».

Los vegetarianos con experiencia tendrán, sin duda, muchas ideas para variaciones y sustituciones de los tradicionales platos de carne que no sean de este grupo de PVT. Para aquellos que carecen de experiencia, las siguientes ideas sirven para la moussaka griega, pastas, arroces y rellenos.

Sustitutos de 450 g de carne picada en las recetas

● *225 g rallados de zanahoria, calabaza, nabo, colinabo o cualquier otra raíz vegetal, y 225 g de frutos secos picados, especialmente avellanas, anacardos, nueces, almendras trituradas y piñones.*

● *225 g de alguna raíz vegetal picada y 225 g de legumbres, como garbanzos o lentejas.*

● *225 g de frutos secos, 100 g de trigo sarraceno o mijo, y 100 g de alguna raíz vegetal picada. Si desea conseguir la textura exacta de la carne picada, utilice una máquina de picar más grueso,* **pero no** *un molinillo.*

Sustitutos del pollo en las recetas

● *Experimente con raíces vegetales blancas picadas, como las chirivías y los nabos, piñones, almendras trituradas, fondos de alcachofa y castañas.*

Sustitutos del pescado blanco o del marisco en las recetas

● *Experimente con las verduras blancas, como los puerros, apio-nabo, nabos tiernos, algas marinas (especialmente el nori), alcaparras, hongos, tofu (sencillo y ahumado) mezclados con un poco de vino blanco (el alcohol se evapora en la cocción).*

Los utensilios de cocina

Es posible cocinar de forma adecuada y sana con sólo una paella y una cuchara de madera sobre un único fogón de gas. Pero es preferible tener a mano alguna cosa más, simplemente para facilitarle la vida y poder cocinar más de una cosa a la vez.

Los electrodomésticos

Actualmente, la gama de electrodomésticos es tan amplia que debemos seleccionar:

● *La mezcladora o licuadora.* Ha revolucionado el tiempo de elaboración de los purés.

● *Batidora.* Los brazos de amasadera son ideales para preparar la masa para el pan y, además, ahorra la pesada tarea de amasar. Con ella se puede batir también la nata y los huevos.

● *Robot de cocina.* Lleva incorporado un mecanismo para mezclar y tiene otras muchas funciones, por lo que resulta muy útil. El único inconveniente es tener que desmontar, lavar y volver a montar la máquina tras cada uso, incluso para una tarea sencilla como rallar el pan.

● *Molinillo de café.* Aparte de ser esencial para hacer buen café, también es útil para moler frutos secos, hierbas y especias.

Utensilios de uso manual

El cocinero profesional acapara una enorme cantidad de utensilios y muchos son en realidad innecesarios. Los que señalo a continuación son los esenciales y le recomiendo que compre los mejores que se pueda permitir. Se verá recompensado, pues le serán fieles toda la vida.

● *Rallador de queso.* Elija uno en forma triangular, para que descanse firmemente sobre la superficie.

● *Prensa-ajos.* Es útil disponer de una en la que quepan varios a la vez. Actualmente existen modelos desmontables más fáciles de lavar.

● *Rallador/Picador.* Resulta particularmente útil para mezclas de frutos secos y raíces. Elija un rallador que tenga varias cuchillas.

● *Cuchillos.* Gastarse el dinero en un conjunto de buenos cuchillos al carbono es una buena inversión, pues le durarán toda la vida.

● *Útiles.* No se complique la vida. Tenga un surtido de cucharas y espátulas de madera, y unos útiles de metal, como una cuchara-espumadera, un cuchillo-espátula, un cucharón, una espumadera y un mezclador de mano.

● *Una taza o jarra para medir.* Elija una hecha de vidrio con indicaciones claras para que las mediciones sean exactas.

● *Balanzas de cocina.* Los expertos cocineros no suelen utilizar las balanzas porque normalmente juzgan las cantidades a ojo. Sin embargo, es un utensilio muy valioso.

Cacerolas y fuentes

● *Ollas.* Deben ser de base pesada, superficie antiadherente y con tapas que se ajusten bien. Tendrá suficiente con tres tamaños distintos. No use ollas de aluminio.

● *Olla para cocer al vapor.* Si desea conservar el valor nutritivo de sus alimentos, esta olla es esencial. Existen muchos modelos.

● *Sartén.* Yo encuentro muy útil la sartén de fondo de cobre, porque el cobre distribuye bien el calor y evita que los alimentos se quemen.

● *Olla a presión.* Puede ser un utensilio valioso porque reduce el tiempo de cocción y de paso ahorra combustible. Es particularmente útil para cocer legumbres.

● *Wok.* Esta cazuela china es excelente para los salteados, pues necesita muy poco aceite.

● *Fuentes de hornear o moldes para repostería.* Necesitará una bandeja de hornear, una fuente para madalenas, una tartera de 23 cm, un molde desmontable para pasteles de 17 cm y un molde para un pan de medio kilo.

● *Cazuelas.* Las cazuelas de barro son, a mi juicio, las mejores.

● *Fuentes de gratinar.* Son fuentes poco hondas para usar en el horno, y suelen tener dos asas acanaladas. Pueden ser de hierro colado, cobre o barro.

● *Fuentes de suflé.* Todos los suflés de este libro requieren una fuente de 2,75 litros y 24 cm de diámetro.

● *Cazos de barro.* Son pequeños cazos individuales. Tenga uno por persona.

● *Molde de budín o para cocer al vapor.* Necesita un molde de 1,7 litros para todos los budines hechos al vapor. Esto sirve para 6-8 comensales, y por eso tal vez merezca la pena tener también algunos más pequeños.

● *Ensaladera de madera.* Suele estar hecha de madera dura, como la teca. Estos cuencos retienen los sabores de los aliños. No deberían lavarse nunca; séquelos simplemente con papel absorbente de cocina.

El hojaldre

Si el hojaldre de trigo integral se desmenuza demasiado y le resulta difícil aplanarlo debidamente con la ayuda del rodillo, experimente con la siguiente técnica:

La lámina del hojaldre de trigo integral

Se coloca sobre la mesa de trabajo un trozo de celofán del tamaño deseado para el hojaldre. Encima, se aplana el hojaldre con el rodillo, se recoge la base de celofán y se coloca el hojaldre en una tartera, dándole vuelta con cuidado. Se acomoda bien antes de despegar el plástico.

Moldes de hojaldre

El propósito de este ejercicio es preparar un molde de hojaldre para su relleno posterior. Para evitar que fermente, el molde de hojaldre se envuelve en papel de aluminio o vegetal y se cubre con una pesa. Se pueden usar habichuelas secas como pesas, pero en este caso puede usar pepitas de cerámica. Recogen y generan calor de forma muy eficiente, y aceleran ligeramente la cocción del hojaldre, más que las habichuelas secas. Se cuece el molde en un horno calentado a 200°C durante 10 minutos. Se retira la pesa y el papel de aluminio, y se vuelve a introducir el molde en el horno un par de minutos a fin de secarlo.

Nota: Si la intención es hacer una tarta fría, resulta útil untar el molde de hojaldre con clara de huevo antes de introducirlo en el horno para que se seque. Evitará que el hojaldre se humedezca cuando se rellena.

Pan rallado y picatostes

El nombre es engañoso, pues el pan recién rallado *no* está hecho de pan fresco. Para que quede bien rallado, el pan ha de estar un poco duro, de dos días, por ejemplo. También los cuscurros son mejores cuando están hechos con pan duro. No use pan demasiado rancio o los picatostes le saldrán demasiado crujientes.

Cómo hacer pan rallado tostado

Se coloca el pan rallado sobre una bandeja de horno en el horno calentado a 180°C y se dora durante 10-15 minutos.

Cómo hacer picatostes

Para hacer picatostes se corta una rebanada de pan de 1 cm de grosor y se retira la corteza. Se corta el pan en cubitos de 1 cm cuadrado. Se calientan 2 cucharadas de aceite de oliva en una sartén y se fríen los cubitos, removiéndolos en el aceite para que se doren enteros.

Cómo hacer picatostes al ajo

Para los picatostes al ajo, se agregan al aceite de oliva 1 o 2 dientes de ajo picados. El ajo se fríe con el pan y forma una corteza exquisita en torno a los picatostes. A mí me gusta el sabor del ajo frito, pero hay personas que lo encuentran desagradable, de modo que si no está seguro retire el ajo después de freírlo.

Nota: Los clásicos croûtons franceses se cortan en cubitos muy chiquitos, más o menos del tamaño de la uña del meñique.

Cómo hacer pasta

Esta receta se puede hacer manualmente o con un robot de cocina, y está pensada para 6-8 personas.

75 g de harina de trigo integral
100 g de harina refinada sin blanquear
$\frac{1}{4}$ de cucharadita de sal marina
2 huevos grandes

Se tamiza sobre una tabla limpia y se seca las harinas y la sal formando un volcán. Se hace un hueco en el centro donde se ponen las yemas de huevo y se mezcla con un tenedor, usando la mano libre para evitar que se desparrame la harina. Cuando los huevos hayan absorbido toda la harina posible, se salpica con un poco de agua si hace falta y se amasa la pasta unos 5 minutos. Quedará pegajosa y elástica. Se envuelve la masa en un paño húmedo y se deja en la nevera unos 30 minutos. Se corta la masa en dos piezas, y se aplana para formar láminas, lo más finas posible, sobre una superficie con harina.

Cómo hacer ravioles

1. Se corta la pasta en tiras de 10 cm de ancho. Se coloca el relleno a intervalos de 5 cm.

2. Se unta con yema de huevo y leche entre cada montoncito y a lo largo de uno de los extremos de cada tira.

3. Se envuelve el relleno con la masa, oprimiendo los espacios entre los rellenos y en los extremos.

4. Se cortan los ravioles con un cuchillo o rueda de repostería.

Cómo cocer la pasta

La pasta se cuece siempre en abundante agua hirviendo, con un poco de sal o jugo de limón al gusto. Procure cocerla al dente —bien cocido pero consistente al morder—. Si se usa pasta seca, conviene seguir las instrucciones del paquete para el tiempo de cocción. La pasta de trigo integral, que es de color marrón, tarda un poco más que la clásica pasta amarillenta de huevo. La pasta de trigo sarraceno se cuece en un par de minutos, siendo la más rápida de todas las pastas secas.

La pasta fresca tarda menos en cocerse que la seca, sólo se precisan un par de minutos para los tallarines, y 7-8 minutos para los *tortellini* y semejantes.

¿Está hecho?

Se dice que es posible probar los espagueti y los tallarines para ver si están cocidos lanzando uno contra la pared: la teoría es que si se adhiere, la pasta está lista. Esto es un error: para engancharse, tiene que estar pegajoso, y por tanto demasiado cocido.

La preparación de arroces y cereales

No hace falta lavar los tres tipos de arroz —de grano largo, mediano y corto— antes de cocinarlos, como afirman muchas personas. Procure, no obstante, cocerlos *al dente*.

No es necesario poner los cereales en remojo, aunque los tiempos de cocción son más breves si están remojados. El trigo partido o bulgur y el cuzcuz son excepciones, pues necesitan un tratamiento especial. Los cereales son tratados como si fueran arroz y, por tanto, se recomienda cocerlos *al dente* en lugar de dejarlos que se ablanden. Ver la tabla para más detalles.

Cómo cocinar el arroz perfecto

Yo nunca lavo el arroz antes de cocerlo. Se cubren los granos con unos 2 cm de agua fría, y se agrega una pizca de sal marina. Se deja hervir, entonces se tapa y se deja a fuego lento unos 5-6 minutos. Se cuela el arroz en un colador y se enjuaga con agua caliente. Se traslada el arroz a un horno caliente (160°C) durante 8-10 minutos para que se seque. Se remueve el arroz y se dispone en una fuente.

CEREAL	Tiempo en remojo	Tiempo de cocción		
		Horno	Fogón	Olla a presión
Cebada integral o papilla	60	80	60	20
Cebada perlada	15	40	30	15
Trigo sarraceno triturado	—	15	10	3
Bulgur	30/—	—	3	—
Harina de maíz	—	15	10	3
Cuzcuz	lavar, enjuagar y reposar	—	20 al vapor	—
Mijo	—	25	20	10
Avena triturada gruesa	20 o la noche	90	60	25
Avena entera	la noche si se comen crudos	20	20	10
Copos de avena	—	—	5	2
Granos de avena	15	15	10	5
Copos de centeno	—	—	5	2
Trigo triturado	15	15	12	5

ARROZ	Método de cocción	Tiempo a partir de la ebullición
De grano corto	Fuego lento, tapado	8—10
Basmati	Fuego lento, tapado	8—10
Integral	Fuego lento, tapado	45
Patna/de grano largo	Fuego lento, tapado	8—10
Silvestre	Fuego lento, tapado	5
	Retirar del fuego, dejar reposar en el agua	60
	Volver a hervir y fuego lento, tapado	5

Nota: Puesto que todos estos cereales están procesados por distintos fabricantes y luego envasados por otros tantos distribuidores, es posible que lleven instrucciones de cocción que difieran de las que se exponen aquí. Compare el paquete con la tabla y, si existe alguna diferencia, siga las instrucciones del paquete. La cocción de los cereales suele ser un asunto de ensayo y error, pero si tiene alguna duda, guíese por la tabla. Todos los tiempos de cocción se indican en minutos.

La preparación de las legumbres

Es imposible precisar la cantidad de líquido y el tiempo necesario para la cocción de las distintas legumbres. La tabla que presentamos es una orientación pero no la utilice de forma estricta. Tanto el factor del tiempo como el del agua dependen de la edad de la legumbre —cuanto más vieja, más tarda en cocerse— pero no hay forma de saber la edad de una legumbre. Para estar seguro, compre en tiendas que renueven habitualmente su surtido, y no compre legumbres arrugadas que carezcan de lustre.

Las ollas a presión inspiran fuertes emociones en la gente: o bien gustan mucho o son detestadas. Las ollas a presión reducen considerablemente el tiempo de cocción, lo que implica un importante ahorro de energía y pese a la creencia popular, *no* eliminan las vitaminas de los alimentos.

Las toxinas

La mayor parte de los distintos tipos de legumbres tienen una toxina en la piel que debe destruirse en ebullición rápida durante 10 minutos, y luego desechar el agua. No cocine nunca las legumbres en una olla a presión y no intente comerlas crudas. Las legumbres peladas, por otra parte, se digieren mejor y apenas producen flatulencias. No se deje alarmar innecesariamente. Existen pequeños cúmulos de toxinas en casi todos los alimentos y no suelen perjudicarnos en absoluto.

LEGUMBRE	Tiempo en remojo		Ebullición rápida	Tiempo de cocción		
	Agua hirviendo	Agua fría		Horno	Fogón	Olla a presión
Judías azuki	60	la noche	5	75	60	10
Judías de a vara	60	la noche	5	75	60	15
Judías moteadas	60	la noche	5	75	60	15
Judías comunes	60	la noche	10	75	60	15
Judías lima	60	la noche	10	75	60	15
Cannellini	60	la noche	5	90	75	15
Garbanzos	180	la noche	10	130	120	20
Guisantes secos	60	la noche	5	40	30	10
Judías flageolet	—	60	5	50	45	10
Almortas (judías pardas)	60	la noche	5	120	90	20
Judías verdes	60	la noche	5	90	60	15
Judías rojas (y variedades)	60	la noche	10 (desechar el agua)	100	75	15
Lentejas	—	10	5	40	30	8
Judías mungo	30	la noche	5	50	45	10
Judías pintas	60	la noche	10	100	75	15
Soja	60	la noche	—	120	90	20

La preparación de las hortalizas

Lave las hortalizas y procure no pelarlas, ya que gran parte de sus nutrientes están en la piel. Si debe pelarlas, hágalo justo antes de comer o use las pieles para hacer caldo para sopas y estofados. Las hortalizas deben cocerse el tiempo mínimo y es preferible cocerlas al vapor en lugar de hervirlas, para así retener todo su aporte nutritivo. Si hierve las hortalizas, utilice el agua para hacer sopas o salsas.

Es mejor cocinar sin azúcar y con poca sal. Agréguelos en la mesa si los encuentra a faltar. Recuerde que si pone el fuego muy lento y tapa la cacerola, las hortalizas se cocinarán con una cantidad minúscula de aceite o agua sin quemarse.

Cortar. El método chino de cortar en diagonal es el mejor. Así se expone en mayor cantidad de superficie al calor, hecho que permite que se cocine rápidamente con una pérdida mínima de nutrientes. Una buena norma es hacerlo «según el cáracter» de la verdura: las hortalizas largas de raíz se cortan en diagonal siguiendo el tallo, y las redondas a través.

Cortar en rodajas. Las rodajas deben cortarse finas. Cortar «en juliana» es hacer tiras finas como cerillas.

Cortar en cubitos. Es hacer cuadraditos del tamaño de un dado.

Trocear. Esto significa cortar en trozos pequeños sin importar la forma o el tamaño.

Cómo pelar tomates, ajos, cebollas, chalotes y castañas

Se colocan los ingredientes en una olla y encima se vierte agua hirviendo. Se deja reposar unos minutos. Se quita la piel con un cuchillo afilado y ésta se desprenderá fácilmente. Nota: Las castañas secas son un poco complicadas, pues tienen una piel interior difícil de retirar. Cuando esto sucede, se repite el escaldado.

Cómo salar las hortalizas

Algunas hortalizas, como las berenjenas, pepinos y calabacines, se cuecen más rápidamente que otras, absorben menos grasa y son más digeribles si se elimina su contenido de agua. Para esto, se cortan del tamaño deseado, sin pelarlas. Se salpican los trozos con un poco de sal marina y se colocan en un colador o en una fuente durante unos 60 minutos. Se retira la sal con agua fría corriente, y se seca la verdura suavemente con papel absorbente. Nota: Después de escurrirla, la berenjena rallada se puede enjuagar exprimiéndola en el colador. Una vez eliminado todo el líquido, se seca con un paño limpio.

Cómo pelar pimientos

Se clava el pimiento con un tenedor y se sujeta sobre el fuego hasta que ennegrezca y empiece a ampollarse. Se quita la piel, las semillas y luego se trocea.

Una variante es asar los pimientos en un horno muy caliente durante unos 30 minutos, o hasta que queden bien dorados. Se colocan en una bolsa de plástico, que se cierra herméticamente. Se dejan reposar 10 minutos y se pelan con mucha facilidad.

Para cocer las hortalizas

Existen muchos métodos para cocer hortalizas pero cabe recordar que los alimentos no tienen que cocerse para ser comestibles. En el caso de muchas hortalizas, sólo hace falta pelarlas, cortarlas a rodajas o rallarlas, y se pueden servir como ensalada o crudités con una salsa o vinagreta.

Hervir. Existe la teoría de que las hortalizas de raíz deben colocarse en agua fría hasta que hiervan, mientras que todas las demás deben colocarse con el agua ya hirviendo. Le aconsejo que ponga *todas* las hortalizas al fuego en cuanto hierva el agua. Utilice la menor cantidad de agua posible, pero vigile que no se evapore. Las hortalizas se sirven al *dente*.

Cocer al vapor. Cocidas al vapor, las verduras conservan un mayor contenido nutritivo. Existen muchos tipos de ollas para cocer al vapor, pero hay una variante casera que consiste en colocar un colador dentro de un cazo de agua hirviendo.

Cocer a la papillote. Es otra forma de cocer al vapor, pero también puede servir para la repostería. Se envuelve el alimento en una bolsa de papel o de aluminio antes de cocerlo para que conserve todo el sabor.

Cocer a fuego lento. Esto significa mantener el líquido justo en el punto de ebullición, removerlo ligeramente y dejar que desprenda un poco de vapor.

Escaldar. Hay dos maneras de hacerlo. Se puede sumergir el alimento en una olla de agua hirviendo que se apartará del fuego, o bien se puede verter el agua hirviendo sobre las hortalizas colocadas en un cuenco. En ambos casos, se deja reposar el alimento en el agua durante 1-5 minutos, y luego se escurre.

Freír. Esto implica cocer la verdura en grasa, normalmente aceite. Si utiliza una cazuela china tipo wok, se requiere el mínimo de aceite. Se remueve continuamente la verdura en el recipiente, y las hortalizas no requieren más de 3 minutos. La técnica de freír en abundante aceite sirve para platos como croquetas, y significa que el alimento se sumerge en aceite caliente y se cuece.

Saltear. El método se parece a cuando se fríe en poco aceite, sólo que aquí hace falta remover el alimento en la sartén continuamente.

Rehogar. Significa cocer suavemente en una sartén tapada, con un poco de mantequilla o aceite sin dorar ni freír.

Cómo hacer un baño María. El baño María es un baño de agua, que sirve para cocer los alimentos lentamente. Aunque se pueden comprar utensilios especiales, creo que una buena cazuela grande es lo más adecuado. Se coloca el plato que desea cocinar en una cazuela y se llena de agua hirviendo hasta que cubra la fuente en dos terceras partes.

Cómo preparar los huevos

Los huevos son sumamente versátiles, pero los métodos sencillos de preparación suelen ser los mejores. Aquí presentamos las formas más elementales de cocerlos.

Huevos pasados por agua

Se colocan los huevos en agua hirviendo; el huevo pasado por agua (clara firme y yema cruda) necesita 3½-4 minutos. Sin embargo, el tiempo de cocción depende del tamaño y de lo fresco que esté. Los huevos frescos necesitan una ebullición más prolongada. En Francia, los huevos pasados por agua se llaman *oeufs mollets*. Se suelen pelar y colocar en un molde individual con una salsa. Para pelar el huevo se coloca en la palma de la mano y se golpea suavemente con el dorso de una cucharilla. Se pela con cuidado bajo un chorrito de agua fría. La cáscara se desprenderá con la membrana interior.

Huevos duros

El método perfecto para preparar huevos consistentes que no queden gomosos es colocarlos en un cazo de agua hirviendo, cubrirlo con una tapa, y apartarlo del fuego. En 10 minutos, los huevos duros estarán en su punto.

Huevos al plato

Se unta un recipiente poco hondo con mantequilla o aceite y se cascan los huevos directamente en la fuente. Se coloca el plato bajo una parrilla o gratinador caliente, y se dejan cocer durante un par de minutos.

Huevos al vapor

Suelen colocarse en cazos individuales de porcelana con tapas herméticas. Se unta ligeramente el interior de los recipientes, se casca el huevo, virtiéndolo dentro, se cierra herméticamente, y se coloca en una olla con un tercio de agua hirviendo.

Huevos al horno

Se suelen preparar en moldes individuales y cubiertos con un poco de nata. Se coloca la bandeja superior del horno precalentado a 20°C durante 3-4 minutos. Para que la clara quede consistente y la yema líquida, prefiero cocer los huevos al vapor en moldes individuales en una olla grande llena de agua hirviendo, a fuego lento durante 3 o 4 minutos.

Huevos escaldados

Son tarea de virtuosos. Se vierte el huevo en los remolinos que se crean en el agua cuando está hirviendo, ligeramente salada o avinagrada, y se deja cocer 4 minutos. Entonces se saca el huevo con una espumadera y se desechan los trozos de clara más feos. La presentación final será estéticamente agradable, pero el huevo tendrá igualmente un sabor insulso y, en ocasiones, al pincharlo, desprenderá un chorrito de agua turbia que estropeará la delicada salsa que lo envuelve. Para conseguir un sabor más agradable, se untan ligeramente con un poco de mantequilla las cazuelillas de escaldar, se vierten los huevos y se cuecen 4 minutos.

Huevos revueltos

Muchas personas se niegan a hacer huevos revueltos porque ensucian demasiado la cazuela. De entrada, es absurdo utilizar una cazuela. Los huevos revueltos se cuecen a la perfección en una sartén. Se cascan los huevos en un cuenco, se agregan el condimento, las hierbas y cualquier otro ingrediente que se desee. Se bate la mezcla hasta que la yema y la clara estén bien mezcladas. Se derriten 2 cucharadas de mantequilla de modo que quede bien distribuida en la sartén. Se vierten en ella los huevos, sin dejar de remover mientras se cuecen. Con este método, los huevos revueltos dejarán la sartén bastante limpia. Nota: Los huevos revueltos enfriados en la nevera constituyen un almuerzo adecuado para el verano, acompañados por una sencilla ensalada verde.

Seitán casero

Esta receta sirve para preparar 225 g de gluten que pueden reemplazar a un bistec en textura y contenido nutritivo. Es fascinante ver como cambia de aspecto la masa conforme se desprende el almidón.

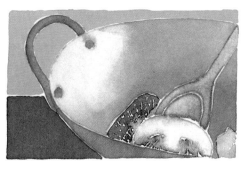

450 g de harina integral
2 cucharaditas de sal
300 ml o 1¼ de taza escasa de agua

Se mezclan todos los ingredientes para hacer una masa y se amasa bien durante 5 minutos. Se llena de agua un cuenco grande y se agregan 2 cucharaditas más de sal. Se sumerge la masa en esta agua durante 30 minutos. Se traslada la masa a un colador, se escurre con agua fría corriente, y se extrae todo el almidón exprimiéndolo con los dedos. La masa se endurecerá y adquirirá una consistencia gomosa. Esto es el gluten, que debe permanecer bajo agua corriente hasta que deje de desprender todo el almidón. Se deja reposar media hora más y luego se cuece al vapor con un caldo condimentado media hora. Se deja enfriar, luego se corta en rodajas finas y se guarda en un frasco con el caldo, ya muy reducido y sazonado con salsa de soja.

Queso ricotta casero

Es muy fácil elaborarlo en casa. La siguiente receta sirve para preparar 150 g/1 taza abundante de queso.

1 litro de leche
1 cucharadita de sal marina
el zumo de medio limón

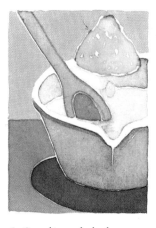

1. Se calienta la leche hasta que hierva, se agrega la sal y el zumo de limón. Se deja a fuego lento 15 minutos, removiendo de vez en cuando.

2. Se forra un colador con un paño doblado y se coloca sobre un cuenco u olla grande. Se agrega la leche.

3. Se deja reposar una hora a fin de que se escurra el suero y quede el requesón.

Las hierbas aromáticas

Para cocinar, siempre se deben picar las hierbas muy finas. A mí me gusta utilizar un gran cuchillo de carnicero con una tabla gruesa de madera, pero otras personas no se separan de su «media luna», un cuchillo de doble mango de hoja semicircular. Sin embargo, un cuchillo normal y corriente servirá igual de bien si se sujeta con ambas manos.

Si se encapricha mucho con las hierbas frescas, merece la pena secarlas para su uso posterior. Se atan en manojos y se cuelgan al revés en un lugar fresco y ligeramente oscuro durante 3 o 4 semanas. A continuación se machacan las vainas u hojas de las semillas sobre un papel antes de conservarlos en un tarro herméticamente cerrado. Las hierbas secas acostumbran a ser más aromáticas que las frescas, de modo que conviene utilizarlas sólo en cantidades reducidas. Al cabo de seis meses, empiezan a perder sabor.

Algunas hierbas, como el perejil, la menta o la albahaca pueden congelarse. Se pican, se colocan en una bandeja de cubitos de hielo, se cubren con agua y se dejan congelar. Suelen presentar un aspecto bastante feo, pero son perfectas para cocinar y mucho más exquisitas que las secas.

Yo prefiero conservar la albahaca picando un bueno manojo fresco, se agrega el jugo de 1 limón, 2 o 3 dientes de ajo y se mezcla hasta que forma un puré granuloso. Se añade justo el aceite de oliva necesario para cubrirlo, se guarda en un frasco y se conserva en la nevera o en el congelador. Esta mezcla sirve para hacer pesto (ver página 120) o un aliño para ensaladas, añadiéndole un poco de vinagre.

Cómo germinar las semillas y los cereales

Tardan cuatro o cinco días en germinar, y los que se usan más frecuentemente son la alfalfa, judía azuki, cebada, fenogreco, lenteja, judía mungo, guisante, soja y trigo. Se pueden comprar utensilios especiales para germinar las semillas y cereales que funcionan muy bien, pero muchas personas prefieren el método de colocar las semillas en un tarro de mermelada que se tapa con un paño de muselina, ajustado con una goma elástica.

Cómo tostar frutos secos y semillas

La mejor forma de tostar frutos secos y semillas es en seco, dentro de una cazuela. Se usan sólo las semillas o los frutos secos necesarios para cubrir el fondo de la olla, se ponen al fuego y, una vez caliente, se agita enérgicamente para que el contenido esté en movimiento continuo.

Cómo hacer un ramillete de aderezo

Se pueden comprar aderezos ya preparados, pero resulta mucho más barato hacerlos en casa. No tiene más que juntar un pequeño ramillete de hierbas y atarlo con un hilo. Bastará con de tres a cinco hierbas distintas —normalmente laurel, romero, tomillo y perejil, pero experimente con otras combinaciones—. Conozco una receta victoriana que sugiere usar canela, ajo, macís y pimentón rojo. además de otros diez o doce. Pero más que un ramillete, parece un cuerno de la abundancia.

- Las judías y los cereales germinan indistintamente en un lugar oscuro o claro, pero necesitan una temperatura agradable (13°-22°C).
- Deben lavarse un par de veces al día con agua fresca, y escurrirse.
- Una vez recogidos los brotes, pueden guardarse en la nevera durante una semana como máximo.

La presentación

Si se cuecen los alimentos a la perfección, no hace falta hacer gran cosa para que presenten un aspecto atractivo. Sin embargo, los aderezos sencillos a base de hierbas frescas, frutos secos picados o triángulos de tostadas pueden darle el toque final y apetitoso a platos como las sopas y los patés.

Se pueden lograr efectos asombrosos cortando las hortalizas en formas atractivas. Por ejemplo, se corta una cebolla tierna en tiras de 5 cm dejando los extremos largos y finos. Procure dejar uno de los extremos o el interior de la cebolla sin cortar para que no se desmonte. Se ponen las cebollas tiernas en agua helada a fin de que los zarcillos se abran como un abanico en una media hora.

El aderezo muy rebuscado puede ser costoso y contraproducente. Dedique su tiempo a pensar en ideas más rápidas y sencillas. Presente los manojos de cebollinos en un nudo (ver página 23) o entreteja el brécol y las zanahorias en aros de calabacín. Es elegantísimo para guarnecer un plato. Aquí detallamos algunas reglas sencillas para la presentación.

- Cuando prepare una comida, equilibre los colores. Evite estridencias como remolacha y tomates en un mismo plato.
- Nunca ponga un plato o una fuente a rebosar. No hay nada que quite más el apetito que un plato rebosante o una comida amontonada, sin orden ni concierto.
- Escoja cuidadosamente su porcelana y cristalería. Deben desecharse las piezas muy gastadas. Pero es una buena idea coleccionar fuentes y platos antiguos. Aunque estén desportillados pueden realzar el aspecto de los alimentos.

Croquetas

Las croquetas pueden hacerse frotando patés, mousses o incluso puré de patatas entre un par de cucharas (ver página 35). Para los ñoqui, se utiliza esta técnica, pero luego se moldea en medias lunas con el dorso de la cuchara, y la pasta queda dentada con un tenedor. Las croquetas pueden usarse también en platos dulces. Si se colocan encima de una tarta, por ejemplo, se puede disponer en tamaños escalonados.

Como alternativa, experimente con patés moldeándolos en forma de salchichas gordas y rebozándolos en una mezcla bien picada de nueces o hierbas. Se envuelven en papel de aluminio y se guardan en la nevera hasta el momento de servir. Se cortan en rodajas con un cuchillo mojado en agua caliente (ver página 35).

1. Esta técnica requiere un jarro de agua tibia y 2 cucharas. Moje una de las cucharas y recoja una cantidad abundante de paté.

2. Frote el paté entre las dos cucharas mojadas, apretando apenas para darle forma. Vuelva a mojar las cucharas y trabaje el paté.

Moldear la mantequilla

Utilice un cucharón pequeño para hacer bolitas de mantequilla; procure que no quede demasiado dura ni demasiado blanda. Entonces, se reboza en especias, hierbas o zumo de algún cítrico (ver página 141).

Yo prefiero hacer rollos de mantequilla, igual que con los patés. Son más fáciles de conservar y pueden cortarse en lonchas.

Flores u hojas escarchadas

Como toque decorativo para una ocasión especial, tal vez quiera agregar unas hojas o flores escarchadas al pastel o postre. Es una técnica sencilla y dará una nota festiva.

Se usa una hoja o pétalo minúsculo y de forma bonita, o cualquier flor pequeña: capullos de rosa, claveles, pensamientos y violetas, o flores de frutales o de hierba. Se desechan los pétalos deteriorados. Se sujeta la hoja o la flor con unas pinzas, se unta con clara de huevo ligeramente batida, y se reboza en azúcar glaseado. Debe colocarse en un lugar caliente y seco.

Tostaditas

Como acompañamiento de sopas o patés, resultan ideales y son fáciles de hacer. Es mejor usar pan de dos días. Se tuestan ambos lados y, cuando aún estén calientes, se cortan las cortezas y se parten las tostadas por la mitad horizontalmente para que queden dos rebanadas finas. Se cortan éstas en triángulo y se tuestan los lados crudos. La tostada se enroscará, pero vigile que no se queme. Una vez enfriado, se puede guardar en un recipiente de cierre hermético.
Nota: Las tostaditas deben hacerse en un gratinador o parrilla.

Para eliminar la acidez o esencia de la cáscara de los cítricos

El punto de acidez de los cítricos se encuentra en la capa exterior coloreada de la cáscara. Existen varios métodos para eliminarla, pero creo que lo mejor es usar un pequeño instrumento que sirve específicamente para esto. Es de metal y tiene una cuchilla con varios agujeros. Al pasarlo por la piel, enrosca en los agujeros los hilos finos de piel acidulenta.

Huevos jaspeados

Estos huevos suelen quedar demasiado duros e indigestos. Sin embargo, hay personas a las que les gustan mucho, y son un acompañamiento tradicional de las almortas (ver páginas 11 y 152).

Se preparan los huevos como si fueran duros, tal como se indica en la página 54. Se golpea suavemente toda la cáscara del huevo con el dorso de una cuchara, a fin de cubrirlo de finísimas grietas. Se prepara una marinada de té fuerte mezclado con agua de rosas y vainilla o canela, y se pone al fuego hasta que hierva. Se incorporan los huevos que reposarán en la mezcla de 15 a 30 minutos, dependiendo del color que desee. Se dejan enfriar los huevos y luego se quita la cáscara.
Nota: La marinada también se puede hacer con agua de remolacha o de espinacas para obtener un jaspeado rojo o verde, o de salsa de soja, que sazonará los huevos además de oscurecer el dibujo.

CAPÍTULO 3

Glosario

La base de la buena cocina es conocer los ingredientes. Hubo un tiempo en que la comida vegetariana era limitada —algunos decían que incluso aburrida— en su oferta. Pero durante la última década la situación ha cambiado drásticamente. Con la apertura de los mercados internacionales hemos accedido a alimentos nuevos y apasionantes, procedentes de Asia, África y los trópicos. Tan radical ha sido el cambio que la diversidad de alimentos resultante nos puede parecer abrumadora, por no decir confusa. Y esta confusión aumenta con el cambio o duplicación de los nombres, y con las técnicas de hibridación aplicadas a frutas y hortalizas.

El glosario de ingredientes que presentamos a continuación pretende ser de utilidad en esta jungla. Es evidente que resulta imposible abarcar todos los ingredientes existentes, pero aparecen muchos alimentos habituales, además de algunos menos conocidos con los que es fácil topar.

Todas las entradas se identifican con el nombre popular (en negrita), su nombre en latín donde corresponde y, finalmente, cualquier otro nombre que se aplique. Se ha incluido información sobre los aspectos nutricionales, salvo para hierbas y especias, pues éstas contienen escasos nutrientes. En el caso de los cereales y sus derivados, la información nutricional se refiere al alimento principal, pero cuando el derivado es particularmente importante se añade información complementaria. Las cifras en negrita indican la posición de cada ingrediente en la fotografía correspondiente. La escala de las fotografías está referenciada por el tamaño de una nuez de Brasil, que aparece en el extremo superior izquierdo de cada página.

Especias, condimentos y semillas

Ajo (*Allium sativum*) **11**
La cabeza de ajo es probablemente el condimento más popular y se vende fresco o seco, en forma de copos o en polvo. Tiene un sabor y aroma penetrantes y se puede usar al gusto en prácticamente todos los platos salados. Combina muy bien con el perejil y las setas y se añade al pan, la mahonesa y la sal.

Alcaparra (*Capparis spinosa*) **3**
La alcaparra es un capullo floral y forma la base de la salsa de alcaparras, aunque se usa también en otras muchas, como la ravigote, tártara, vinagreta y salsa de nori. Es un complemento adecuado para ensaladas y aperitivos, y aporta un aderezo atractivo.

Alcaravea (*Carum carvi*) **44**
Son semillas finas en forma de media luna, con un sabor fuerte muy característico que no gusta a todo el mundo. La alcaravea se usa en la col fermentada, pan, torta de alcaravea, pastas y salsas de queso para picar, encurtidos dulces, galletas y panecillos. Es un ingrediente muy popular en la cocina alemana y austríaca.

Alfalfa (*Medicago sativa*) **12**
Esta legumbre se suele obtener germinada. Es muy sabrosa y agradable en las ensaladas o como relleno para bocadillo. Las semillas, de color castaño claro, tienen un sabor anuezado delicioso y pueden agregarse a platos, panes y dulces, o a pasteles y postres.

Algarroba (*Ceratonia siliqua*) **2**
Vaina de color marrón oscuro, originaria de un árbol mediterráneo. Recientemente la algarroba ha sido reconocida como «alimento natural» y suele usarse molida como sustituto del chocolate.

Amapola, semillas de (*Papaver somniferum*) **38**
Las semillas de la flor de la amapola tienen sabor y aroma anuezados y agradables. Existen dos tipos principales: de color blanco/amarillo y gris azulado. Sirven para aliños en ensaladas y están presentes en pastelillos, pasteles, panes y platos de hortalizas y huevos. Constituyen un aderezo atractivo para los platos con queso y los tentempiés.

Ameo (*Carum ajowan*) **25**
Es una especia estrechamente relacionada con la alcaravea y el comino. Tiene un contenido alto de aceite de tomillo, de modo que se puede usar el tomillo como sustituto. El uso del ameo está muy difundido en la cocina india y se distribuye en tiendas especializadas en productos de la India.

Anís (*Pimpinella anisum*) **42**
Estas semillas aromáticas tienen un sabor inconfundible y se obtienen enteras o en polvo. El anís se usa en platos picantes, postres, pasteles y pastas, platos dulces, cremas y bombonería. Se emplea con moderación y se agrega al inicio de la cocción ya que el sobrecalentamiento perjudica su sabor. La hoja verde del anís se utiliza como condimento en los países europeos y árabes.

Anís estrellado (*Illicium verum*) **36**
Vainas secas en forma de estrella, que contienen pequeñas semillas ovaladas. Se puede obtener en forma de vainas (enteras o partidas) y como semillas (enteras o molidas). El anís estrellado contiene los mismos aceites esenciales que el anís. Se utiliza mucho en la cocina oriental y es uno de los ingredientes de las cinco especias chinas. Se usa en platos picantes, postres, pasteles, galletas y bebidas.

Azafrán (*Crocus sativus*) **30**
Los estigmas secos del azafrán son la especia más cara del mundo. El azafrán también se puede conseguir en polvo pero, dado su precio, suele venderse adulterado. Es un ingrediente tradicional de la paella y de sopas, arroces, pasteles y galletas.

Calabaza, semillas de (*Cucurbita maxima*) **23**
Las semillas de calabaza sirven sobre todo para producir aceite. También pueden freírse en aceite abundante, a fin de tostarlas, comerse solas como tentempié o como aderezo en platos salados y panes.

Caldo vegetal concentrado **6**
Extractos vegetales deshidratados en forma de cubitos. Suelen contener otros ingredientes, incluyendo el glutamato, hierbas y especias, extracto de levadura, almidón, caramelo, azúcar y manteca. Sin embargo, algunos son reducciones puras de hortalizas y hierbas, y no llevan sazonadores químicos. Procure leer la etiqueta antes de comprar. Este caldo se usa en platos salados y sopas.

Canela (*Cinnamomum zeylanicum*) **28**
Esta aromática corteza seca de un árbol originario de la India se obtiene en rama, astillas y polvo. Conviene comprarla molida y en cantidades pequeñas, dado que se pone rancia al poco tiempo. Se utiliza en pasteles, budines de leche, fruta (particularmente la manzana), tartas, currys, arroces y cremas.
     La **casia** (*Cinnamomum cassia*), o canela china, es parecida, pero más gruesa y menos aromática.

Cardamomo (*Elletaria cardamomum*) **5**
Es una semilla muy aromática, con un sabor ligero a eucalipto, aunque mucho más intenso y dulce. Las pequeñas semillas, de color marrón oscuro o negras, se encuentran en vainas de color crema, marrones, verdes o blancas. El cardamomo se suele vender en vainas de semillas secas, pero también se obtienen las semillas sueltas o en polvo. Sin embargo, es mejor comprarlo entero, pues molido pierde rápidamente su sabor. Se usa en currys, arroces, postres, pasteles, panes, bollos, galletas y tés.

Casia. (Ver canela) **28**

Cilantro (*Coriandrum sativum*), culantro, coriandro **1**

Estas semillas esféricas varían de color cuando están maduras, de verde pálido a crema o marrón; también pueden comprarse en polvo. Tienen un aroma delicioso y en la India se asan, dando el sabor principal al curry. También se usan para preparar encurtidos, rebozados y pasteles. Es una especia de sabor suave; de modo que habrá que utilizarla en cantidades relativamente grandes.

Cinco especias chinas **40**
Es una mezcla de anís estrellado, pimienta de China, casia, clavo e hinojo. Las cinco especias en polvo suelen estar presentes en la cocina china, donde se agregan a los tallarines, arroces, hortalizas y currys de estilo chino. Se suele comprar molido o hacer en casa, aunque no es fácil moler bien las especias.

Citronela (*Cymbopogon citratus*), hierba limón **15**
Hay diversas especies de hierbas con sabor a limón, debido a la presencia de ácidos cítricos. Esta se obtiene en forma de hierba seca o en polvo y procede del sudeste asiático.

Clavo (*Eugenia aromatica*), clavo **21**
Nombre dado a los estambres secos de la flor aromática de un árbol de hoja perenne, típico de Indonesia. Reciben su nombre del latín *clavus*, dado que cuando están enteros tienen forma de clavo. Aunque pueden obtenerse en polvo, es mejor comprarlos enteros y moler el corazón. El clavo es un ingrediente adecuado para la repostería, las conservas y las bebidas preparadas con especias. También se usa en tartas de manzana, picadillos de fruta, budín de frutas y nueces, budín de leche, galletas, cazuelas y en mezclas de especias.

Comino (*Cuminum cyminum*) **20**

Las semillas de comino tienen un aspecto parecido a la alcaravea, pero su sabor, picante y penetrante, es bastante diferente. El comino se obtiene en grano y también en polvo. Es uno de los ingredientes principales del curry en polvo que se comercializa, y también suele usarse en arroces de estilo mexicano, salsas para picar, salsas de yogur, sopas, ensaladas, encurtidos y currys. Combina muy bien con patatas y legumbres.

Cúrcuma (*Curcuma longa*) **22**

Rizoma o tallo de raíz, que se obtiene entero y seco, o molido en polvo. Tiene un aroma fragante parecido a la pimienta da un color semejante al del azafrán. Se usa también en cereales, legumbres, chutneys y encurtidos. Es conveniente emplearla en cantidades pequeñas, ya que es amarga.

Enebro (*Juniperus communis*) **31**

Estas bayas maduras, frescas o secas, sirven como condimento en la col fermentada, los encurtidos y chutneys. El enebro se suele vender seco.

Eneldo. Ver *Hierbas y Flores* (pág. 65) **39**

Fenogreco (*Trigonella foenumgraecum*), alholva **45**

El fenogreco es muy importante en la India, donde las semillas sirven como condimento en currys (y otros platos), y las hojas se comen como hortaliza. Tanto la hoja como la semilla varían en calidad aromática. Las semillas pueden obtenerse en forma de brotes, como la mostaza y el berro de huerta; son un complemento sabroso para ensaladas. También se obtiene molido.

Girasol, semillas de (*Helianthus annuus*) **43**

Las semillas sirven para producir aceite, pero también se comen tostadas y saladas como tentempié, o en panes y pasteles.

Gomasio (se conoce a veces como sal de sésamo) **32**

Para preparar el gomasio, se muelen muy finamente las semillas de sésamo tostadas y se les agrega sal marina (cinco partes de sésamo por una de sal). Se usa extensamente en Japón y en la dieta macrobiótica, como alternativa a la sal. Su sabor anuezado hace que sea un complemento delicioso para cualquier plato salado.

Granada, semilla de (*Punica granatum*), anardana **24**

Las semillas secas de las cuatro variedades de granada pueden agregarse como aderezo en platos salados, como el hummus en Oriente Medio. También suelen estar en parathas y currys.

Guindilla (*Capsicum annuum*, var. *frutescens*) **14**

Vaina secada y luego convertida en copos o polvo. Ambas formas son populares en las cocinas mejicana e india. Los pimientos de Chile pueden ser rojos o verdes, aunque algunos se vuelven de color marrón o negro cuando maduran y se secan. Hay variedades populares: el cascabel, el guajillo, el güero, el poblana y el serrano. El polvo se utiliza en currys, chutneys, aliños y tentempiés. Suele ser muy picante.

Hinojo. Ver *Hierbas y Flores* (pág. 65) **29**

Jengibre (*Zingiber officinale*) **19**

Se obtiene en forma de raíces enteras, frescas o secas, y en polvo. El jengibre se usa en platos dulces y salados. El fresco es menos «picante» que el seco. Es un ingrediente popular en las cocinas china e india, una vez pelado y molido en forma de pasta. También se obtiene en lata, cristalizado en forma de azúcar, conservado en forma de melaza y se usa en la cerveza y el vino de jengibre. La raíz

seca del jengibre debe «machacarse» antes de su uso: así se abren las fibras y desprende un sabor picante y aromático. El jengibre en polvo no aporta el mismo sabor a los alimentos. Se usa principalmente en platos dulces, postres, cremas, salsas, encurtidos y chutneys. Combina muy bien con melón y melocotón.

Lino, semillas **7**

Son las minúsculas semillas marrones de la planta del lino. Aunque se utiliza principalmente en la producción de aceite de linaza, su sabor suave y anuezado lo convierte en un complemento exquisito y crujiente del pan recién hecho.

Macís Ver Nuez moscada. **27**

Mango seco (*Mangifera indica*), orejones de mango **4**

Estas rodajas secas de mango verde (también se obtiene en polvo) sirven como agente para agriar y condimentar muchos currys vegetarianos. Se venden en tiendas especializadas en productos procedentes de la India.

Mostaza (*Brassica nigra juncea*; *B. alba*) **34**

Las semillas son de dos colores: negras (marrón, *B. nigra*) o blancas (amarillo, *B. alba*), siendo las negras las más picantes. Las semillas también pueden conseguirse en polvo. La mostaza se utiliza en una gran diversidad de platos: currys y salsas para picar, para untar el pan, platos con queso y aliños para ensaladas.

Nuez moscada y macís (*Myristica fragrans*) **26** y **27**

La nuez moscada es la semilla seca de un árbol de hoja perenne de la familia del mirto; el macís es la piel reticular de color escarlata que la recubre. La nuez moscada rallada se usa en pasteles, cremas dulces y en budines de leche, sopas cremosas y

Especias, condimentos y semillas

1 Cilantro	**9** Pimienta de China	**17** Pimienta Jamaicana
2 Algarroba	**10** Tamarindo	**18** Pimienta en grano
3 Alcaparra	**11** Ajo	**19** Jengibre
4 Mango seco	**12** Alfalfa	**20** Comino
5 Cardamomo	**13** Pimienta de Cayena	**21** Clavo
6 Caldo vegetal concentrado	**14** Guindilla	**22** Cúrcuma
7 Semillas de lino	**15** Citronela	**23** Semillas de calabaza
8 Rábano rusticano	**16** Pimentón	**24** Semillas de granada

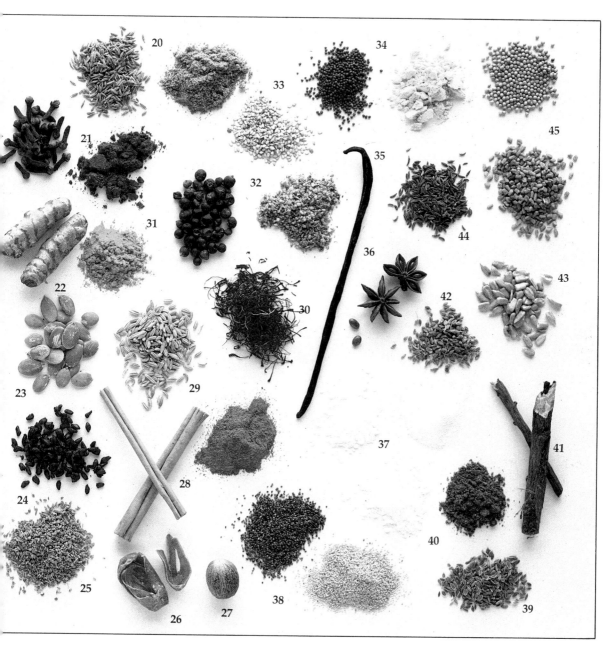

25 Ameo
26 Macís
27 Nuez moscada
28 Canela
29 Semillas de hinojo
30 Azafrán
31 Enebro

32 Gomasio/sal de sésamo
33 Semillas de sésamo
34 Mostaza
35 Vainilla
36 Anís estrellado
37 Sal
38 Semillas de amapola

39 Eneldo
40 Cinco especias chinas
41 Regaliz
42 Anís
43 Semillas de girasol
44 Alcaravea
45 Fenogreco

conservas, platos con queso, fruta estofada y vino caldeado en especias. Ambos puden obtenerse molidos, pero es mejor comprarlos enteros para lograr un sabor exquisito.

Pimentón (*Capsicum tetragonum*), paprika **16**

Polvo rojo fuerte procedente de la pulpa seca en polvo de diversos tipos de pimientos del género *capsicum*. Hay dulces y picantes. Tradicionalmente, se utiliza en el gulash húngaro, aunque también es delicioso en platos con queso, salsas para picar, aliños, salsas y sopas. Sirve como atractivo aderezo para huevos.

Pimienta (*Piper nigrum*) **18**

Es la pimienta negra corriente que utilizamos en la mesa. Se obtiene en forma de granos enteros verdes, negros o blancos, y en polvo negro o blanco. Los granos o bayas verdes, una vez secados al sol, se vuelven negros. Los granos blancos son granos verdes que se han dejado madurar completamente. Los granos verdes tienen un sabor fresco y penetrante, y suelen venderse encurtidos en salmuera. Las pimientas negra y blanca tienen un gusto parecido, pero la negra es más penetrante. La pimienta se puede usar en prácticamente todos los platos salados.

Pimienta de Cayena (*Capsicum annum*) **13**

Las vainas secas de la guindilla producen esta especia acre y picante, aunque el polvo que se comercializa suele incorporar otras especias. Es muy picante y conviene usarlo con moderación. Se utiliza en salsas, sopas o estofados. Combina bien con el queso cocido.

Pimienta de China (*Zanthoxyllum piperitum*) **9**

Estas bayas secas y rojas tienen un sabor aromático picante, y son un ingrediente de las cinco especias chinas. Su gusto a

pimienta las convierte en un complemento rico para sopas y salsas.

Pimienta jamaicana (*Pimenta officinalis*) **17**

Las bayas secas del pimentero combinan el sabor de diversas especias, entre las que destacan la nuez moscada, la canela y el clavo. Se obtiene entera o en polvo, y se utiliza en encurtidos, salsas, arroces, pasteles de fruta, tartas de fruta, budines de leche y budines de ciruelas.

Rábano rusticano (*Armoracia rusticana*) **8**

Las raíces ralladas sirven como condimento, aunque su sabor penetrante está sobre todo en la capa exterior. Este sabor se pierde totalmente cuando se cocina; por lo tanto, no debería utilizarse nunca en platos calientes. El rábano picante se usa para sazonar mahonesas o como aderezo en ensaladas frescas. También se puede obtener seco. En este caso debe reconstituirse con agua.

El **wasabi**, o rábano picante japonés, es una variante más picante.

Regaliz (*Glycyrrhiza glabra*), orozuz **41**

Es la raíz de un arbusto de hoja perenne, que se puede comprar en forma de raíz seca, en tiras secas o en polvo. Se usa en refrescos, helados, dulces, postres, pasteles y bombonería.

Sal **37**

La sal es el cloruro de sodio extraído del mar o de yacimientos subterráneos y uno de los condimentos más tradicionales. Existen muchos tipos: **sal de mesa** (comercializada con ingredientes añadidos, para evitar que se endurezca); **sal marina** (cristales que se obtienen evaporando agua de mar); **sal de roca** (procede de depósitos subterráneos y está menos refinada que la sal de mesa). Las **sales condimentadas**, como las que tienen yodo, ajo, cebolla y apio, también son fáciles de conseguir. En años recientes

se ha creado otra variante, la **sal baja en sodio**.

Sésamo, semillas de (*Sesamum indicum*), ajonjolí **33**

Estas semillas pequeñas y planas pueden ser blancas, crema, marrones, rojas o negras. Tienen un sabor anuezado que se potencia al tostarlas; se pueden agregar a panes y pasteles, y se usan en ensaladas y galletas.

Tamarindo (*Tamarindus indica*) **10**

Es el fruto seco del árbol llamado tamarindo. Aunque se suele hablar de «semilla de tamarindo», es la pulpa que envuelve a esas semillas. El tamarindo se usa en aliños, currys y bebidas; tiene un sabor amargo y afrutado. Si se compran secos, deben dejarse en remojo; se usa el líquido en el que han permanecido, desechándose las semillas.

Vainilla (*Vanilla planifolia*) **35**

Las vainas de la vainilla son los frutos secos de una orquídea y están en su punto cuando son de color marrón oscuro, flexibles y cubiertas de un merengue de cristales aromáticos de vainillina. Pueden usarse de nuevo si se lavan y secan después de cada uso. La vainilla se usa muy frecuentemente en bombonería. Sirve como condimento para salsas dulces, pasteles y postres, cremas, repostería preparada al horno, helados, natillas y azúcar.

Hierbas y flores

Acedera (*Rumex, spp.*) **9**

Las hojas tienen un sabor refrescante, ligeramente amargo, parecido a la espinaca y se pueden comer en puré como verdura. Dado que contienen ácido oxálico no deberían ingerirse en grandes cantidades. La acedera, que sólo se puede

obtener fresca, se usa como hierba en ensaladas, y también sirve para sopas, tortillas y salsas. La acedera debería cocerse lo menos posible, para conservar su sabor; nunca en una sartén de hierro pues ennegrece.

Albahaca (*Ocimum basilicum*) **18**
Esta planta anual tiene hojas aromáticas, que pueden usarse frescas y secas. Cuando están frescas tienen un aroma y un sabor parecido al clavo; secas se parecen más al curry. Las hojas frescas se desmenuzan usando los dedos, porque al cortarlas pueden perder su sabor. La albahaca combina bien con los huevos, berenjenas y pimientos dulces, pero también tiene una afinidad especial con el tomate; de ahí que se haya convertido en un ingrediente popular en pastas y pizzas. También se usa en sopas, salsas y ensaladas, y es la base del pesto, la famosa salsa italiana (ver página 120).

Caléndula (*Calendula officinalis*) **21**
Es una flor de jardín muy conocida. Sus brotes de color rojo anaranjado constituyen un adorno atractivo para cualquier plato de hortalizas. Los pétalos exteriores tienen un ligero regusto amargo y aromático, y anteriormente se utilizaban como sustituto del azafrán. Ahora se usan en pasteles, ensaladas, quesos y mantequillas. Los pétalos y hojas jóvenes se comen en ensaladas.

Cebollino (*Allium schoenoprasum*) **8**
Miembro de la familia de las cebollas, sus tallos con hojas suelen usarse frescos (aunque también pueden obtenerse secos). Tienen un sabor a cebolla inconfundible, pero ligeramente diferente. No conviene cocerlos demasiado: es mejor picarlos y añadirlos al plato caliente en el último momento. Combinan bien con patatas, remolachas, huevos y requesón, y se usan en sopas, tortillas, salsas y ensaladas.

Cilantro (*Coriandrum sativum*), culantro, coriandro **11**
Sus hojas se suelen confundir con algunas variedades de perejil. Tienen un sabor fresco a naranja y son un ingrediente esencial del curry. Combinan muy bien con las guindillas verdes y son la base de muchos chutneys indios. Deben usarse frescas. El cilantro se obtiene también en forma de semilla (ver pág. 60).

Citronela. Ver pág. 60 **16**

Crisantemo 3
Esta planta se encuentra en varias formas, incluido el crisantemo silvestre o shungiku. Las flores son un adorno atractivo en ensaladas.

Curry, hojas de (*Chalcas koenigii*) **14**
Poco frecuentes fuera de la India, las hojas de curry pueden comprarse frescas o secas y no deben confundirse con el curry propiamente dicho. Son típicas del sur de la India, donde se usan sobre todo en platos vegetarianos. Las hojas secas suelen perder su sabor, y no deberían comprarse a menos que tengan un gusto fuerte a curry.

Eneldo (*Anethum graveolens*) **17** y **39**
De esta planta de la familia del perejil, se aprovechan las hojas y las semillas. Las hojas pueden estar frescas o secas y tienen un sabor ligero, parecido a la alcaravea. Se suelen usar en encurtidos y vinagre de eneldo, además de en hortalizas cocinadas y ensaladas, sopas, platos con huevos y salsas. El eneldo pierde su aroma y sabor durante la cocción, de manera que es mejor agregarlo cuando el plato ya está listo. Las semillas de eneldo tienen un gusto ligeramente más penetrante y amargo que las hojas. Se usan en encurtidos, platos con queso, aliños y ensaladillas de patata.

Estragón (*Artemisia dracunculus*), dragoncillo **5**
Las hojas aromáticas tienen un regusto anisado ligero y se usan frescas, secas o en polvo. El estragón tiene un sabor fuerte y, por tanto, conviene usarlo con moderación. Se emplea en platos con queso y huevos, aliños para ensaladas, mantequillas y purés con cremas o sopas cremosas. También para sazonar el vinagre, en las salsas tártara y bearnesa, y en el aliño de finas hierbas.

Hinojo (*Foeniculum vulgare*) **10** y **29**
Esta planta perenne se parece mucho al eneldo, aunque su sabor es distinto. Se aprovechan tanto las hojas como las semillas; las hojas son mejores frescas y picadas, en mayonesas, salsas vinagreta, ensaladas y sopas. Las semillas de hinojo tienen un sabor ligeramente anisado y pueden usarse en muchos platos distintos.

Laurel (*Laurus nobilis*) **4**
Las hojas de este árbol de hoja perenne pueden usarse frescas o secas, y son muy populares en la cocina mediterránea. Las hojas frescas tienen un aroma fuerte y amargo y no son del gusto de todos. Es mejor dejarlas secar unos días, aunque no demasiados: las hojas viejas secas son más bien desabridas. El laurel se usa como aderezo en caldos, postres con leche, sopas, salsas, cremas y natillas.

Maravilla (*Calendula, spp.*) **19**
Se usa sobre todo como aderezo en ensaladas, pero también se puede cristalizar y usar como adorno de repostería.

Mejorana (*Origanum majorana*) **6**
No hay que confundirlo con el orégano. Su sabor se parece más al tomillo, pero es más dulce y aromático. Se usan las hojas frescas o secas, picadas, machacadas o en polvo, en sopas, rellenos, quiches y tartas,

Hierbas y flores

1 Rosa	**5** Estragón	**9** Acedera
2 Menta	**6** Mejorana	**10** Hinojo
3 Crisantemo	**7** Orégano	**11** Cilantro
4 Laurel	**8** Cebollino	**12** Romero

13 Tomillo
14 Hoja de curry
15 Perejil

16 Citronela
17 Eneldo
18 Albahaca

19 Maravilla
20 Perifollo
21 Caléndula

tortillas, platos con patatas y, como aderezo, en ramilletes de hierbas. El sabor delicado de la mejorana se elimina durante la cocción, de manera que es mejor agregarla cuando el plato esté en su punto o en aquéllos que apenas necesitan cocción.

Menta (*Mentha, spp.*) **2**
Hay varios tipos, entre ellos la piperita o menta negra, la menta verde (romana) y el mentastro. Desde la perspectiva del cocinero, los más importantes son la menta verde y el mentastro. Las hojas de menta pueden usarse frescas o secas (aunque son mejores frescas), en ensaladas, salsas, postres y muchas bebidas. Son un complemento refrescante y sabroso para sopas, patatas, guisantes, lentejas, pepinos, tomates, berenjenas y frutas, como las manzanas. También son la base de la salsa de menta, gelatina de menta y bebidas como el jarabe de menta y el té verde con menta.

Orégano (*Origanum vulgare*), mejorana silvestre **1**
Muy relacionado con la mejorana, pero de sabor más penetrante, el orégano combina bien con tomates, berenjenas y calabacines. Es de las pocas hierbas que se suele usar seca.

Perejil (*Petroselinum crispum*) **15**
Es, con toda seguridad, la hierba más popular. Existen varios tipos distintos: perejil de hoja plana, de hoja rizada, de Hamburgo, napolitano (italiano)... Se usan las hojas y los tallos, siendo éstos los de sabor más fuerte. También se obtiene en forma de copos secos, aunque no es tan bueno como fresco. Picado se usa en grandes cantidades para condimentar salsas, sopas, ensaladas, tortillas y rellenos, y puede servir como aderezo decorativo para casi cualquier plato salado. También es la base del aliño de

finas hierbas y muchas salsas, como las de perejil, la tártara y la mantequilla *maître d'hôtel*. Los tallos se agregan siempre como aderezo en los ramilletes de hierbas.

Perifollo (*Anthriscum cerefolium*) **20**
Es una planta anual de hojas ligeramente rizadas, que se parece al perejil. Aunque se puede obtener seco, merece la pena conseguirlo fresco por sus buenísimos resultados, ya sea picado o en tallos finos. Tiene un sabor delicado, a medio camino entre el perejil y el anís; no debería hervirse, pues es mejor crudo o agregado al plato caliente cuando está casi listo. El perifollo es un complemento sabroso para ensaladas, sopas y aderezos. Se usa en vinagres y aderezos de finas hierbas.

Romero (*Rosmarinus officinalis*) **12**
Estas hojas agridulces, en forma de aguja, se emplean frescas, secas o en polvo, aunque cuando están secas suelen perder la fuerza de su sabor. El romero se usa casi siempre en forma de ramita; muy pocas veces, picado. Se consume en sopas, estofados y ensaladas, y se incluyen en ramilletes de hierbas como aderezo y adorno de muchos platos de verduras.

Rosa (*Rosa, spp.*) **1**
No tiene importancia culinaria, excepto en Oriente Medio, donde se usan los aromáticos pétalos machacados como base para el agua de rosas. Esta se emplea para sazonar muchos platos dulces y (junto con el escaramujo) preparar mermelada de pétalos de rosa y sorbetes. Fuera de Oriente Medio, los pétalos se usan en licores con sabor a rosa y, cristalizados, como elemento decorativo en muchos postres.

Tomillo (*Thymus vulgaris*) **13**
Hay varios tipos. Sus hojas aromáticas y penetrantes son buenas frescas o secas, aunque es mejor comprar las hojas secas

en cantidades pequeñas e irlas renovando, pues pierden sus propiedades muy rápidamente. Combina bien con patatas, tomates, calabacines y berenjenas, y se usa en sopas, salsas, rellenos y en ramilletes de hierbas como aderezo.

Verduras

Acelga cardo (*Beta vulgaris*) **22** y **25**
Es una hortaliza con brillantes hojas verdes. La acelga se encuentra de primavera a mediados de invierno. Las hojas y tallos más tiernos se pueden cocer al vapor o hervir y se usan de la misma manera que la espinaca. Se desechan los tallos duros y se corta la hortaliza.
● Baja en grasas. Alto contenido en calcio y vitamina C.

Aguaturma (*Helianthus tuberosus*), pataca, tupinambo **10**
Varían de color, de beige a marrón rojizo. Tienen una pulpa crujiente y dulce de sabor anuezado, y se cuecen de la misma manera que las patatas. Se eligen las aguaturmas duras procurando evitar las que tienen la piel arrugada. Se obtienen de otoño a primavera, se pueden hervir, cocer al vapor o freír. La piel se puede conservar o desechar, al gusto. Si no se pelan, las aguaturmas deben lavarse a fondo; las peladas hay que remojarlas en agua con un poco de zumo de limón para evitar que se oxiden.
● Baja en grasas. Alto contenido en fibra y vitamina B_1.

Alcachofa (*Synara scolymus*) **11**
Las alcachofas se pueden cocer al horno, hervir o rellenar, y servir con salsas y aliños. Se come sobre todo el corazón más tierno del interior, mientras se descarta la parte pilosa. Se corta el tallo y se retiran las hojas más feas y la parte pilosa después de la cocción.

● Baja en grasas. Alto contenido en calcio, ácido fólico, biotina y vitamina C.

Apio (*Apium graveolens*) **2**
Hay dos tipos: verdes, con hojas grandes y verdes, y de un blanco pálido, con acanaladuras blancas y hojas amarillas. El apio se encuentra todo el año. Al comprarlo, procure que los tallos estén crujientes. Los bulbos enteros deben tener múltiples tallos y un «corazón». Evite los bulbos excesivamente grandes porque suelen tener muchos hilos. El sabor fresco y característico del apio combina muy bien en ensaladas, sopas y salsas.
● Bajo en grasas. Alto contenido en calcio, biotina y vitamina C.

Apio-nabo (*Apium graveolens, spp.*) **35**
Es una variante especial del apio que se cultiva por su raíz de tubérculo. Es una hortaliza de invierno y está en su punto cuando está terso. Se puede comer crudo en ensaladas, escaldado, al vapor, hervido, en puré o salteado. Se debe pelar. Para hacerlo con más facilidad primero se corta en rodajas.
● Bajo en grasas. Alto contenido en fibra, calcio, fósforo y vitamina C.

Berenjena (*Solanum melongena*) **1**
Las berenjenas se encuentran en diversos tamaños y formas y son principalmente de dos colores: lila y (menos frecuente) blanco. Al comprarlas, procure que tengan la piel tersa y suave. El tamaño no influye en el sabor. Las berenjenas son asequibles todo el año. Se usan en el pisto, o sanfaina, y en la moussaka griega, y se pueden rellenar, cocer al horno, freír, estofar y preparar en encurtidos. Suelen necesitar sal (ver página 52) antes de cocinar, para eliminar el agua y el gusto amargo.
● Baja en grasas. Alto contenido en fibra y vitamina C.

Boniato (*Ipomoea batata*), batata **28**

Pese a su nombre, no tiene ninguna relación con la patata, aunque sea de aspecto parecido y se use de forma similar. La piel de los boniatos, que se consiguen de otoño a primavera, puede ser blanca o rojiza. Son muy populares en la cocina sudamericana y se pueden hervir, cocer al vapor o a la cazuela, usar en platos dulces y tartas, o asados con piel y servidos como guarnición. No hará falta quitarles la piel a menos que sea muy dura.
● Bajo en grasas. Alto contenido en caroteno, ácido fólico, ácido pantoténico, vitaminas B_6, C y E.

Calabacín, calabazas (*Cucurbita, spp.*) **9, 30, 31, 32** y **33**
Son parte de la gran familia que incluye el calabacín (de distintas variedades según la época de cosecha), las calabazas y los chayotes. Se obtienen en verano y en otoño, aunque algunas se pueden conseguir en invierno. Se suele distinguir entre calabaza de verano y calabaza de invierno. Tienen un sabor algo soso y acuoso y se pueden rellenar, cocer al vapor, saltear o cocer en el horno. Otros tipos de calabaza son la calabaza de culebra o cohombro largo, la calabaza de peregrino, la karela, la calabaza bonetera, la calabaza amarilla, la coloquíntida o el pepinillo amargo, el tinduri, la calabaza blanca o de China, la calabaza esponjilla o lufa, y la calabaza de San Roque.
● Bajas en grasas. Alto contenido en caroteno, biotina y vitamina C.

Calabaza (*Cucurbita pepo*) **30** y **31**
Su carne es de color naranja fuerte. Se pueden hervir, freír, preparar como puré o mermelada y usar en sopas.
● Baja en grasas. Alto contenido en caroteno, biotina y vitamina C.

Cebolla (*Allium cepa*) **5** y **18**
Hay muchos tipos de cebolla. Pueden ser

amarillentas o rojas, pequeñas o grandes, redondas o alargadas, todas de sabor penetrante y distinto. Las cebollas se pueden comer crudas en ensaladas, cocidas al horno, al vapor y a fuego lento, hervidas, fritas o rellenas, y se pueden usar en casi todos los platos salados. Los cebollinos son cebollas muy tiernas que se consiguen desde mediados de invierno hasta mediados de verano y se comen picados en ensaladas o se usan como aderezo.
Los **chalotes** (*A. ascalonium*) son variedades pequeñas de cebolla, de sabor ligero y se suelen agregar en platos salados y estofados.
● Baja en grasas. Alto contenido en biotina y vitamina C.

Col china (*Brassica chinensis*) **23** y **24**
Las dos variantes principales son el pak-choi, con hojas oscuras verdes y tallos blancos anchos, y el pe-tsai, que es largo, compacto y de hoja crujiente. Se obtienen todo el año y se usan en encurtidos, sopas y salteados.
● Baja en grasas. Alto contenido en magnesio, calcio, hierro, cobre, caroteno, ácido fólico, vitaminas B_2 y C.

Colirrábano (*Brassica oleracea*) **36**
Es el voluminoso tallo de una hortaliza de la familia de las coles. El colirrábano puede ser verde o lila, y se obtiene principalmente en invierno. Tiene un delicado sabor a nabo y se puede comer crudo en ensaladas, escaldado, cocido al vapor, hervido, cocido a fuego lento y tapado o rehogado. Se desechan los tallos duros. Se come crudo, rallado o cortado a trocitos, al gusto.
● Bajo en grasas. Alto contenido en fibra, calcio, biotina y vitamina C.

Hortalizas

1 Berenjena
2 Apio
3 Mostaza y berro de huerta
4 Chalote
5 Cebolla
6 Endibia

7 Chícharo
8 Guisante
9 Karela amarga
10 Aguaturma
11 Alcachofa
12 Espárrago

13 Espinaca
14 Quingombó
15 Hinojo
16 Judía verde
17 Haba común
18 Cebolla tierna

19 Rábano
20 Judía drumstick de la India
21 Escorzonera
22 Acelga cardo
23 Col china
24 Shingiken

25 Acelga
26 Maíz dulce
27 Valerianela
28 Boniato
29 Ñame
30 Calabaza de culebra

31 Calabaza de invierno
32 Karela
33 Tinduri
34 Rábano daikon
35 Apio-nabo
36 Colirrábano

Chalote (*Sechium edule*) **4**
Los frutos, capullos y raíces jóvenes de esta calabaza se comen como hortaliza. Los brotes tiernos se pueden hervir y servir como los espárragos, pero lo que más se usa son los frutos. Se pueden asar, freír o comer en crema y en postres y pastelillos. El color de la piel varía de blanco cremoso a verde oscuro. Se pelan antes de su uso.
● Bajo en grasas. Alto contenido en ácido fólico.

Chícharo. Ver Guisante.

Daikon. Ver Rábano.

Endibia (*Cichorium intybus*) **6**
Se obtienen todo el año, pero son mejores de otoño a primavera. Elija endibias de bulbo compacto con hojas blancas de puntas de blanco amarillento. La endibia se puede cocer tapada a fuego lento o se puede hervir o comer cruda en ensaladas. Se deja la cabeza entera o se separan las hojas, según se desee.
● Baja en grasas. Alto contenido en ácido fólico.

Espárrago (*Asparagus officinale*) **12**
Hay tres tipos: verdes, blancos y (menos frecuentes) lilas. Cada una tiene diversas variedades y todas se pueden conseguir desde la primavera hasta inicios del verano. Procuremos que las puntas estén recias y bien formadas, y evitemos las que son demasiado delgadas o gruesas, y aquéllas que están arrugadas y rígidas. Los espárragos se pueden servir como aperitivo, calientes con mantequilla o con salsa holandesa, o fríos a la vinagreta. También se pueden usar en sopas, quiches y como aderezo. Se retira la parte más dura del tallo, de manera que tengan todos el mismo tamaño, y se atan en un manojo para la cocción. Se cuecen al vapor o hervidos.

● Bajo en grasas. Alto contenido en fósforo, hierro, cobre, caroteno, ácido fólico, biotina, vitaminas B_1, C y E.

Espinaca (*Spinacea oleracea*) **13**
Existen variedades de la espinaca propias del verano y del invierno. Las de verano son menos rugosas y de sabor menos amargo, y son tan tiernas que se pueden comer crudas en ensaladas. También se pueden hervir o cocer al vapor y usar como relleno para platos salados. Procure comprarlas en grandes cantidades ya que se reducen muchísimo durante la cocción.
● Baja en grasas. Alto contenido en fibra, calcio, magnesio, fósforo, hierro, cobre, queratina, ácido fólico, biotina, vitaminas B_2, B_6, C y E.

Guisante (*Pisum sativum*) **7** y **8**
Los guisantes frescos de huerta se cosechan en los meses de verano, aunque se pueden conseguir congelados y enlatados. Se pueden hervir, cocer al vapor, preparar en puré, y agregar a sopas, ensaladas, platos salados y guisados, y son deliciosos servidos con menta fresca. Los guisantes frescos se han de usar cuanto antes. Procure elegirlos crujientes, tiernos, consistentes. También están el guisante de Angola y el chícharo o mollar que se comen con vaina.
● Bajo en grasas. Alto contenido en fibra, magnesio, fósforo, hierro, cobre, niacina, biotina, vitaminas B_1, B_2 y C.

Haba común (*Vicia faba*) **17**
Se obtienen frescas o secas. Suelen estar desenvainadas, aunque se pueden comer las vainas nuevas si están tiernas. Procure que las vainas sean pequeñas y gordas. Las habas comunes frescas se pueden comer crudas o cocidas, en ensaladas o como guarnición. Son de temporada de verano.
● Baja en grasas. Alto contenido en fibra, fósforo, magnesio, hierro, cobre, niacina,

ácido pantoténico, biotina, vitaminas B_1 y C.

Hinojo (*Foeniculum vulgare*) **15**
Los cogollos de hinojo tienen un sabor anisado y son buenos en ensaladas, crudos y picados, o cocidos igual que el apio.

Judía verde (*Phaseolus, spp.*) **16** y **20**
Las judías tiernas se cultivan por sus vainas, que se dan de muchos tipos, incluyendo la judía francesa más delgada. Hay otra variedad, conocida como la judía «drumstick de la India» (pág. 70, n[20]). Cuando están en su punto, las judías deberían partirse con un crujido y el interior estar fresco y jugoso. Las judías tiernas se pueden hervir, cocer al vapor, saltear o rehogar. Se pueden comer frías en ensaladas o servir como acompañamiento de platos salados y quiches. Las judías francesas se consiguen todo el año, pero su mejor época es a principios y mediados de verano.
● Baja en grasas. Alto contenido en fibra, magnesio, caroteno, ácido fólico, biotina y vitamina C.

Maíz dulce (*Zea mays*) **26**
Una variedad de maíz que se obtiene fresco, congelado o en lata. La temporada del maíz tierno es el verano. Al comprar maíz dulce fresco, busque mazorcas de color cremoso envueltas en hojas verdes. Se suelen hervir y comer en la propia mazorca, pero también se pueden raspar los granos una vez cocidos, y comerlos aparte. El maíz tierno se usa también para hacer pan de maíz y maíz molido.
● Bajo en grasas. Alto contenido en fibra, magnesio, fósforo, hierro, cobre, cinc, niacina, ácido fólico, vitaminas B_1, B_6, C y E.

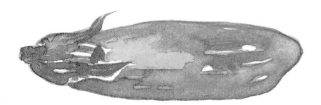

Mostaza y berro de huerta (*Lepidium sativum, Sinapis alba*) **3**
Las hojas de berro de huerta mezcladas con las de mostaza se suelen usar crudas en ensaladas y bocadillos, y combinan muy bien con huevos y queso.
● Bajos en grasas. Alto contenido en fibra, calcio, magnesio, hierro, caroteno, vitaminas C y E.

Ñame (*Dioscorea, spp.*), Yame **29**
Es un tubérculo notoriamente grande. El ñame, originario del Caribe, tiene una gruesa corteza exterior que debe mondarse antes de la cocción. Se puede hervir, cocer al horno, preparar como puré o freír, y tiene los mismos usos que la patata. Las variedades importadas se consiguen todo el año.
● Bajo en grasas. Alto contenido en fibra, hidratos de carbono, magnesio, cobre, vitaminas B_1 y C.

Quingombó (*Hibiscus esculenta*), cardo de España **14**
El quingombó se cuece siempre (salteado o al vapor) y se usa para espesar sopas y estofados y como acompañamiento. Es popular sobre todo en platos picantes. Su textura algo viscosa no agrada a alguna gente y se puede retirar salando la hortaliza (ver página 52).
● Bajo en grasas. Alto contenido en fibra, calcio, magnesio, hierro, cobre, ácido fólico, vitaminas B_1 y C.

Rábano (*Raphanus, spp.*) **19** y **34**
La variedad más común es el pequeño rábano rojo, aunque hay muchas otras de formas diversas (tanto alargadas como redondas), que pueden ser de color amarillo, negro o blanco. Una de las más raras es el rábano daikon, muy popular en Asia. Los rábanos son asequibles todo el año. Procure elegirlos compactos, con colores brillantes y bien definidos. Los rábanos se pueden comer cocidos (normalmente hervidos) en platos salados, aunque es más frecuente servirlos crudos, en rodajas o rallados. En ocasiones también se escabechan.
● Bajo en grasas. Alto contenido en calcio, hierro y vitamina C.

Salsifí y **Escorzonera** (*Scorzonera hispanica*), salsifí blanco y salsifí negro **21**
Estas raíces largas de sabor ligeramente amargo son versiones blancas y negras respectivamente de la misma planta. Ambas se utilizan en sopas, ensaladas y una gran diversidad de platos salados. Se retiran las puntas y las raíces. Se rallan encima y se vierte zumo de limón para evitar el ennegrecimiento por la oxidación de la vitamina C.
● Bajas en grasas. Alto contenido en calcio, hierro y vitamina C.

Valerianela (*Valerianella locusta*), hierba de los canónigos **27**
Es una hortaliza de invierno poco frecuente. Las pequeñas hojas redondas, cuando son tiernas, tienen un sabor agradable y constituyen una excelente ensalada.
● Baja en grasas. Alto contenido en hierro, caroteno, ácido fólico, biotina y vitamina C.

Frutas

Ciruela (*Prunus, spp.*) **9**
Las ciruelas tienen muchas variedades. Elija la fruta de consistencia compacta y rebosante que ceda un poco bajo una ligera presión, sin que esté demasiado blanda. Evite las ciruelas arrugadas, abiertas o duras. Existen varios tipos distintos desde finales de primavera a principios de otoño. Aunque se pueden cocer tanto las ciruelas de postre como las que son específicamente para cocer, sólo las ciruelas de postre son lo suficientemente dulces como para comer crudas. Las ciruelas se pueden comer en tartas, budines, pasteles, mermeladas y postres. Entre las muchas variedades de ciruelas se encuentran la ciruela damascena, la ciruela claudia, el endrino grande y el mirobálano.
● Baja en grasas. Alto contenido en vitamina C.

Chirimoya (*Anona, spp.*) **20**
Es el nombre genérico de varias frutas tropicales distintas que forman parte de la misma familia. Se consiguen en otoño.
● Baja en grasas. Alto contenido en hierro y vitamina C.

Granada (*Punica granatum*) **16**
La temporada de la granada es el otoño. Se suele comer cruda, y se puede usar el zumo como condimento de platos dulces y bebidas. Procure comprar las granadas de consistencia compacta con semillas de color rojo y de aspecto jugoso. Se corta una rodaja fina del extremo del tallo, se corta la fruta en trozos de media luna y se desprende la piel para soltar las pepitas. Para extraer el jugo, se aplastan las semillas en un colador.
● Baja en grasas. Alto contenido en vitamina C.

Guayaba (*Psidium guajava*) **27**
Esta fruta tropical se consigue en primavera y verano. Las guayabas pueden ser redondas o tener forma de pera y suelen tener la cáscara de color amarillento y la pulpa rosada. Se obtienen frescas o en lata, son deliciosas en macedonias, postres y pasteles, y por su sabor penetrante combinan bien en estofados y para hacer pastelillos de fruta y conservas. Se cortan a cuartos, se mondan y encima se vierte zumo de limón para evitar la decoloración.
● Baja en grasas. Alto contenido en fibra y hierro. Es el fruto con más vitamina C.

Frutas

1 Pampelmusa	**6** Ugli	**11** Maracuyá
2 Limón	**7** Plátano	**12** Uvas
3 Pomelo	**8** Papaya	**13** Higo
4 Tangelo	**9** Ciruela	**14** Tomate de árbol
5 Lima	**10** Mandarina	**15** Higo chumbo

16 Granada

17 Mango

18 Kiwano

19 Kiwi

20 Chirimoya

21 Manzana

22 Melón «Ogen»

23 Melón

24 Melón Cantalupo

25 Melón dulce

26 Sandía

27 Guayaba

28 Palosanto

Higo (*Ficus carica*) **13**
Los higos se encuentran en verano y otoño y pueden ser verdes o lilas y se compran frescos o secos. Los frutos frescos han de ser homogéneos de color, y cuando ceden bajo una ligera presión es cuando están en su punto. Los higos maduros son deliciosos solos y con yogur o crema; los higos verdes se pueden estofar y usar en pasteles, mermeladas y en conservas.
● Bajo en grasas. Alto contenido en fibra y caroteno.

Higo chumbo (*Opuntia ficus indica*), higo de tuna, nopal **15**
El higo chumbo se encuentra desde mediados de verano hasta mediados de otoño. Se puede comer estofado o crudo y se suele usar en conservas. La fruta tiene una cáscara espinosa que se desecha antes de comer.
● Bajo en grasas. Alto contenido en fibra, calcio, hierro y vitamina C.

Kiwano (*Cucumis metuliferus*) **18**
Es el fruto de una viña originaria del África tropical. Cuando está maduro, su color es naranja amarillento y tiene la pulpa verde. Su sabor recuerda una combinación de plátano y lima, y es delicioso comerlo crudo y sin acompañamiento o en macedonias y bebidas.

Kiwi (*Actinidia sinensis*) **19**
Los kiwis se consiguen desde mediados del verano hasta finales del invierno. Se pueden comer solos, en rodajas y en ensaladas, postres, pasteles y mermeladas, o se usan como adorno en ensaladas, dulces o saladas. Al comprar kiwis, procure que no estén dañados y que cedan a una presión ligera. La cáscara peluda se desecha antes de comer la fruta.
● Bajo en grasas. Alto contenido en fibra, vitaminas B_1 y C.

Lima (*Citrus aurantifolia*) **5**
Las limas son más pequeñas que los limones y son de color verde brillante. Se encuentran todo el año, pero en Europa son difíciles de conseguir. Procure comprarlas compactas y con peso, y evite las limas arrugadas o blandas. Se preparan y se usan como los limones.
● Bajo en grasas. Alto contenido en vitamina C.

Limón (*Citrus limon*) **2**
Los limones se encuentran todo el año. La esencia de su cáscara y su zumo aportan un toque exquisito a sopas, platos salados, postres, pasteles, mermeladas y encurtidos y, además, el limón cortado en rodajas constituye un simpático aderezo en muchos platos dulces y salados. El ácido ascórbico de su zumo evita que las frutas como el aguacate y la manzana se vuelvan marrones (por la oxidación) cuando están expuestas al aire.
● Bajo en grasas. Alto contenido en fibra, calcio, cobre y vitamina C.

Mandarina (*Citrus, spp.*) **10**
Resulta muy jugosa y es un buen sustituto de la naranja. Se consigue principalmente en otoño e invierno. Evite la fruta magullada y procure comprar la de piel suave y fresca. Se pueden comer solas, en ensaladas dulces y saladas, helados, postres y pasteles.
● Baja en grasas. Alto contenido en vitamina C.

Mango (*Mangifera indica*) **17**
Hay más de 500 tipos de mango y todos tienen formas y tamaños distintos: pueden ser verdes o amarillo rojizos, pero la pulpa es siempre de color naranja y tiene un ligero sabor a melocotón pero más penetrante. Los mangos se encuentran desde mediados de invierno hasta principios de otoño. Procure comprarlos

compactos, con peso, sin morados y que cedan ante una ligera presión. Los mangos se pueden comer solos o en macedonias, pasteles, bebidas, mermeladas y chutneys. Se pueden comprar frescos o en lata y también se consiguen secos para condimentar (ver página 61). En ocasiones no resulta fácil manejarlos ya que la pulpa suele ser muy blanda. Lo mejor es cortar una gruesa tajada de fruta de ambos lados del hueso y luego sacar la pulpa con una cuchara.
● Bajo en grasas. Alto contenido en caroteno y vitamina C.

Manzana (*Malus sylvestris*) **21**
Existen más de 2.000 tipos de manzanas y, por tanto, se encuentran durante todo el año. Al comprarlas, procure que estén compactas y tengan buen color, sin morados. Para comerlas crudas o en ensaladas, elija una variedad de postre; para purés, estofados o al horno, se usan las variedades más grandes. Las manzanas sirven para hacer ensaladas, postres, pasteles, tartas, conservas, mermeladas, chutneys y también zumo. Se empiezan a conseguir también secas. Las manzanas silvestres tienen un sabor muy penetrante.
● Baja en grasas. Alto contenido en biotina y vitamina C.

Maracuyá (*Passiflora edulis*), fruta de la pasión **11**
Se encuentra más fácilmente en verano. Las frutas han de ser de un exquisito color lila y de consistencia compacta con la cáscara arrugada. Se pueden usar en postres, ensaladas dulces y saladas, helados, sorbetes, pasteles, zumos y mermeladas. Se cortan por la mitad, se extrae la pulpa y se usa al gusto.
● Baja en grasas. Alto contenido en fibra, magnesio, hierro, niacina y vitamina C.

Melón (*Cucumis, spp.*) **22**, **23**, **24**, **25** y **26**

Los melones son muy apreciados por su sabor dulce y delicado. Las diferentes variedades se consiguen todo el año, pero sólo los de verano y otoño desarrollan su pleno sabor. Un melón maduro debería ceder cuando se presiona ligeramente en los extremos. Los melones se suelen comer de postre, pero son también muy deliciosos en ensaladas dulces y saladas, en conservas, helados, sorbetes y entremeses. Combinan bien con el pomelo.
● Bajo en grasas. Alto contenido en caroteno, ácido fólico, ácido pantoténico y vitamina C.

Palosanto (*Diospyros kaki*), caqui **28**

El palosanto parece un tomate grande y tiene la misma pulpa suculenta. Se encuentra desde inicios del otoño hasta entrado el invierno. Procure comprar la fruta pesada y brillante sin magulladuras. Son muy ásperos cuando aún no están maduros, así que antes de comerlos conviene esperar hasta que estén blandos. El palosanto es excelente solo o en macedonias, pero también se puede añadir en budines y pasteles o preparar como mermelada y chutney. Se desecha el tallo, se corta la fruta por la mitad y se extrae la pulpa.
● Bajo en grasas. Alto contenido en caroteno y vitamina C.

Pampelmusa (*Citrus grandis*) **1**

Es el más grande de los cítricos. La cáscara es gruesa y tiene una pulpa amarga y fibrosa. Se suele comer sola.
● Baja en grasas. Alto contenido en vitamina C.

Papaya (*Carica papaya*) **8**

Las papayas se encuentran en primavera y verano. Varían de tamaño y color, aunque las más comunes son las de cáscara amarilla. La pulpa es de un color rosa fuerte y contiene minúsculas semillas negras, cuyo sabor recordaría a la pimienta. Elija la fruta que sea de tacto blando. Las papayas tienen un ligero sabor dulce cuando están maduras (similar a los albaricoques y al jengibre) y una enzima (la papaína), que contribuye a la digestión de las proteínas. Se pueden usar en ensaladas dulces y saladas, postres y conservas. Se mondan y se desechan las semillas antes de comer.
● Baja en grasas. Alto contenido en caroteno y vitamina C.

Plátano (*Musa nana*) **7**

Esta fruta de sabor dulce se obtiene todo el año. Su sabor, sin embargo, varía mucho si lo puede comer en su tierra de origen, madurado en la planta. Elija plátanos compactos de cáscaras amarillentas y sin parches morados. Los plátanos se pueden comer crudos, sin acompañamiento o en macedonias, al horno, flambeados con licores, o agregados a tartas, postres y helados, pasteles y pan. También se consiguen secos. Si desea quedar bien estéticamente, es mejor usarlos de inmediato o rociarlos con zumo de limón para evitar la decoloración.

Pomelo (*Citrus paradisi*), toronja **3**

El pomelo se consigue todo el año, pero es mejor en los meses de invierno. Hay de varios tipos: el pomelo blanco es ideal para hacer zumo, y el rosado, que es más dulce, se puede comer como una naranja. El rojo es aún más dulce. La fruta ha de tener un buen peso y un color homogéneo. Se suele servir como aperitivo de desayuno, y también se usa para preparar zumos y mermeladas. Se agrega, asimismo, en las macedonias, helados, pasteles y postres. Se puede cocer al horno o a la parrilla, y también se sirve crudo.

● Bajo en grasas. Alto contenido en biotina y vitamina C.

Tangelo (*Citrus, spp.*) **4**

Los tangelos son un híbrido de la mandarina y el pomelo. Se mondan y se preparan como si fueran naranjas.

Tomate de árbol (*Cyphomandra betacea*) **14**

Fruta tropical de la misma familia que el tomate. El tomate de árbol puede ser de color rojizo amarillento o lila cuando está maduro. Se puede comer crudo, pero se suele preparar estofado.

Ugli (*Citrus, spp.*) **6**

El ugli es un cruce entre la mandarina y el pomelo. De aspecto se parece más al pomelo pero la cáscara es dura, nudosa y de color verde amarillo. La pulpa fresca y rosada se puede comer cruda, o se usa en conservas y también se cuece al horno. Se prepara y se usa igual que el pomelo.
● Bajo en grasas. Alto contenido en vitamina C.

Uva (*Vitis vinifera*) **12**

Las uvas se encuentran todo el año y pueden ser negras (lilas) o verdes. Hay de muchos tipos, pero se dice que las uvas pequeñas sin semillas son las más finas. Al comprarlas se eligen las uvas frescas y rebosantes que están firmemente adheridas al tallo. Las uvas se usan en macedonias, postres y tartas. Se obtienen también secas, en forma de pasas.
● Bajas en grasas. Alto contenido en biotina y vitamina C.

Legumbres y Frutos Secos

1 Almorta
2 Judía de a vara
3 Soja
4 Miso (pasta de soja)
5 Lámina de queso de soja
6 Soja molida
7 Harina de soja
8 Tofu (queso de soja)

9 Soja fermentada
10 Habas comunes
11 Judión o judía de lima
12 Judía blanca
13 Judía de Egipto
14 Judías rojas
15 Judías «Flageolet»
16 Judía de Urd

17 Garbanzo de Oriente medio
(channa dal)
18 Garbanzo europeo
19 Harina de garbanzo
20 Lentejas pardinas
21 Lentejas verdes
22 Lentejas naranjas partidas
23 Frijoles negros

24 Judía blanca común	**31** Chufa	**38** Anacardos
25 Guisantes partidos	**32** Judías azuki	**39** Nuez del Brasil
26 Lentejas amarillas	**33** Germinados de judías mungo	**40** Castaña seca
27 Guisantes desecados	**34** Judías de mungo	**41** Pacana
28 Piñones	**35** Judía moteada	**42** Macadamia o nuez australiana
29 Pistachos	**36** Nuez	**43** Cacahuete
30 Coco	**37** Avellana	**44** Almendra

Legumbres

Almorta (*Lathyrus sativus*), guija **1**
judía pequeña de color marrón pálido.
Uno de los platos típicos de Egipto recibe
su nombre de las almortas. Son un
complemento sabroso en sopas, guisos,
ensaladas y otros platos salados.
● Baja en grasas. Alto contenido en fibra.

Garbanzo (*Cicer arietinum*) **17**, **18** y **19**
Los garbanzos grandes y secos suelen ser
de color crema, aunque existe una
variedad pequeña y de color marrón
oscuro que se conoce como «channa dal»
(de uso sobre todo en la cocina de Oriente
Medio). Los garbanzos tienen un sabor
ligeramente anuezado y se pueden usar en
ensaladas, guisos y otros platos salados.
En Oriente Medio se usan en el conocido
paté de garbanzos (hummus), y en
croquetas (falafel). Se encuentran enteros
y partidos, y también aportan una buena
harina integral, excelente para rebozar.
Los garbanzos son muy duros y necesitan
estar en remojo al menos 24 horas antes
de la cocción, que será larga y lenta.
● Bajo en grasas. Alto contenido en fibra,
calcio, magnesio, fósforo, cobre y
vitamina B_1.

Guisante (*Pisum sativum*) **25** y **27**
Los guisantes secos son un elemento útil
para la despensa, particularmente porque
los frescos gozan de una temporada muy
corta. Se encuentran de diversos tamaños,
colores y formas, ya sean enteros,
partidos, verdes o amarillentos. Lo único
que necesitan es pasar la noche en remojo
antes de su cocción. Los guisantes enteros
se usan como guarnición; las variedades
partidas constituyen excelentes purés y
también aportan una buena harina de
sabor exquisito y que espesa.
● Bajo en grasas. Alto contenido en fibra,
magnesio, fósforo, hierro, cinc y vitamina
B_1.

Haba común (*Vicia faba*) **10**
Estas habas grandes de color marrón claro
se obtienen frescas, secas o en lata. Se
suelen comer frescas, aunque las habas
secas son muy populares en muchos
países europeos. En estado seco, las habas
gruesas necesitan una cocción larga y
lenta. Se pueden comer solas, a la cazuela
y en ensaladas.
● Baja en grasas. Alto contenido en fibra,
fósforo, hierro, cobre, niacina, vitaminas B_1
y C.

Judía (*Phaseolus vulgaris*), judía común,
alubia **2**, **12**, **14**, **15**, **23**, **24** y **35**
El término se suele referir a la judía blanca
en sus diversos tamaños. Sin embargo, la
familia de las judías blancas es muy
variada e incluye los siguientes tipos: la
judía blanca española (se usa en sopas,
ensaladas y platos salados); judía de a
vara, parecida a la judía blanca pequeña,
pero con un punto negro a un lado (se usa
en patés, guisos y sopas); frijoles negros
(judías de sabor dulce muy populares en
el Caribe) que se pueden usar en sopas,
ensaladas y platos salados; judías
moteadas de diversos colores, entre crema
y rosa, que se cuecen hasta que adquieren
una consistencia cremosa. Las judías
«flageolet» son de un precioso color verde
pálido y se encuentran en lata. Las judías
rojas se usan en sopas, guisos y ensaladas,
pero se conocen sobre todo por su uso en
los platos picantes de México. Su piel
contiene toxinas que deben eliminarse
dejándolas en remojo y luego hirviéndolas
a fuego vivo durante 10 minutos.
● Baja en grasas. Alto contenido en fibra,
calcio, magnesio, fósforo, hierro, cobre y
cinc.

Judía azuki (*Phaseolus angularis*) **32**
Judías pequeñas de color rojizo marrón,
con una textura cremosa y un agradable
sabor anuezado. Se usan en sopas, patés y
platos salados y dulces. Son populares

sobre todo en China y en Japón, donde se
usan hervidas, en puré y endulzadas,
como base para distintos pasteles y
dulces. Las judías de azuki se pueden
conseguir también en polvo.
● Baja en grasas. Alto contenido en
carbohidratos, fibra, hierro, fósforo y
vitamina B_1.

Judía de Egipto (*Dolichos lablab*), dolico **13**
Es una legumbre de origen asiático, muy
popular en la India y Malasia donde tiene
los mismos usos que las legumbres
partidas (ver Guisante y Lenteja), aunque
las semillas crudas pueden ser venenosas.
Las semillas son blancas, rojizas, negras o
moteadas.
● Baja en grasas. Alto contenido en
hidratos de carbono, fibra, fósforo, hierro
y vitamina B_1.

Judía de lima (*Phaseolus lunatus*), judión **11**
Estos grandes frijoles, de color blanco
cremoso o verde pálido, se encuentran en
dos tamaños, uno algo más grande que el
otro. Su textura es suave y harinosa y
tienen un gusto delicado. Los hay frescos,
secos, en lata y congelados, y son
deliciosos en ensaladas, patés y sopas.
● Baja en grasas. Alto contenido en fibra,
magnesio, fósforo, hierro, cobre, cinc,
niacina y vitamina B_1.

Judía de Urd (*Phaseolus mungo*) **16**
Se obtiene entera, partida y sin piel.
Enteras, las judías Urd se parecen a las
judías mungo. Como otras legumbres, se
pueden usar enteras como guarnición, o
en puré, y también se usan en sopas.
● Baja en grasas. Alto contenido en fibra,
calcio, magnesio, hierro, ácido fólico y
vitamina B_1.

Judía mungo (*Phaseolus aureus*) **33** y **34**
Estas pequeñas judías de color verde oliva
se encuentran enteras, partidas o sin piel,
y no tienen nada que ver con la soja,

aunque haya quien las confunda. Se suelen usar en estofados, o como verdura en ensaladas, y también solas, aunque la más popular es su variante ya germinada. No necesitan estar en remojo antes de su cocción.

● Baja en grasas. Alto contenido en fibra, magnesio, fósforo, hierro, cobre y vitamina B₁.

Lenteja (*Lens esculenta*) **20**, **21**, **22** y **26**
En los últimos tiempos se ha convertido en una de las legumbres más populares. Hay lentejas de color marrón, verde, naranja, amarillo y negro, y se pueden comprar enteras o partidas. Estas últimas son las que menos tardan en cocerse, sobre todo si van sin cáscara, lo que las hace más digeribles. Las lentejas no necesitan estar en remojo mucho tiempo —diez minutos es suficiente—. Las lentejas más pequeñas de color amarillento y naranja hacen muy buen puré, lo que combina bien en sopas. Las otras retienen su forma después de la cocción y se pueden servir como acompañamiento, solas o en ensaladas. Las lentejas cumplen una función muy importante en la cocina india, donde se usan en currys y guarniciones.

● Baja en grasas. Alto contenido en fibra, hierro, cobre, cinc y vitamina B₁.

Soja (*Glycine max*) **3**, **4**, **5**, **6**, **7**, **8** y **9**
En el Lejano Oriente la soja ha sido considerada como la «carne» vegetal durante miles de años. Son unas legumbres asombrosamente versátiles, de ellas se derivan infinidad de alimentos, y son únicas entre las judías ya que contienen los ocho aminoácidos esenciales, y por tanto suponen un excelente aporte de proteínas. Las judías pueden ser amarillentas o negras, y se obtienen enteras, secas y fermentadas. Se pueden cocer en estofados, pero tal vez se conozcan más por sus derivados, que

incluyen la salsa de soja, el tofu (queso), miso (pasta fermentada de la judía), tempeh (pastel fermentado de la judía), soja molida, copos de soja, láminas secas de queso de la judía y proteína vegetal texturizada (PVT).

● Baja en grasas. Alto contenido en fibra, calcio, magnesio, hierro, ácido fólico y vitamina B₁.

Frutos secos

Almendra (*Prunus dulcis*) **44**
Hay diversos tipos, amargos y dulces. Las almendras amargas se han de tostar para eliminar su contenido ácido. Se usan en ocasiones en mermeladas y licores. Las almendras dulces se añaden a cualquier cosa o se comen solas. Se usan extensamente en bombonería y también son convertidas en bebidas y licores. Combinan muy bien con queso y verduras para rellenos y se pueden agregar crudas a las ensaladas. Un plato interesante llamado «nugarda» se hace con puré de almendras mezclado con limón, ajo y perejil. Se usan las almendras enteras, sin piel, en copos o astillas, y tostadas.

● Alto contenido en fibra, proteínas, calcio, magnesio, fósforo, hierro, cinc, niacina, ácido fólico, vitaminas B₁, B₂ y E.

Anacardo (*Anacardium occidentale*) **38**
Los anacardos se suelen vender con cáscara o salados. Se pueden comer como aperitivo, en repostería y para condimentar la mantequilla. El puré de anacardo es excelente.

● Alto contenido en fibra, proteínas, hidratos de carbono, magnesio, hierro, niacina, vitaminas B₁ y B₂.

Avellana (*Corylus avellana*) **37**
Las avellanas contienen mucho aceite y se usan en mantequillas, picadas y postres.

En Francia se muelen hasta constituir una mantequilla muy popular llamada «beurre de noisettes», una guarnición típica de aperitivo. En España son famosas por su contribución a la «salsa romesco» (ver página 246).

● Alto contenido en fibra, magnesio, fósforo, hierro, cobre, cinc, ácido fólico, ácido pantoténico, vitaminas B₁, B₆ y E.

Cacahuete (*Arachis hypogaea*), maní **43**
En realidad, el cacahuete es una legumbre y no un fruto seco. Se puede comer crudo o asado, y se usa sobre todo en la preparación de la mantequilla de cacahuete y el aceite de cacahuete. En Indonesia y en muchos países de África se suelen usar como base para salsas y estofados, y se pueden preparar de cualquiera de las maneras citadas para otras nueces. Se obtienen enteras y con cáscaras.

● Alto contenido en fibra, proteínas, hierro, magnesio, fósforo, cobre, cinc, niacina, ácido fólico, ácido pantoténico, vitaminas B₁, B₆ y E.

Castaña (*Castanea sativa*) **40**
Las castañas se pueden comer enteras, ya sea tostadas, hervidas o cocidas al vapor. Se obtienen frescas y secas y son más sabrosas cocidas y frescas. Se asan, o bien se hierven, enteras durante 40 minutos, se cortan y se extrae el fruto. Las castañas se pueden usar picadas, en rellenos, se espolvorean sobre las verduras, o se preparan como puré en sopas. La variante seca es un recurso útil. Se deben dejar en remojo durante una hora antes de su uso. Sin cáscara, las castañas se conservan en azúcar o melaza para preparar *marrons glacés*. También se encuentran en forma de puré de castaña, que se puede usar en sopas, postres, crepes y pasteles.

● Alto contenido en fibras, hidratos de carbono, magnesio, cobre, biotina, vitaminas B₁, B₂ y B₆.

1 Arroz negro glutinoso de China
2 Copos de arroz
3 Semola (sin refinar)
4 Harina de pan ázimo
5 Copos de trigo

6 Trigo
7 Cuzcuz
8 Arroz integral de grano corto
9 Maíz
10 Bulgur

11 Arroz silvestre
12 Harina de maíz
13 Maíz triturado
14 Avena
15 Avena triturada gruesa

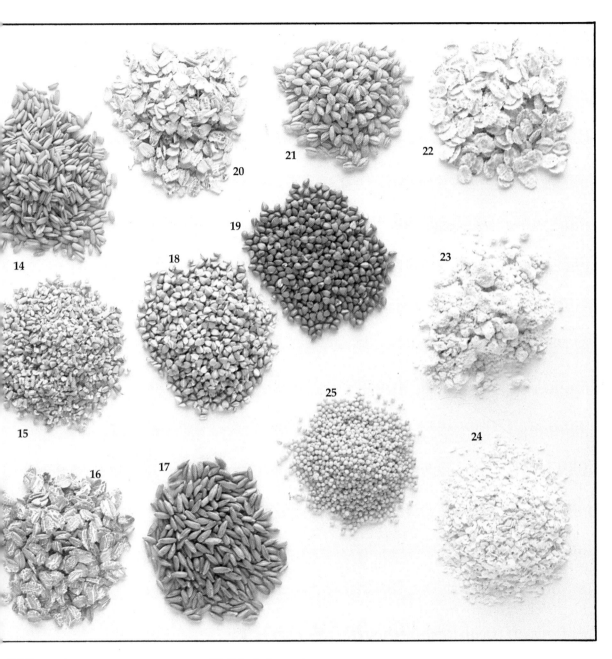

16 Copos de centeno
17 Centeno
18 Trigo sarraceno
19 Trigo sarraceno tostado (kasha)
20 Copos de avena

21 Cebada integral
22 Copos de cebada
23 Harina de soja
24 Copos de mijo
25 Mijo

Coco (*Cocos nucifera*) **30**
Muy popular en la cocina de Indonesia y las Antillas. El coco se consigue fresco y entero o en rodajas, o seco y en copos. La leche se extrae, y machacando la pulpa se preparan sabrosas cremas. El coco también se procesa y se vende rallado. Aporta un sabor muy especial a los alimentos, pero contiene muchas grasas saturadas.
● Alto contenido en fibra, magnesio, fósforo, hierro y cobre.

Chufa (*Cyperus esculenta*) **31**
Aunque se suelen considerar frutos secos, las chufas son en realidad tubérculos. Se venden secas, tienen un sabor almendrado y se comen solas como los cacahuetes. Los españoles preparamos con ellas la horchata de chufa.
● Alto contenido en fibra y proteínas.

Macadamia (*Macadamia ternifolia*), nuez australiana **42**
Originarias de Australia, fuera de su país de origen estas nueces sólo se encuentran sin cáscara y tostadas. Se comen sobre todo en aperitivos, pero también se usan en bombonería.
● Alto contenido en fibra, calcio, fósforo, hierro y vitamina B_1.

Nuez (*Juglana regia*) **36**
Existen muchas variedades de la nuez, que se vende entera, sin cáscara, molida y cortada, fresca o seca. Son sumamente versátiles y se pueden usar en distintas épocas de su desarrollo. Cuanto más agua tenga la nuez, más fresca será. Las nueces verdes que no llegan a desarrollar una cáscara dura se recogen en verano para preparar conservas, salsas de tomate y chutneys. Las nueces húmedas se recogen a principios de otoño, tienen la pulpa húmeda y una cáscara dura. Su sabor es delicioso y aromático, y combinan bien con platos salados. Las nueces secas, las

más comunes, son simplemente una versión más envejecida de las nueces húmedas, de las que se ha evaporado el agua. Se pueden agregar en ensaladas, platos salados, pasteles y panes. El aceite de nueces se prensa virgen de las nueces maduras y constituye un ingrediente sutil y delicioso en los aliños para ensalada.
● Alto contenido en fibra, proteínas, magnesio, fósforo, hierro, cobre, cinc, niacina, ácido fólico, ácido pantoténico, biotina, vitaminas B_1, B_2 y E.

Nuez de Brasil (*Bertholletia excelsa*) **39**
Las nueces de Brasil son muy aceitosas, pero tienen un sabor muy particular. Se conservan mejor con su cáscara y habría que comprarlas siempre frescas. Se encuentran enteras y con cáscara, se pueden comer crudas como tentempié, tostadas y en pasteles, o también molidas con un robot de cocina o batidora, agregándolas en rellenos, vinagretas y sopas.
● Alto contenido en fibra, proteínas, calcio, magnesio, fósforo, hierro, cobre, cinc, niacina, vitaminas B_1, B_6 y E.

Pacana (*Carya illinoensis*) **41**
Se parece a la nuez por su sabor y aspecto, pero es mucho más aceitosa. La cáscara es suave y de color rojo brillante, y resulta mucho más fácil de abrir. Las pacanas son populares en Estados Unidos, donde se usan para preparar la famosa tarta de pacana. También son sabrosas en rellenos, pan de nueces, helados y platos de verduras saladas. Se compran enteras y con cáscara.
● Alto contenido en fibra, proteínas, calcio, hierro, niacina, vitaminas B_1 y E.

Piñón (*Pinuspinea*) **28**
Los piñones se pican y se agregan a sopas y salsas. Tal vez sean más conocidos por su contribución al famoso pesto italiano. Para esta salsa, se muelen los piñones en

un mortero con hojas de albahaca frescas. También son muy sabrosos en arroces y con berenjenas. Cuando están frescos, los piñones despiden un fuerte olor a trementina, un derivado de algunas coníferas. Este olor desaparece durante su conservación. Los piñones se suelen vender sin cáscara.
● Alto contenido en proteínas, fósforo, hierro, niacina, vitaminas B_1 y B_2.

Pistacho (*Pistacia vera*) **29**
Se obtiene entero o con cáscara. Los pistachos se asan, salan y comen como tentempié, o se utilizan en repostería y en helados. Son sabrosos en ensaladas y rellenos, picados en trozos grandes o machacados hasta formar una pasta. Se venden con cáscara roja tintada o con su cáscara marrón natural.
● Alto contenido en fibra, proteínas, hierro, calcio, niacina, vitaminas B_1 y B_2.

Los cereales y sus derivados

Arroz   1, 2, 8 y 62

Es el alimento básico de más de la mitad de la población mundial. Existen infinidad de variedades, aunque se distribuyen fundamentalmente en dos grupos principales: grano largo y grano corto. El arroz de grano largo tiene granos secos y sueltos cuando se cuece y se suele usar en la cocina india; el grano corto acostumbra a tener una textura más pegajosa y blanda. El arroz se puede usar en una gran diversidad de platos salados, como parte del plato en sí, o como acompañamiento. Se agrega, asimismo, en postres y ensaladas. En Occidente, el arroz que se come suele ser blanco y refinado, aunque es el menos nutritivo. Otras variedades de arroz incluyen el arroz integral, basmati (de grano largo), italiano o arborio (de grano corto) y el arroz de budín (principalmente empleado en China y Japón), que puede ser negro o blanco. Hervido, este arroz se vuelve pegajoso y dulce y se usa principalmente en repostería y confitería. Aparte del grano entero, el arroz se puede conseguir también en copos (elaborados a partir del arroz integral o blanco). Estos sirven para preparar distintos mueslis y la papilla de arroz. La **harina de arroz** es una harina sin gluten elaborada a partir del arroz integral o blanco. Se usa principalmente en la cocina oriental para elaborar fideos, pasteles y galletas. Sirve asimismo como agente espesante. Véase también Arroz silvestre.

● Bajo en grasas. Alto contenido en fibra, hidratos de carbono, magnesio, cobre, niacina, cinc, ácido fólico y vitamina B_1.

Arroz silvestre   11

Pese a su nombre, en realidad no se trata de un arroz sino de una hierba lacustre típica de Norteamérica. Aunque es caro, su agradable sabor anuezado lo convierte en un sustituto interesante para el arroz en platos salados. Se cuece igual que el arroz corriente y se dice que es particularmente nutritivo.

● Bajo en grasas. Alto contenido en fibra, fósforo, hierro, niacina, vitaminas B_1 y B_2.

Avena   14, 15 y 20

La avena se conoce por su presencia en el típico desayuno escocés llamado «porridge», gachas de avena cocidas con leche o agua. Los granos de avena triturados (que se obtienen de diversos grosores) se diferencian de los copos de avena en que éstos son los granos enteros machacados. La **avena triturada gruesa** se elabora a partir de granos de avena enteros. Tiene un alto contenido en fibra y es muy nutritiva. La avena se puede usar en pasteles de avena, el *haggi* escocés, galletas de granola, productos de muesli y croquetas.

● Baja en grasas. Alto contenido en fibra, hidratos de carbono, calcio, magnesio, fósforo, hierro, cobre, cinc, ácido fólico, ácido pantoténico, biotina, vitaminas B_1 y E.

Bulgur   10

A pesar de que el bulgur suele considerarse «trigo partido» lo cierto es que es una version más refinada, cocida al vapor y secada antes de ser partida. Con la cocción, el bulgur se hincha y adquiere una textura esponjosa de aspecto parecido al cuzcuz. El bulgur se puede cocer como el arroz, o dejar en remojo y servir crudo en una ensalada. Es el ingrediente principal del plato libanés tabulé (ver página 123).

● Bajo en grasas. Alto contenido en fibra, proteínas, calcio, fósforo, hierro, niacina y vitamina B_1.

Cebada   21 y 22

Antiguamente, la cebada se solía usar para hacer pan. Hoy en día se usa más para espesar sopas y estofados. La cebada cocida es una alternativa agradable a las patatas, arroz o pasta. La cebada se encuentra en muchas formas distintas. Los **copos de cebada** se preparan a partir de los granos enteros que se procesan y secan. Se pueden comer crudos en muesli o cocidos como variante del «porridge» ingles, un potaje de avena con leche o agua. La **cebada perlada** sólo tarda 15 minutos en cocerse y se usa en sopas y estofados. La cebada integral es el grano entero sin el cascabillo exterior y por eso es tan rica en proteínas. Tarda unos 30 minutos en cocerse y se usa sola o agregada en sopas y estofados.

● Baja en grasas. Alto contenido en fibra, hierro, hidratos de carbono, magnesio, niacina y vitamina B_1.

Centeno   16, 17 y 51

Es un cereal de sabor fuerte que se usa como forraje animal, pero que también sirve para elaborar pan de centeno, y bebidas como el whisky, la ginebra y la cerveza. El centeno se obtiene en granos enteros o partidos (que sirven principalmente para la preparación de los panes de centeno más toscos) y en copos (granos enteros de centeno machacado y tostado). La **harina de centeno** es el ingrediente principal del pan negro, pan integral de centeno y tostadas escandinavas. El centeno es excelente en panqueques, y se suele usar para fermentar el pan, aunque dado que no tiene gluten habrá que mezclarlo con dos terceras partes de harina de trigo cuando se utiliza con ese fin.

● Bajo en grasas. Alto contenido en fibra, magnesio, hierro, cobre, cinc, ácido fólico, ácido pantoténico, biotina, vitaminas B_1, B_2, B_6 y E.

Los cereales y sus derivados 2

26 Ruoti (ruedecitas)
27 Farfallini (lacitos)
28 Farfalle (lazos)
29 Tortellini
30 Tallarines de arroz
31 Tallarines de huevo
32 Fideos de arroz

33 Espaguetis
(integrales y comunes)
34 Lasaña verde
35 Tagliatella
(verde, integral, común)
36 Pastina
37 Macarrones

38 Pluma
39 Fideos japoneses transparentes
40 Fusilli bucati
41 Canelones
42 Ditalini
43 Somen (fideos japoneses de
harina blanca)

44 Soba (fideos japoneses de trigo sarraceno)
45 Capelletti
46 Conchiglie (conchas)
47 Fusilli
48 Espirales
49 Sémola refinada

50 Harina de mijo
51 Harina de centeno
52 Polenta
53 Sémola de maíz
54 Harina de guisante partido
55 Harina de trigo sarraceno
56 Harina integral

57 Fideos chinos transparentes
58 Fécula de patata
59 Lumache (caracolas)
60 Ñoqui
61 Capellini
62 Harina de arroz
63 Harina de garbanzo

Fécula de patata (se conoce también como harina de patata) **58**
Se elabora con patatas cocidas, secas y molidas. Se suele usar para espesar y aporta un sabor sutil a pasteles y galletas que precisan un almidón delicado.
● Alto contenido en hidratos de carbono y hierro.

Fideos **30, 31, 32, 39, 43, 44 y 57**
Los fideos se venden secos. Suelen estar hechos de harina de trigo y en ocasiones con huevo (la pasta italiana que se comercializa nunca lleva huevo). Son muy característicos de la cocina oriental, de la cual proceden. También se preparan con harina de arroz, de trigo sarraceno (como en los fideos japoneses *soba*), de soja (los fideos japoneses *harusame*) y cualquier sustancia almidonada como el arrurruz. Los fideos elaborados con judías mungo han de dejarse en remojo antes de la cocción, y una vez cocidos adquieren una textura gelatinosa.
● Bajos en grasas. Alto contenido en proteínas, fibra, magnesio, hierro, cobre, cinc, niacina y vitamina B_1.

Harina de garbanzos **63**
La harina de garbanzos se prepara moliendo garbanzos. Es muy característica y popular en la cocina india, su sabor es delicioso y tiene una textura cremosa. Mezclándola con agua, se forma una masa que se usa mucho en Asia para rebozar alimentos que luego se freirán, y se emplea mucho en los dulces. Es muy útil para hacer sopas y salsas si bien, al no llevar aditivos, hay que remover la harina enérgicamente para eliminar los grumos.
● Baja en grasas. Alto contenido en fibra, calcio, proteínas, magnesio, fósforo, cobre y vitamina B_1.

Harina de guisante partido **54**
Se elabora con guisantes partidos secos y molidos. No sirve como harina en el sentido convencional, pero constituye un buen espesante para sopas o estofados.

Harina de soja **23**
Se elabora a partir de la soja. Es un complemento nutritivo para sopas, pasteles y panes. No se utiliza como las harinas convencionales.
● Alto contenido en fibras, proteínas, calcio, magnesio, fósforo, hierro, niacina, ácido pantoténico, vitaminas B_1, B_2 y B_6.

Maíz **9, 12, 13, 52 y 53**
Es un grano sumamente versátil del que se extraen muchos derivados útiles. Se obtiene entero o en granos partidos, se encuentran muchas variedades y tienen varios derivados: el maíz para forraje animal, la variedad dura que se muele hasta formar una harina; las palomitas, que tienen un revestimiento duro que almacena agua (es esto lo que explota cuando se calienta); el grano de maíz que tiene una fina capa exterior en torno a las semillas que sirve para hacer sémola. Es poco nutritivo, pero es un buen agente espesante. La **sémola** es una variedad de harina de maíz muy finamente molida que se usa principalmente en salsas y para espesar sopas y estofados. Mezclándola hasta formar una crema e hirviéndola, se prepara una gelatina clara. La harina de maíz, molida en polvo, sirve para hacer papillas y se usa en pasteles y postres. La **polenta** es parecida a la harina de maíz, pero su textura es fina y granulosa como la semolina. En Italia se le da este nombre al plato basado en esta variante. Se puede servir como guarnición de verduras, frita o a la parrilla, y también con cualquier salsa. El **maíz dulce** se usa como hortaliza (ver página 73). La **harina integral de maíz** tiene un contenido bajo de gluten, de manera que no fermenta el pan. Se puede usar espolvoreada sobre el pan antes de meterlo en el horno o sobre la superficie untada de mantequilla de la fuente o lámina de repostería para facilitar su vaciado posterior.
● Bajo en grasas. Alto contenido en fibra, hidratos de carbono, proteínas, hierro, niacina y vitamina B_1.

Mijo **24, 25 y 50**
Semillas amarillentas con un agradable sabor anuezado. En los países del Tercer Mundo, el mijo se muele, hierve y prepara en forma de potaje o pan sin fermentar. En la India se acompaña de frijoles negros en la preparación de los crepes llamados «ragi dosas». Aunque en Occidente se ha pensado tradicionalmente que se trataba de «comida de pájaros», hoy en día se encuentra en muchas tiendas especializadas en productos naturales y constituye un buen sustituto del arroz. El mijo se obtiene en granos enteros o copos (que se pueden cocer en potajes o comer crudos como parte de la comida). La **harina de mijo** es baja en gluten y no sirve para preparar pan fermentado. Sin embargo, espesa sopas y estofados de maravilla, aporta sabor y es nutritiva.
● Bajo en grasas. Alto contenido en hidratos de carbono, niacina, proteínas, fósforo, hierro y vitamina B_1.

Pasta **26, 27, 28, 29, 33, 34, 36, 37, 38, 41, 45, 46 y 48**
La palabra «pasta» significa literalmente «masa». Hay de muchos tipos distintos. La pasta se vende principalmente en dos formas: la pasta seca, o *pasta secca*, elaborada en fábrica con harina y agua, que se consigue normalmente en paquetes; y la pasta fresca casera, o *pasta all'uovo* (elaborada con harina y huevos), que se encuentra cada vez más en tiendas especializadas. Aunque en términos estrictos la pasta debería hacerse siempre con harina de semolina molida extraída de trigo duro, la harina normal y corriente sirve igual de bien. Hubo un tiempo en que la pasta sólo se vendía elaborada con

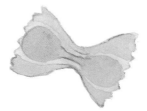

semolina sin refinar y de múltiples formas distintas. Últimamente, los fabricantes de pasta han producido pastas de varios colores, como la pasta verde (con puré de espinaca) y rosada (con puré de tomate).

La pasta fresca y seca se puede catalogar más detalladamente, en función de su uso. Está la *pasta ripiene*, o pasta rellena, que alude a pastas como la lasaña, tortellini, tortelloni y canelones, que se rellenan con mezclas distintas; la *«pasta in brodo»*, o *«pastina»* (minúsculas figuras de pasta que se utilizan sobre todo en sopas), y la *pasta asciutta* (probablemente la forma más corriente de pasta, que abarca los espaguettis, tagliatelle, macarrones y toda la diversidad de formas de pasta).

La pasta tiene infinitas aplicaciones. Se puede combinar con cualquier verdura, queso, pescado o carne; hervir y agregar a verduras y salsas, rellenar, cocer al horno, o usar en sopas y ensaladas. Incluso se elaboran postres y ensaladas con la pasta. En Italia es un alimento básico que sustituye a las patatas y al arroz. Las formas de pasta más populares son el espaguetti, tagliatelle, ruoti, tagliolini, ziti, ditali y ditalini, macarrón, bucatini, farfalle y farfallini, anelli, tortellini y capellini. Finalmente, hay una interesante variedad llamada ñoqui, que se elabora con fécula de patata (ver página 166).
● Baja en grasas. Alto contenido en proteínas, magnesio, fósforo, hierro, cinc, niacina, biotina y vitamina B_1.

Trigo   3, 4, 5, 6, 7, 49 y 60
El trigo corriente se usa sobre todo para hacer harina que servirá para el pan y los pasteles. Hay de dos tipos: trigo duro (es bueno molido y para hacer pan) y trigo blando (granos más suaves que contienen más almidón; sirve para pasteles, postres y salsas). El trigo se obtiene en muchas formas distintas. El **trigo triturado** son granos de trigo integral partidos por una máquina (para facilitar y acelerar la

cocción). Hervidos o cocidos en el horno constituyen un excelente sustituto para el arroz. Los **copos de trigo** suelen estar tostados. Se pueden comer crudos como parte de un cereal para el desayuno o cocidos, como los copos de avena, en una papilla densa. El **salvado de trigo** y el **germen de trigo** se pueden usar como ingredientes para preparar cereales de desayuno.
● Bajo en grasas. Alto contenido en fibra, proteínas, hidratos de carbono, magnesio, fósforo, hierro, cobre, cinc, niacina, ácido fólico, biotina, vitaminas B_1, B_6 y E.

Harinas de trigo. Hay de muchos tipos. La mayoría tienen mucho gluten y son excelentes para hacer pan y repostería. La **harina de «granero»** de los anglosajones es una mezcla de harinas de trigo integral y centeno con cereales germinados y caramelo. Como sugieren los ingredientes, su sabor es ligeramente dulce y malteado y con ella se hacen excelentes panes y hojaldres (ver página 40). La **harina de pan ázimo** se hace con pan ázimo molido (pan tostado y sin fermentar que se prepara con harina de trigo y agua). Suele ser una harina fina o semigruesa, y se emplea principalmente en la cocina judía para elaborar pasteles de pascua y para espesar sopas. La **harina corriente** es harina blanca que se usa para la cocina y repostería en general. Suele llevar aditivos, como emulgentes, colorantes, condimentos, conservantes y antioxidantes, para facilitar su almacenamiento. La **harina con levadura** es una harina blanca y fina con levadura añadida para actuar como agente fermentador. Habría que utilizarla poco después de su compra ya que pierde fuerza, particularmente en ambientes húmedos. La **harina concentrada** es refinada aunque no ha sido blanqueada y se le han retirado el salvado y el germen. Con ella, se hace un pan excelente que se

hincha fácilmente. La **harina de trigo con el 81% de extracción** hasta hace poco era conocida como harina de trigo integral y se obtiene sobre todo en el Reino Unido. Al molerla, se le han retirado hasta un 20% de sus elementos más gruesos. Con ella, se preparan buenos y sabrosos panes, y es apropiada para espesar algunas sopas y estofados sin que queden indigestos o grumosos. **Harina integral** es el nombre que se le da a cualquier harina procedente del grano entero. Los fabricantes de pan y de harina han creado mucha confusión, pues a menudo es harina desvitalizada, sin las vitaminas ni el germen, a la que se le añade simplemente salvado. La **harina de trigo integral** (conocida en Estados Unidos como harina sin cerner) es de color marrón y de textura tosca, pues contiene todo el salvado y el germen. Con ella, se prepara un pan delicioso aunque de textura algo densa, que tarda más en hincharse que la variedad blanca. En la repostería habría que tamizarla para que tenga un poco de aire. En ocasiones, el paquete de harina de trigo integral dice que está «triturada a la piedra». Esto significa que ha sido molida siguiendo la forma tradicional, entre dos enormes piedras. Aunque tiene sus adeptos, es prácticamente imposible discernir la diferencia entre este sabor y el de la harina de trigo integral triturada con la tecnología moderna.
Baja en grasas. Alto contenido en fibra, proteínas, carbohidratos, magnesio, hierro, fósforo, cobre, cinc, niacina, biotina, ácido fólico, vitaminas B_1, B_6 y E.
El trigo duro en forma de sémola sirve para hacer pasta (ver más arriba) y cuzcuz. El **cuzcuz** son granos de trigo duro cocidos al vapor, secados y partidos. Se parece al bulgur, pero es más refinado y tiene un color más palido y cremoso antes de la cocción, y una textura más ligera una vez cocido. Es el ingrediente principal del plato norteafricano del

Alimentos poco usuales

1 Hojas de parra
2 Nata agria semigrasa
3 Algas iziki
4 Extracto de levadura
5 Alga carrageen
6 Alga agar agar
7 Tahini (mantequilla de sésamo)

8 Seta de ostra
9 Setas shiitake chinas (secas)
10 Colmenilla
11 Rebozuelos
12 Algas arame
13 Gelatina de agar agar enlatada
14 Algas wakame

15 Mojardón (secos)
16 Champiñón silvestre
17 Boletus seco
18 Cuernos de la abundancia
(secos)
19 Orejas de Judas (secas)
20 Yuba (queso de soja en tiras)

21 Puré de miso
22 Queso de soja
23 Queso de judías
fermentadas
24 Salsa de soja
25 Proteína vegetal
texturizada (PVT)

26 Leche de soja
27 Aceitunas
28 Algarroba en polvo
29 Algas kombu
30 Shiofuki (kombu preparado)
31 Algas dulse
32 Quark (queso fresco)

33 Harina de kudzu
34 Extracto de malta
35 Ciruelas umeboshi
36 Calabaza seca en tiras
37 Fructosa cristalizada

estofado de verduras, o convertido en postre o pastel. Bajo en grasas. Alto contenido en carbohidratos, hierro y vitamina B₁. La **sémola** se elabora a partir del almidón (endoesperma) del grano de trigo duro. A veces se usa para hacer pasta, pero también sirve para prepara ñoquis y postres. Se consigue refinada y sin refinar. Baja en grasas. Alto contenido en proteínas, carbohidratos, magnesio, fósforo, hierro y vitamina B₁.

Trigo sarraceno (también llamado alforfón) **18**, **19** y **55**
En realidad, el trigo sarraceno no es un cereal, pues pertenece a la familia de los ruibarbos. Se obtiene en forma de granos. Los granos sin asar son de un color verdoso y son más sabrosos guisados con otros ingredientes. Los granos tostados de color marrón se usan para preparar una harina para crepes, pasteles finos y crujientes, y los tallarines japoneses llamados *soba*. Constituye un sustituto excelente para los platos de arroz y otros parecidos a los arroces. La harina es maravillosamente ligera y se usa sola o mezclada con trigo de trigo. Los crepes preparados con esta harina son deliciosos. También se usa en el plato tradicional ruso llamado «blinis».
● Bajo en grasas. Alto contenido en fibra, proteínas, hidratos de carbono, hierro, niacina, fósforo, vitamina B₁ y B₂.

Alimentos poco usuales

Aceitunas 27
Sólo se venden encurtidas, pues las frescas son demasiado ásperas y sólo sirven para la producción de aceite de oliva. Pueden ser verdes o negras y se venden enteras, sin hueso o rellenas de pimiento rojo o anchoa. Las aceitunas sirven principalmente como tapa, pero también se agregan en pizzas, ensaladas

y platos salados calientes.
● Alto contenido en fibra, hierro y cobre.

Agar agar 6
Agente espesante que se obtiene a partir del alga del mismo nombre. El agar agar se adquiere en polvo, barras y copos. Se usa sobre todo para preparar gelatinas y postres gelatinosos.
● Bajo en grasas. Alto contenido en carbohidratos, calcio y hierro.

Algarroba en polvo 28
Condimento que se prepara a partir de la pulpa de la algarroba seca. Se usa en la industria de refrescos y en la confitería como sustituto del chocolate.
● Bajo en grasas. Alto contenido en fibra, calcio, fósforo y carbohidratos.

Algas marinas 3, **5**, **12**, **14**, **29**, **30** y **31**
El uso de vegetales marinos, o algas, como alimento se limitaba originalmente sobre todo a la cocina oriental. Ahora, no obstante, han sido aceptadas en Occidente y van ganando en popularidad. Según la variedad, se preparan a la parrilla hasta que queden crujientes, se cortan y se agregan en sopas, estofados y ensaladas, se saltean o cuecen hasta que estén blandas y con ellas se envuelven moldes redondos. Se expanden considerablemente cuando se dejan en remojo, de manera que sólo hará falta usar pocas. Las variedades incluyen: **arame** e **iziki**, (variedad fina presentada en tiras que se usa como verdura en la cocina japonesa), **carrageen**, que se cuece como una verdura), **dulse**, una variedad tosca del norte que se suele secar al sol que se cuece como la espinaca, **kombu**, un alga japonesa de cintas anchas de color negro gris, **wakame**, una variedad larga de tiras delgadas a modo de cintas que se agrega en sopas y ensaladas y sirve para condimentar el caldo japonés *dashi* y también se puede dejar en remojo y cortar

en tiras para envolver filetes de pescado crudo para hacer *sushi* (se adquiere también rallada y lista para el consumo en lo que se conoce como *shiofuki*).
● Bajas en grasas. Alto contenido en proteínas, carbohidratos, fibra, calcio, hierro, fósforo, y niacina.

Calabaza seca en tiras 36
Se usan principalmente en la cocina china y japonesa, donde se reconstituyen y cuecen con líquido, en sopas y estofados. Sirven para atar rellenos antes de escaldarlos.
● Alto contenido en fibra, fósforo y hierro.

Ciruela umeboshi 35
Son ciruelas japonesas saladas y encurtidas que se adquieren enteras o en forma de puré. Se usan como condimento de bebidas saladas y vinagre. Las ciruelas enteras se pueden hervir con arroz o cortar para agregarlas a verduras salteadas.
● Baja en grasas. Alto contenido en vitamina C.

Extractos de levadura 4
Los extractos de levadura son muy nutritivos. Se usan sobre todo como pasta para untar en pan o para preparar bebidas calientes saladas, pero también sirven para condimentar sopas y estofados.
● Bajos en grasas. Alto contenido en proteínas, carbohidratos, calcio, fósforo y hierro.

Extracto de malta 34
La parte soluble del cereal malteado (normalmente cebada) se extrae y hierve. Se suele vender en tarros en farmacias o tiendas de productos naturales. El extracto de malta se usa en bebidas calientes o frías preparadas a base de leche y también, en ocasiones, en la repostería.
● Bajo en grasas. Alto contenido en carbohidratos.

Fructosa (se conoce también como azúcar de fruta) **37**
Es un azúcar que se encuentra en el jugo de las frutas, en la miel y en el néctar de las flores. Hace poco que se puede adquirir en forma de polvo blanco, que puede usarse indistintamente como el azúcar corriente. Se cree que es el único azúcar beneficioso para el organismo y como tal lo recomiendan los expertos de la salud.
● Alto contenido en carbohidratos.

Gelatina de agar agar 13
Jalea negra hecha a partir de algas. Se vende enlatada en tiendas especializadas en alimentos chinos. Se usa para preparar platos dulces en China y en algunas zonas del Sudeste Asiático.

Hojas de parra 1
Son muy populares en la cocina turca, griega y de Oriente Medio. Tal vez se conocen más por los *dolmades*, hojas de parra rellenas de carne picada y arroz (ver página 148), pero también se pueden freír rebozadas con masa o picar y añadir a ensaladas.
● Bajas en grasas. Alto contenido en proteínas, ácido fólico, vitaminas B_1, B_2 y B_{12}.

Kudzu 33
Se prepara a partir de las raíces hervidas y machacadas de una vid japonesa. El kudzu se usa igual que la sémola de maiz para espesar salsas frías o calientes, o para hacer postres y budines glaseados.

Nata agria semigrasa 2
Nata agria semigrasa que se puede usar como sustituto natural de la nata o nata agria en platos salados.
● Baja en grasas. Alto contenido en proteínas, calcio, fósforo y vitamina B_{12}.

Productos de la soja   21, **22**, **23**, **24**, **25** y **26**
La soja se usa mucho más por sus derivados que como alubía. El **miso** (pasta fermentada de judías de soja) sirve de condimento para sopas, salsas y estofados. Bajo en grasas. Alto contenido en proteínas, carbohidratos, calcio, fósforo y hierro. La **leche de soja** se adquiere en forma líquida o seca. Tiene un sabor anuezado y aporta sabor a las sopas, aunque no tiene demasiado éxito con el té y el café. Mezclada con yogur constituye un espléndido y refrescante batido. También se consiguen variedades con sabor a algarroba. La **salsa de soja** es un ingrediente esencial en la cocina oriental, donde se usa para potenciar prácticamente todos los platos salados —normalmente salsas, arroces, estofados y sopas—. Alto contenido en calcio, hierro y vitamina B_1. El **tofu** (requesón de judías de soja) se obtiene fermentado y sin fermentar. En años recientes ha sido reconocido como un alimento de alto contenido proteínico por excelencia. Tiene un sabor neutro pero se potencia frito o mezclado con otras verduras. Bajo en grasas. Alto contenido en proteínas, calcio, hierro y cobre. La **TVP**, o proteína vegetal texturizada, se elabora a partir de judías de soja procesadas. Alto contenido en proteínas, calcio, magnesio, fósforo, hierro, niacina, ácido pantoténico, vitaminas B_1, B_2 y B_6.
El **yuba** (queso de alubias seco en tiras) debe dejarse en remojo antes de su uso. Constituye un complemento poco habitual para las verduras cocidas a fuego lento y tapadas.

Quark 32
Queso alemán semigraso que se ha hecho muy popular en años recientes como alimento natural por su bajo contenido de grasas saturadas. También existe una variante menos desnatada que ésta.
● Bajo en grasas. Alto contenido en proteínas, calcio, fósforo y vitamina B_{12}.

Setas, trufas y hongos   8, **9**, **10**, **11**, **15**, **16**, **17**, **18** y **19**
Aparte de los champiñones, con los que ya estamos bastante familiarizados, existen otras variedades menos comunes que han ido ganando popularidad. Los ejemplos más comunes son las nuevas variedades de setas que se suelen vender secas y que deben reconstituirse con agua antes de su uso. Entre las frescas destacan la seta de ostra, el champiñón silvestre, la colmenilla esponjosa de color marrón (se obtiene seca y enlatada), el boleto comestible, el níscalo o rovellón, el rebozuelo y los minúsculos mojardones (éstos últimos se pueden adquirir secos).
● Bajos en grasas. Alto contenido en proteínas, carbohidratos, fibra, calcio, fósforo, hierro, niacina, vitamimas B_1 y B_2.

Tahini (mantequilla de sésamo) **7**
Es una pasta aceitosa hecha de semillas de sésamo. Suele agregarse al hummus (ver página 188) y también se mezcla con miso (ver página 138). Es altamente nutritivo.

CAPÍTULO 4

El Festín Vegetariano

Una de las grandes bendiciones de la dieta vegetariana es que libera a la persona de patrones alimenticios conformistas —el régimen de «la carne y dos verduras», comidas de tres platos y tres comidas sólidas al día—. Una gama de diez cereales vegetarianos se pueden convertir en almuerzos, ensaladas, desayunos o platos ligeros, tentar el apetito y saciar el hambre a cualquier hora del día.

Nuestras necesidades dietéticas nunca son iguales. Algunos sólo podemos trabajar de manera eficiente si hemos desayunado bien. Para otros, cualquier cosa sólida a esa hora de la mañana induce a la pereza. Los nutricionistas exhortan a que todos tomemos un desayuno sensato, pero yo me conozco mi cuerpo mejor que ellos.

Sin embargo, hay desayunos vegetarianos que tentarían hasta al más austero de los comensales: una ensalada de frutas tiernas de verano servida en el jardín y acompañada de té con menta, bollos hechos en casa con membrillo para una mañana fresca de otoño, o un desayuno-almuerzo a media mañana del domingo compuesto de arroz al curry, tortilla española, tostadas de trigo integral, pan de maíz, ensalada César, zumo de frutas frescas y helado de pistacho. A mi entender, tales festines deberían ser excepcionales. Demasiada comida, demasiado a menudo debilita la capacidad de percepción y perjudica la salud. Yo abogaría siempre por un almuerzo ligero los días de trabajo —como, por ejemplo, una buena sopa de verdura y alubias en invierno, y una ensalada en el verano—. Pero para los días señalados y las fiestas de guardar, el cielo es el límite y los festines vegetarianos pueden ser mucho más abundantes que otros.

Cuando prepare una comida más ambiciosa de tres o cuatro platos, procure alternar entre platos fríos y calientes, alimentos crudos y cocidos, frutas y verduras, o especias picantes que harán sudar con refrescantes salsas a base de yogur. El motivo agridulce surge de la propia vida y el buen cocinero se servirá de él con beneficio propio. Todo esto forma parte del equilibrio de una comida: los alimentos para morder, mordisquear y mascar frente a los alimentos que son suaves y aterciopelados. Pruebe algunas de estas combinaciones: una croqueta de trigo sarraceno y arroz integral condimentada con comino, fenogreco y cilantro encuentra su envoltorio perfecto en una penetrante y delicada salsa de limón con tomate; una ensalada tabbuleh de abundante cereal, condimentada con menta y cebolla. Se sirve y se come con una lechuga romana tierna. Un gratinado crujiente de patata, jengibre y calabaza, se come con un molde de verdura suave cocida en capas.

En un momento se pueden ingeniar platos deliciosos, sencillos y rápidos de preparar: medio aguacate cortado en tiras sobre unos huevos revueltos, una tortilla condimentada con granos de pimienta verde, queso fundido con chutneys caseros, un bocadillo de pan de trigo integral rellenado de alfalfa y pepino, un bocadillo frito estilo italiano con mozzarella, un cuenco de queso fresco o queso tierno con frutos secos son sólo algunas de las posibilidades. En las páginas siguientes se presentan muchas ideas.

Nota: El tiempo de preparación para cada receta se indica en minutos después de cada título. No se incluyen los tiempos para fases previas como el remojo de las judías o posteriores como la fermentación de la masa. Los ingredientes se indican también en tazas, considerando que su volumen es de un cuarto de litro.
Los símbolos que se indican después de los tiempos de preparación son:

$\boxed{V}$ Vegetariano $\boxed{P}$ Proteínas completas

$\boxed{C}$ Adecuado para la congelación.

De arriba a la izquierda y de izquierda a derecha:
Molde de nueces y col (ver pág. 162); Pasta con salsa
verde (ver pág. 193); Ensalada de melocotones frescos
(ver pág. 125); Ensalada siciliana de naranjas
(ver pág. 120).

Desayunos y Panes

Es fácil acostumbrarse a empezar el día con algo que, en realidad, no es más que una droga adictiva, en lugar de una bebida o de un alimento sano. La jornada puede iniciarse de forma imaginativa con el desayuno, que nos aportará un estímulo positivo para que podamos disfrutar al máximo las horas que tenemos por delante. Los anglosajones creen que el desayuno es una de las comidas más importantes, pero yo me inclino a pensar que cada uno de nosotros sabe cómo funciona mejor su cuerpo.

Algunas personas se entregarán al placer de un desayuno bastante grande, mientras otros desearán simplemente una bebida refrescante. Existe una gran diferencia entre los desayunos que uno hace a partir de ingredientes frescos y los embotellados o empaquetados. Un zumo de manzanas enteras que se exprime dos minutos antes de beberlo es una revelación en la experiencia del paladar, pese a que actualmente se pueden adquirir excelentes zumos de frutas naturales sin aditivos. Una buena licuadora le permitirá preparar excelentes zumos de remolachas y zanahorias, y también de manzanas y peras. Pero los zumos de cítricos son más gustosos con exprimidor.

En las páginas siguientes, presentamos recetas para platos a base de muesli y otros cereales, pero incluso la combinación más sencilla de, por ejemplo, avena y trigo bulgur remojado en zumo de manzana durante toda la noche y luego guarnecido con semillas de calabaza y de girasol, es una buena forma para empezar el día. Y puede haber variaciones infinitas a partir de esta combinación de cereales en remojo acompañados de frutos secos o semillas.

Muchas de las recetas de pan se pueden comer con algunas de las pastas —a menudo sin mantequilla, si le preocupa la cantidad de grasa saturada en su dieta—. Pero los fines de semana y días de fiesta, solemos tener el deseo de permitirnos el lujo de convertir nuestro desayuno en algo más. Es un placer, en esos momentos disfrutar de platos más sustanciosos de panqueques, huevos al horno, brioches, o panes de masa agria, con yogur y fruta. Una de las experiencias más agradables del mundo es servirse un desayuno abundante y tardío en el jardín, un día de verano y regarlo todo con una mezcla de zumo de frutas o infusiones de hierbas con hielo. Con eso, uno se puede saltar la comida totalmente. En el invierno, durante los fines de semana y días de fiesta, pruebe a tostar el pan y agréguele setas picantes, tofu ahumado, quesos y patés de verduras con, por ejemplo, tomates a la parrilla y huevos al vapor. Disfrute de su desayuno y lo más probable es que disfrutará del resto del día.

Gachas de avena ② V P

Es la mejor papilla o potaje que puede elaborarse con avena entera o, como suele llamarse en tiendas de productos naturales, avena triturada gruesa (no avena rápida). Se trata de la semilla entera de avena que contiene todo el sabor y alimento del cereal.

Variación

● También son muy buenas las gachas preparadas con copos de avena de tamaño extra grande. Para una persona, se agrega agua hirviendo a 75 g (1 taza) de copos y se deja en remojo durante la noche. Por la mañana, se le añade más agua o leche y se cuece a fuego lento 15 minutos.

225 g (2 tazas) de avena entera
1 cucharadita de sal
1,7 litros (7,5 tazas) de agua hirviendo

Se vierte la avena en una cazuela grande. Se agregan la sal y el agua. Se tapa y se deja en el horno durante la noche a 120 °C. Por la mañana tendrá un potaje cremoso al que se puede añadir miel, fruta seca o fresca, frutos secos, nata, suero de leche o yogur. Este es sin duda un excelente desayuno para las mañanas frías de invierno.

Muesli ② V P

Se trata de una mezcla básica que se puede guardar en un recipiente hermético y que se mantendrá fresco durante unos meses. Es excelente con zumo de frutas frescas en lugar de leche. Esta mezcla no lleva azúcar, aunque eso es cuestión de gustos.

225 g (2¼ tazas) de copos de avena
50 g (1 taza) de cada: copos de trigo y copos de centeno
50 g (1 taza) de salvado
225 g de frutas secas varias
100 g (1 taza llena) de una picada de frutos secos

Se mezclan todos los ingredientes y se sirve con el aderezo que prefiera: yogur, nata agria semigrasa, leche, miel, zumo de frutas o fruta fresca.

Granola ⑳ V P

Se trata de un desayuno muy popular que puede prepararse en grandes cantidades y guardarse en un recipiente hermético. Su textura es crujiente y se conserva bien durante un mes.

450 g (5 tazas) de copos de avena triturados
100 g (1 taza) de almendras peladas, de avellanas cortadas, de anacardos sin tostar y de nueces cortadas
25 g (2 cucharadas) de semillas de sésamo y de semillas de girasol, tostadas
8 cucharadas de miel líquida
2 cucharadas de aceite de girasol

Se calienta el horno a 180 °C. Se mezclan los ingredientes, luego se agregan la miel y el aceite sin dejar de remover. Se remueve bien y se extiende la mezcla sobre una hoja de aluminio untado de aceite. Se cuece en el horno 20 minutos, se retira, se da vuelta a la mezcla y se descompone un poco. Se hornea 40 minutos más, procurando que se dore homogéneamente. Se descompone en pedazos mientras aún está caliente.

Yogur casero ⑩ P

Es asombrosamente fácil de preparar y muy agradecido. Se usa un cultivo de yogur, que se puede encontrar en tiendas de productos naturales, o se agrega una parte de buen yogur vivo del que se comercializa. Es mejor utilizar el cultivo, ya que con él se prepara un yogur más espeso.

Variación

● Se pueden agregar saborizantes de frutas al yogur cuando ha cuajado. Agregándole un puré de fruta fresca (ver página 198) tendrá un refrescante desayuno.

1 litro de leche cultivo de yogur o bien
150 ml(²/₃ taza) de yogur natural y vivo

Se pone a hervir la leche y luego se deja enfriar. Con un termómetro se comprueba la temperatura y cuando la leche esté tibia (aproximadamente 41 °C), se le agrega un poco al cultivo de yogur y se mezcla bien. Entonces se le añade el resto de la leche. Se remueve bien, se vierte en una yogurtera o cuenco grande y se deja reposar durante 12 horas, o toda la noche, en un lugar caliente. Una vez cuajado, se traslada a la nevera. Se guardan 2 cucharadas de la mezcla en la nevera como base para la próxima vez. Después de cuatro o cinco tandas, el yogur quedará demasiado desleído, por lo que se debe usar un cultivo nuevo. Se pueden agregar unas cucharadas de leche desnatada en polvo para enriquecer la leche; así el yogur quedará más espeso.

Compota de frutas ⑩ P

La fruta es particularmente buena para desayunar; su sabor limpio refresca el paladar. La compota es fruta guisada de manera tradicional y conservada en jarabe. Sin embargo, muchas frutas son lo bastante dulces sin tener que agregarles azúcar. Si no es así, se puede incorporar fruta seca pues en ella se potencia la fructosa (azúcares naturales) al arrugarse y secarse la fruta. La siguiente receta es una combinación de frutas silvestres y de cultivo.

100 g de orejones de albaricoque
600 ml (2¹/₂ tazas) de zumo de manzana
600 g de ciruelas
600 ml (2¹/₂ tazas) de agua
2 cucharadas de miel
aderezo de hojas de menta

Tras lavarlo, se remojan los albaricoques en el zumo de manzana durante toda la noche. Se lavan las ciruelas y se colocan en una olla. Se agrega el agua y la miel y se deja hervir. Se retira del fuego, se tapa y se deja enfriar. Se echan los albaricoques en el zumo sin dejar de remover. Se vierte la mezcla en una fuente de vidrio y se aderezar con hojas de menta antes de servir.

*Crepes de harina de garbanzos rellenos de puré de
castañas y una mezcla de higos y manzanas frescas, y
albaricoques secos y uvas pasa (ver página 100).*

Crepes de harina de garbanzos ⑤ V C

Los crepes que se hacen con harina de garbanzos son muy ligeros. La harina tiene un sabor sutil y, con un relleno o salsa, uno solo de estos crepes puede constituir una comida. Se pueden comer con algún plato de verduras al curry (ver página 154), o con una salsa de curry y salsiki (ver página 190) o, sin especias, con fruta.

100 g (1 taza) de harina de garbanzos
¹⁄₂ cucharadita de sal
¹⁄₂ cucharadita de cúrcuma
una pizca de pimienta de Cayena
350 ml (1¹⁄₂ tazas) de agua helada
aceite de maíz para freír

Se mezcla la harina con sal y especias. Se agrega el agua helada paulatinamente hasta que se consigue una pasta suave. Se calienta un poco de aceite en una sartén de manera que quede bien distribuido. Se vierte una cuarta parte de la pasta en la sartén y se cuece hasta que se doren los bordes y queden crujientes. Con estas medidas, se pueden hacer tres crepes más, agregándo un poquito de aceite cada vez.

Panqueques a la plancha ⑧

Estos panqueques de estilo americano son ligeramente crujientes y espléndidos para un desayuno-almuerzo o para aquel desayuno más ambicioso del fin de semana. Son excelentes con frutas tiernas de verano y combinan bien con mantequilla, miel, sirope de arce y nata agria. Esta receta está pensada para 10 panqueques de un diámetro de 10 cm.

4 cucharadas de mantequilla
100 g (2 tazas) de pan blanco fresco y rallado, tostado
(ver página 48)
65 g (²⁄₃ taza) de harina común
150 ml (²⁄₃ taza) de leche
¹⁄₂ cucharadita de levadura en polvo
condimentar al gusto

Se derrite la mantequilla en una sartén, se añade el pan rallado y se remueve un poco. Se mezclan los huevos con la harina, luego se agrega la nata agria, la leche y la levadura en polvo. A ello se añade el pan rallado y el condimento. En una sartén o plancha con un poco de aceite o mantequilla caliente, se vierte individualmente varias cucharadas de la mezcla que se freirá, dándole vuelta cuando la superficie de cada pequeño panqueque esté cubierta de burbujas.

Setas picantes ⑤ V

La mayoría de las personas dan por sentado que este plato se prepara con mostaza, pero el toque picante procede de las guindillas. Se sirve sobre tostadas, o como acompañamiento de tartaletas de guisantes y berenjenas frescas, o de patata, calabaza y limón (ver páginas 177 y 178).

Variación
● *Se agrega un poco de yogur natural a la mezcla para suavizarla.*

2-3 cucharadas de aceite de oliva
1 cucharada de vinagre de sidra y una de salsa
de Worcestershire (ver página 41)
1 cucharadita de cebolla picada
1 diente de ajo picado
3 guindillas abiertas
pimienta negra recién molida
100 g de setas

Se mezclan los ingredientes, y se dejan reposar las setas durante 2 o 3 horas. Se disponen las setas sobre pan tostado y se colocan en la parrilla, o al horno durante unos 5 minutos.

Ensalada de frutas de Israel ⑤ Ⓥ Ⓒ

Se pueden preparar deliciosas ensaladas con frutas secas remojadas en zumo de manzana. No hace falta agregar azúcar. En esta receta, las manzanas frescas de postre y los frutos secos aportan una textura crujiente. Procure usar siempre fruta de la mejor calidad.

Variaciones

En lugar de zumo de manzana, se puede remojar la fruta seca:
- *6 cucharadas de aguardiente mezclada con 200 ml escasa de zumo de manzana.*
- *150 ml de vino mezclado con 150 ml de zumo de manzana.*

100 g (²/₃ taza) de orejones de albaricoque
350 g de higos secos
50 g (¹/₂ taza) de uvas pasa
80 ml (¹/₄ taza) de zumo de manzana
2 manzanas de postre
50 g (¹/₂ taza) de almendras trituradas tostadas (ver página 56)

Se deja la fruta seca en el zumo de manzana toda la noche, luego se corta en pedazos de tamaño cómodo para comer. Se corta las manzanas en tajadas finas y se agrega a la mezcla. Se remueve bien y se espolvorea con almendras.

Batido de leche con algarroba ① Ⓥ

Delicioso caliente o frío. Esta bebida necesita como condimento muy poca algarroba que se le agrega con prudencia y al gusto.

300 ml (1 ¹/₄ tazas) de leche de soja
2 cucharaditas de algarroba en polvo o al gusto
1 cucharadita de miel
una gota de extracto de vainilla
¹/₂ cucharadita de canela

Se mezclan bien todos los ingredientes con la batidora. Se puede beber a cualquier hora del día.

Bebida de alto contenido proteínico ② Ⓟ

Se trata de un tonificante excelente. Puede usar aceite de germen de trigo, aporta el mismo contenido nutritivo sin la textura granulosa.

Variación
- *Si lo prefiere, sustituya el zumo de fruta por leche desnatada en polvo o leche de soja.*

150 ml (²/₃ taza) de zumo de naranja o de pomelo frescos
el zumo de 1 limón
1 huevo batido
1 cucharada de aceite de germen de trigo
1 cucharadita de levadura de cerveza (optativo)
2 cucharadas de leche desnatada en polvo
miel al gusto (optativo)

Se mezcla muy bien todos los ingredientes con la batidora. Se deja enfriar en la nevera y se remueve bien antes de beber.

Panes

El olor del pan hecho en el hogar es uno de los aromas más exquisitos del mundo. Aunque tenga una panadería excelente al lado de casa, siempre es más agradable hacerse el pan uno mismo: conoces exactamente lo que contiene y es mucho más económico.

Hoy en día hacer el pan en casa es una tarea algo más fácil gracias a una nueva clase de levadura que no necesita ser activada en agua tibia previamente. Se puede mezclar con ingredientes secos y sólo se activa cuando se le agrega agua tibia. Se la conoce por el nombre de levadura micronizada y la comercializan diversas marcas. El pan que se prepara con esta levadura sólo necesita fermentarse una vez, pese a que hay autoridades respetadas que mantienen que el pan es infinitamente mejor cuando se le permite fermentar dos veces. Depende mucho del gusto personal. Pruebe los dos métodos y decida. La levadura micronizada se puede comprar en sobres que contienen suficiente para un pan de 450 g.

Existe la creencia de que la levadura necesita azúcar para funcionar, pero se puede hacer un pan buenísimo sin él. Para el pan y los panecillos de cada día, yo omitiría totalmente el azúcar. El contacto prolongado entre azúcar y levadura puede destruir las células de la levadura.

El gran secreto de la buena panadería es amasar el pan a mano durante un buen rato: 8-10 minutos. Al amasar, se distribuyen las células de la levadura y se descomponen las moléculas de harina, de manera que la levadura empieza a generar un gas que airea el pan y hace que éste se hinche.

Después de amasar, se coloca la masa tapada en lugar cálido y se deja hasta que fermente. En una hora tendría que haber triplicado su volumen, pero eso depende de la harina que se use. El pan blanco, que no lleva germen ni salvado de trigo, es más ligero y se hinchará antes que un pan de trigo integral. Si la harina integral contiene, además, otros cereales y semillas, el pan saldrá aún más pesado y tardará más en hincharse.

La mayoría de recetas de pan instruyen al cocinero para que coloque la masa en moldes de pan, pero yo prefiero ponerla en una bandeja de horno, cubrirla con un cuenco grande mientras fermenta, y luego cocer el pan en el horno sobre el aluminio mismo. Con este método, el pan quedará redondo y recubierto por una buena corteza. Otro método consiste en usar dos fuentes grandes de barro para horno que encajen bien una encima de la otra. Se coloca la masa en la más pequeña para que fermente, luego se pone en el horno con la fuente más grande encima.

Cuando crea que el pan está hecho, vuélquelo sobre una parrilla para que se enfríe. Dé unos golpecitos en la base y si suena hueco, es que ya estará listo. Si no, se coloca el pan sobre la bandeja de horno y se vuelve a hornear durante cinco minutos más.

Para que el pan tenga un aspecto más apetitoso, se unta la superficie con huevo batido antes de la fermentación y se espolvorea con sal, semillas de amapola o trigo descascarado.

 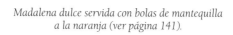

Madalena dulce servida con bolas de mantequilla
a la naranja (ver página 141).

Pan de harina de trigo integral ⑮ Ⅴ Ⅽ

*La textura densa y húmeda de este pan
hace que se conserve bien y constituya un
acompañamiento perfecto para sopas, patés
y quesos.*
*Nota. Procure usar un molde de 450 g para todas
las recetas de pan. El peso hace referencia a la
cantidad de harina empleada.*

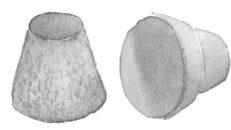

450 g (4 tazas) de harina integral
1 cucharadita de sal marina
2 cucharadas de aceite de oliva
1 sobre de levadura micronizada (ver página 41)
300 ml (1 ¼ tazas escasas) de agua tibia

Caliente el horno a 220 grados. Mezcle todos los ingredientes
secos y añada el agua. Amase al menos durante seis minutos, si se
utiliza una amasadera con brazos, y diez si se amasa con las
manos. Si se usa un molde de pan, se unta con abundante
mantequilla y se coloca la masa en él. Se cubre con un paño de
muselina o celofán y se deja en un lugar caliente hasta que la
masa haya llenado el molde (una hora, más o menos). Si no se
emplea un molde de pan, se puede colocar simplemente la masa
sobre una bandeja de horno y cubrirla con un cuenco. Hornear
durante 45 minutos.

Variaciones

Pan de trigo integral y centeno.
*Con la harina de centeno, se prepara un pan
más oscuro de sabor anuezado, pero la masa no
crece porque no contiene gluten.*

Para este pan, se sustituye 75 g (¾ taza) de harina integral por la
misma cantidad de harina de centeno y se procede como para el
pan de trigo integral.

Pan de harina integral y de granero.
*Se trata de un pan popular con sabor a malta.
(Ver información sobre harina de granero,
página 40).*

Se sigue la receta para el pan de trigo integral, pero se usan
225 g (½ taza) de harina de «granero» y 225 g (½ taza) de harina
integral.

Pan rico en proteínas.
*Este pan tarda más en crecer y suele doblar su
volumen. Aunque se trata de un pan pesado,
tiene un sabor delicioso y con él puede preparar
tostadas crujientes.*

Se sigue la receta para el pan de trigo integral, pero se agrega una
cucharada de cada: salvado, harina de soja, germen de trigo,
semillas de lino, semillas de sésamo y leche en polvo.

Pan de trigo integral condimentado.
*Con esta receta se prepara un pan de sabor
maravilloso que resulta excelente con queso.*

Se sigue la receta para el pan de trigo integral, pero se agrega una
cucharadita de cada una de sus tres especias preferidas. Serán
apropiadas cualquiera de éstas, sola o combinadas, y siempre
molidas: salvia, tomillo, romero, semillas de eneldo, mejorana,
orégano, semillas de apio y sal de apio.

Pan de trigo ligero.
*Con esta receta se prepara un pan que crece
rápidamente y que conserva un buen sabor.*

Se sigue la receta para el pan integral, pero se sustituye la mitad
de la harina integral por 225 g (2 tazas) de harina blanca común.

Pan blanco de harina de «granero».
Se pueden hacer panes exquisitos sólo con harina de «granero», y también con harina blanca común. Los dos panes crecen fácilmente.

Pan blanco condimentado.
Este pan es excelente con queso.

Panecillos.
Sin duda, las masas más pesadas tardan más en crecer y por consiguiente los panecillos serán también más pesados. Una vez preparé una masa de pan con centeno que apenas se hinchó y los panecillos salieron pesados como una pelota de criquet. La masa condimentada es excelente para hacer panecillos.

Para un pan ligero y sabroso se sigue la receta para el pan de trigo integral, pero se sustituye la harina integral por 225 g (2 tazas) de harina de «granero» (ver página 40) mezcladas con 225 g (2 tazas) de harina refinada.

Se sigue la misma receta, pero se sustituye por harina refinada sin blanquear y se agregan varias cucharaditas de condimentos.

Después de amasar, se corta en cuatro tajadas y luego en ocho y se hacen unas pelotas con cada pedazo. Se unta el fondo de un molde con mantequilla y se coloca un panecillo en cada hueco. Se tapa y se deja en un lugar caliente hasta que los panecillos hayan doblado su tamaño. Se coloca en el horno unos 35 minutos a 220 grados.

Pan de masa agria de trigo integral ⑳ Ⓥ Ⓒ

Originalmente se hacía el pan con una parte de la masa utilizada para el pan del día, humedecida y guardada para el día siguiente, como se hace con una porción del yogur para una remesa nueva. El sabor agrio de este pan es popular en Estados Unidos, particularmente cuando se prepara con harina de centeno.

Variaciones

Masa agria de centeno.
Se usa la parte de masa agria del día anterior cuando despide un olor agrio, normalmente después de 24 horas. Se mezcla con 225 g (2 tazas) de harina de centeno, 225 g (2 tazas) de harina blanca común y 1 cucharadita de alcaravea y semillas de hinojo. Entonces se sigue la misma receta que para el pan de trigo integral, descrita en la página 104.

Masa agria de harina de «granero».
Se mezcla la parte de masa agria del día anterior con la receta para el pan de harina integral y de «granero».

Panqueques de masa agria.
Se agrega la parte de masa agria del día anterior a la receta para la pasta de panqueques.

Parte de masa agria del día anterior:
125 g (1 ¼) tazas de harina blanca común
150 ml (¾ taza) de agua
1 cucharada de azúcar
Pan:
450 g (4 tazas) de harina integral
1 cucharadita de sal marina
1 sobre de levadura micronizada (ver página 41)
150 ml escasos (½ taza abundante) de agua tibia

Dos días antes de hacer el pan, se mezclan todos los ingredientes con la parte de masa agria del día anterior y se deja en un lugar caliente para que fermente. Después de un día, presentará un aspecto espumoso y despedirá un olor agrio. El segundo día, tendrá una apariencia más suave, con sólo algunas burbujas. Compruebe la masa de vez en cuando para asegurar que funcione el proceso. Se guarda en la nevera hasta que se necesite. Siguiendo la receta para el pan de trigo integral, se combina los ingredientes para el pan con la parte de masa agria del día anterior, pero no se agrega el agua hasta que esté bien mezclado. Se amasa bien y se coloca en el horno como se ha descrito.

Pan a la sosa ⑤ P C

El pan a la sosa está muy vinculado a Irlanda, pues casi se trata de un plato nacional. Se hace con levadura en polvo en lugar de levadura entera y sabe mejor cuando se come poco después de horneado. También pueden prepararse excelentes panes a la sosa con suero de leche, leche agria o una mezcla de yogur y agua para humedecer la masa.

450 g (4 tazas) de harina integral
1 cucharada de bicarbonato de sosa
2 cucharaditas de sal marina
150 ml (²/₃-³/₄ taza) de leche
150 ml (²/₃ taza) de yogur natural

Se calienta el horno a 220 grados. Se mezclan bien todos los ingredientes. Se moldea la masa en forma de pastel y se coloca en un molde para hornear bien untado con mantequilla. Se tapa con otro molde y se coloca en el horno durante 30 minutos. Se retira el molde superior 10 minutos antes del final para que se forme una corteza dorada en torno al pan.

Pan denso ⑮ P

Este tipo de pan se consume mucho en Estados Unidos para desayunar, aunque en otros países no es bien recibido a causa de su pesadez. Si se come caliente, se puede sacar a cucharadas. Si se come frío, se retira del molde y se corta en tajadas como un pastel.

600 ml (2 ¹/₂ tazas) de leche
1 ¹/₂ cucharaditas de sal marina
100 g (1 taza) de harina de maíz
5 huevos, separados

Se calienta el horno a 220 grados. Se escalda la leche y se agrega la sal y la harina de maíz. Sin dejar de remover hasta conseguir una mezcla suave, se cuece a fuego lento unos 5 minutos hasta que espese. Se deja enfriar y se vierten en la mezcla las yemas de huevo sin dejar de remover. Aparte, se baten las claras de huevo hasta que espesen y se agregan a la mezcla. Se vierte todo en un molde de suflé de 1,75 litros y se pone en el horno durante 45 minutos.

Pan de nueces y zanahoria ⑳

Este delicioso pan de textura húmeda es un buen acompañamiento para un primer plato. Por su textura anuezada combina muy bien con el queso. Agregue el agua a la masa con cuidado, pues la cantidad precisa depende de lo jugosas que estén las zanahorias y de la absorción de la harina.

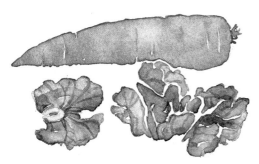

450 g (4 tazas) de harina integral
1 sobre de levadura micronizada
1 cucharadita de sal
100 g de zanahoria rallada
75 g (³/₄ taza) de queso Cheddar rallado
50 g (¹/₂ taza) escasa de nueces picadas
1 cucharada de aceite de nuez
1 huevo batido
300 ml (1 ¹/₄ tazas) escasas de agua tibia

Se mezclan la levadura y todos los ingredientes secos, reservando un poco de queso. Se agrega el aceite y la mayora del huevo, luego se agrega el agua lentamente y se amasa durante 5 minutos. Se unta un molde de pan con mantequilla y se coloca la masa. Se deja fermentar una hora. Se calienta el horno a 200 grados. Se unta el pan con el huevo y el queso restantes. Se hornea 30 minutos. Se traslada a una bandeja de horno en el horno 10 minutos más.

Pan de frutas ⑩ P C

Se trata de un pan de frutas típicamente inglés, excelente para el desayuno, té o como tentempié. Tostado también es muy bueno. Esta receta se puede enriquecer doblando la cantidad de fruta seca.

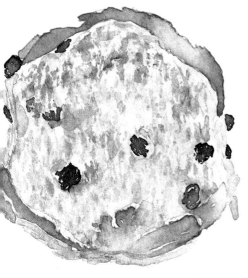

100 g (²/₃ taza) de pasas de Corinto
50 g (4 cucharadas) de mantequilla
150 ml (²/₃ taza) de leche
350 g (3 tazas) de harina integral
1 sobre de levadura micronizada (ver página 41)
25 g (2 cucharadas) de azúcar moreno suave
1 cucharadita de sal
2 cucharaditas, en polvo y mezcladas, de cada: canela, macís, pimienta inglesa, nuez moscada y clavo
1 huevo batido
Glaseado:
1 cucharada de azúcar superfino
1 cucharada de leche

Se agregan las pasas de Corinto y la mantequilla a la leche y se calienta un poco. Se mezcla la harina, levadura, azúcar, sal y especias. Se añade la mezcla de leche y el huevo. Se remueve bien y se amasa durante 5 minutos. Se unta con mantequilla un molde de pan de 450 g (13 x 8 x 5 cm) en el que se coloca la masa. Tápelo y déjelo reposar una hora en un lugar caliente. Hornear a 220 grados. Cuando se haya hinchado el pan hasta el borde del molde, se pone en el horno 15 minutos, luego se reduce el calor a 190 grados 15 minutos más. Se disuelve el azúcar en la leche y se glasea el pan en cuanto se haya retirado del horno. Se deja 2 minutos antes de sacarlo del molde para que se enfríe.

Bara brith ⑩

Es un pan moteado de frutas originario de Gales, mucho más enriquecido que la variedad inglesa. Esta exquisitez se come caliente, frío o tostado a cualquier hora.

75 g (¹/₂ taza) de pasas de corinto y de uvas pasa
300 ml (1 ¹/₄ tazas) de leche
50 g (¹/₃ taza) de azúcar moreno suave
75 g (6 cucharadas) de mantequilla
450 g (4 tazas) de harina integral
1 sobre de levadura micronizada (ver página 41)
1 cucharadita de sal y de especias variadas

Se deja la fruta seca en leche toda la noche. Se escurre y se reserva la leche. Se mezcla la fruta seca, y el azúcar y se coloca unos minutos en el horno templado. Se calienta la mantequilla y la leche hasta que se haya derretido la mantequilla. Se deja enfriar hasta que esté tibio. Se mezcla todos los ingredientes secos y luego se agrega la leche. Se amasa durante 5 minutos. Se unta con mantequilla un molde de pan de 450 g en el que se colocar la masa. Se tapa y se deja una hora para que se hinche. Se calienta el horno a 200 grados, donde se cocer el pan 30 minutos. La superficie se protege los últimos 10 minutos con papel untado de mantequilla.

Brioche de queso relleno de puré de puerros ⑳ Ⓟ

Los brioches son fáciles de hacer y constituyen un desayuno o almuerzo de lujo, ya que son ricos en mantequilla y huevos. Por su textura esponjosa se parecen al pan denso frío y, si están rellenos, resultan particularmente apetitosos.

Variaciones

● *Si desea hacer la masa del brioche sin queso, puede usar un relleno dulce como, por ejemplo, 100 g (½ taza) de puré de albaricoques o puré de castañas en lata, o uvas pasa o pasas de Corinto remojadas en zumo de manzana. Es una exquisitez servirlo en el desayuno, especialmente si está caliente y va acompañado de mantequilla con hierbas (ver página 141).*

● *Si prefiere, la cantidad descrita sirve para hacer 8 brioches individuales, que sólo necesitan 15 minutos de cocción en el horno. Cuando están listos, se pueden retirar del molde, glasear con huevo batido y volver a colocar brevemente en el horno para lograr un brillante acabado.*

300 g (2 ½ tazas) de harina blanca común
100 g (½ taza) de mantequilla, cortada en cubitos
1 cucharadita de sal
100 g (1 taza) de queso de bola rallado
3 huevos batidos
2 cucharadas de leche
1 sobre de levadura micronizada (ver página 41)
Relleno:
200 g de puerros
25 g (2 cucharadas) de mantequilla
una pizca de sal marina
50 g (½ taza) de queso rallado

Se mezcla harina, mantequilla, sal y queso. Se añaden los huevos, leche y levadura y se amasa durante 5 minutos. Dado que la masa es muy pegajosa, es mejor utilizar una amasadera, pero si la amasa con las manos, trabaje con rapidez para evitar que la mantequilla se derrita y procure harinarse bien las manos y también la superficie de trabajo. Se deja reposar 1 hora en un lugar caliente para que crezca. Entretanto, se prepara el relleno. Se desechan las puntas, se lavan los puerros y se cortan en rodajas finas. Se derrite la mantequilla en una sartén y se cuecen los puerros a fuego lento con una pizca de sal. Se deja a fuego lento de 3 a 5 minutos o hasta que estén tiernos. Una vez enfriados, se añade el queso. Cuando se haya hinchado la masa, se reserva más o menos una tercera parte. Se unta un molde de pan con mantequilla y se coloca en la masa. Se hace un hueco en el centro de la superficie, donde se incorporará el relleno. Se tapa con la masa restante, que se expandirá hasta cubrir del todo la superficie. Se deja reposar 30 minutos y se coloca en el horno calentado a 190 grados durante 20-25 minutos. Se retira y coloca sobre una rejilla de alambre.

Molletes de trigo integral ⑤ Ⓟ ⒸC

Las dos recetas que vienen a continuación son tradicionales en Estados Unidos, e incluyen harina integral y levadura en polvo para que los molletes no se hinchen demasiado. Si se desean molletes más ligeros, se agrega medio sobre de levadura micronizada (ver página 41) en lugar de levadura en polvo. Los molletes constituyen un desayuno excelente acompañadas de pastas saladas o confitura, y tostadas son buenas como acompañamiento a la hora del té.

225 g (2 tazas) de harina integral
2 cucharadas de germen de trigo
1 cucharada de levadura en polvo
1 cucharadita de sal marina
350 ml (1 ½ tazas) de leche
3 cucharadas de aceite de oliva
1 huevo
4 cucharadas de miel

Se hornea a 220 grados. Se mezclan bien todos los ingredientes secos. Luego se agregan el resto y se remueve o bate con brío unos minutos. Se unta con mantequilla un molde para molletes o panecillos y se vierte un poco de pasta en cada espacio. Se hornea 20 minutos.

Molletes de maíz ⑤ P C

125 g (1 ¼ tazas) de harina de maíz
75 g (¾ taza) de harina integral
1 cucharada de levadura en polvo
1 cucharada de azúcar moreno
1 cucharadita de sal marina
1 huevo
250 ml (1 taza) de leche
2 cucharadas de aceite de maíz
2 cucharadas de semillas de sésamo tostadas (ver página 56)

Se calienta el horno a 220 grados. Se mezcla las dos harinas con la levadura en polvo, azúcar y sal. Se agrega el huevo y se echa la leche y el aceite para hacer la pasta. Se bate a fondo con una mezcladora de mano o una batidora eléctrica. Se unta un molde para panecillos con mantequilla y se vierte en cada espacio un poco de pasta. Se espolvorea con semillas de sésamo y se hornea 20 minutos, o hasta que se hayan hinchado y dorado los molletes. Se retiran del molde y se dejan enfriar.

Madalenas de arándano ⑩

Estas deliciosas madalenas tienen una preciosa presentación moteada. Son un buen acompañamiento para platos condimentados, como la cazuela de alubias con especias (ver página 152), pero también son agradables para el desayuno o como tentempié. Se pueden usar arándanos, pero procure evitar frutas demasiado blandas, como la zarzamora y las grosellas rojas. Pruebe con una combinación de uvas pasas y pasas de Corinto remojadas en zumo de manzana, o con orejones de albaricoque remojados y trinchados.

100 g (1 taza) de harina blanca común
100 g (1 taza) de harina integral
1 cucharadita de levadura en polvo
una pizca de sal marina
75 g (6 cucharadas) de mantequilla rallada
1 huevo batido
1 cucharada de miel
225 g de arándanos
1 cucharada de leche

Se calienta el horno a 180 grados. Se mezcla la harina, la levadura en polvo y la sal, luego se amasa bien la mantequilla con la mezcla hasta que quede como pan rallado. Se agregan los huevos, la miel y los arándanos. Ahora la mezcla deberá formar una pasta. Si es preciso, se agrega la leche para que quede ligada. Se unta con mantequilla un molde para madalenas o panecillos y se vierte a cucharadas la masa en los espacios. Se hornea 30 minutos o hasta que salga limpio un palillo insertado en una de las madalenas.

Sopas y Cremas

Las sopas caseras constituyen, sin duda, el plato más fácil de elaborar, y son infinitamente más preferibles que las sopas preparadas, que suelen contener muchos conservantes y aditivos. Comparadas con las sopas de paquete o de lata, las sopas caseras son muy nutritivas y económicas, y no precisan mucho tiempo de elaboración. Es sumamente útil contar con una batidora eléctrica o robot de cocina, pero algunos cocineros prefieren usar un pasapuré porque la textura resultante es más granulosa. Existen determinadas sopas, por supuesto, que no necesitan ser batidas; se hacen con legumbres, y suelen mejorar sustancialmente si se baten la mitad de las legumbres para espesar la sopa. Recuerde que hay que dejar en remojo la mayoría de las legumbres antes de su cocción. Véase la página 51 para más detalles.

A diferencia de lo que algunos piensan, las sopas de calidad no tienen por qué hacerse sólo con carne. Mientras las sopas estén sazonadas con hierbas y especias, y se haga un buen caldo, las sopas vegetarianas son igual de buenas, cuando no mejores. Los puristas querrán elaborar un caldo casero, y por eso incluyo la receta correspondiente.

Pero cuando no sobra el tiempo, los cubitos de caldo vegetal y los cubitos de soja son un recurso útil. Al adquirirlos, asegúrese de que no contienen aditivos. En algunas sopas, se puede sustituir el caldo por agua sin ningún problema.

En la elaboración de sopas, cabe recordar algunos puntos básicos. En primer lugar, se deben rehogar las hortalizas en un buen aceite de oliva o mantequilla. A continuación, se rehogan las hierbas y especias para que desprendan sus aceites (ver página 52). Procure no ahogar la sopa con demasiado líquido. Si parece demasiado espeso hacia el final de la cocción, se puede añadir caldo o agua. Para conseguir un mayor sabor, experimente con distintas harinas como agentes espesantes (ver página 85).

Dado que la leche de vaca se caracteriza por su alto contenido en grasas, use leche desnatada o leche de soja. Esta última tiene muchas ventajas, ya que aporta un sabor ligeramente anuezado que mejora inmensamente algunas sopas. Si no le gusta la leche entera, puede usar nata y mantequilla para dar sabor.

Caldo vegetal

No espere que el sabor en sí sea delicioso: se trata de agregar un toque subliminal a cualquier sopa, y es una fuente complementaria nutricional. Se conserva bien durante un par de semanas, y congelado hasta 3 meses.

2 cabezas de apio
2 cebollas grandes
2 zanahorias
un manojo de tallos de perejil
2,25 litros de agua

Se limpian y preparan las hortalizas, se trocea y se hierve en el agua 30 minutos. Se deja enfriar, luego se hace un puré con la mezcla y se pasa por un tamiz. Se desechan los restos sólidos de las hortalizas y se conserva el caldo en la nevera en un recipiente de cierre hermético.

Sopas reconfortantes para un día frío de invierno:
Sopa danesa de manzanas a la derecha (pág. 113),
Sopa de espinacas con salvia a la izquierda (pág.
115), servidas con pan integral y de centeno.

Sopa celestial clara ⑩ V C

Los chinos son especialistas en sopas claras. Suelen prepararlas con un caldo de sabor fuerte en el que flotan algunas hortalizas elegantemente cortadas. Son sopas más refrescantes que saciantes. Se suelen servir antes de un sustancioso plato principal, como el Hoppin' John (ver página 153).

2 cucharadas de aceite de sésamo tostado
25 g de raíz fresca de jengibre, pelada y cortada en rodajas
3 dientes de ajo picados
3 cebollas tiernas, cortadas en rodajas
2,25 litros de caldo vegetal (ver página 110)
2 trozos de algas kombu, remojados y finamente cortados
5 castañas de agua finamente cortadas (opcional)
2 cucharadas de salsa de soja

Se calienta el aceite en una olla grande y se cuecen brevemente el jengibre y el ajo, luego se agregan las cebollas tiernas. Se deja cocer un poco más antes de agregar el caldo vegetal que ha sido calentado hasta alcanzar el punto de ebullición. Se añaden los demás ingredientes. Se cuece brevemente antes de servir.

Sopa de ajo con patata ⑩ P C

El ajo es una planta maravillosa. Aporta un sabroso toque picante a esta gran sopa, que resulta particularmente buena para un frío día de invierno. Se come con pan integral con especias (ver página 104).

Variación

● Se agregan 50 g (¹/₂ taza) de queso rallado y azafrán a las patatas.

3 cabezas de ajo peladas (ver página 52)
6 cucharadas de aceite de oliva
675 g de patatas harinosas para cocer, peladas y troceadas
una pizca de azafrán
condimentar al gusto
1,2 litros (5 tazas) de agua
300 ml (1 ¹/₄ tazas) de nata ligera
2 cucharadas de perejil picado

Se pica el ajo y se rehoga en aceite de 3 a 4 minutos hasta que quede blando en lugar de dorado. Se agregan las patatas, el azafrán, el condimento y el agua. Se pone a hervir a fuego lento, luego se deja enfriar y se hace un puré con la mezcla. Se recalienta lentamente y se añade la nata y el perejil.

Sopa de crema de aguaturmas ⑩ P C

Una deliciosa sopa, suave y aterciopelada. Desgraciadamente, puede causar cierta flatulencia a mucha gente, de manera que se recomienda probarla primero en privado antes de servirla en público. Se guarnece con picatostes fritos en ajo (ver página 48) y un poco de perejil.

450 g de aguaturmas
25 g (2 cucharadas) de mantequilla
1 cebolla, finamente cortada
1,2 litros (5 tazas) de caldo vegetal (ver página 110)
300 g (1 ¹/₄ tazas) de quark o puré de requesón
condimentar al gusto

Se limpian las aguaturmas, pero no se pelan. Se trocean sin forma determinada y se cuecen brevemente en mantequilla con la cebolla antes de agregar el caldo. Se pone a fuego lento 20 minutos. Se deja enfriar y a continuación se hace un puré con la mezcla. Se vierte de nuevo en la olla y se recalienta lentamente, agregando el queso y el condimento.

Sopa de cebolla ⑩ P C

Este plato clásico no se puede hacer rápidamente. En las granjas tradicionales de Francia se dejaba sobre el quemador a fuego lento todo el día. Una de las cosas más importantes para recordar es que las cebollas no deben dorarse; han de mantenerse traslúcidas durante toda la elaboración.

50 g (4 cucharadas) de mantequilla
2 cucharadas de aceite de oliva
900 g de cebollas cortadas finamente
una pizca de azúcar moreno
25 g (2 cucharadas) de harina
2,25 litros de agua hirviendo
300 ml (1 ¼ tazas) de vermut, jerez o vino blanco, secos
condimentar al gusto
1 cucharada de coñac (opcional)
una gota de tabasco
rodajas de pan francés, tostadas
225 g (2 tazas) de queso parmesano rallado

Se calienta la mantequilla y el aceite en una olla y se rehogan lentamente las cebollas durante unos 15 minutos. Se agrega el condimento y el azúcar, y se deja cocer 30 minutos más. A continuación, se agrega la harina sin dejar de remover unos minutos más. Se agrega el agua hirviendo y el vermut. Se tapa y deja a fuego lento durante 45 minutos. Pruébelo y corrija el condimento. Antes de servir, se agrega el coñac y el tabasco, y, a continuación, se vierte la sopa en cazos individuales. A cada plato se incorpora una tostada que estará cubierta de queso parmesano.

Sopa danesa de manzana ⑤

Una gran sopa para aprovechar la fruta excedentaria del otoño. Constituye un buen primer plato como introducción a un plato principal picante (ver página 154).

50 g (4 cucharadas) de mantequilla
450 g de manzanas peladas,
deshuesadas y troceadas
1,2 litros (5 tazas) de caldo vegetal (ver página 110)
zumo de un limón
8 cucharadas de vino blanco seco
50 g de queso azul cremoso
condimentar al gusto
Guarnición:
1 manzana deshuesada y sin pelar
unas ramitas de perifollo

Se derrite la mantequilla en una olla. Se agregan las manzanas y se cuece durante 2 minutos antes de incorporar el caldo, el zumo y la esencia de la cáscara del limón. Se deja a fuego lento unos 20 minutos. Se retira del calor y se desmenuzan los trozos de manzana batiendo con una mezcladora de mano. Se añade el queso y se recalienta lentamente. Condimentar con prudencia. Las manzanas deshuesadas se cortan en aros y se fríen en la mantequilla restante hasta que estén blandas. Se guarnece la sopa con las manzanas y se adereza.

Sopa de aguacates y pimientos verdes ⑮ Ⓒ

Es una buena sopa de invierno. Se come con pan de nueces y zanahorias (ver página 106).

3 pimientos verdes
50 g (4 cucharadas) de mantequilla
1,2 litros (5 tazas) de caldo vegetal (ver página 110)
condimentar al gusto
aguacates maduros: 3 pequeños o 2 grandes
una gota de zumo de limón
aderezo de menta picada

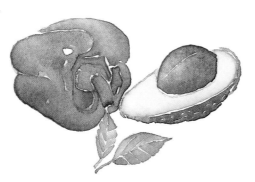

Se trocean los pimientos verdes, desechando las semillas. Se derrite la mantequilla en una olla y se cuece lentamente durante 5 minutos. Se agrega el caldo y el condimento, y se cuece 10 minutos más. Se pelan y deshuesan los aguacates y con ellos se hace un puré con el caldo de los pimientos. Se añade el zumo de limón y se recalienta lentamente; *el aguacate no debe hervirse.* Se sirve con un aderezo de menta picada.

Crema de sopa de lentejas al curry ⑤ Ⓒ

Las lentejas siempre resultan reconfortantes y terrosas, y combinan muy bien con todas las especias del curry. Dejarlas en remojo 10 minutos acorta el tiempo de cocción pero no es esencial. Se sirve con pan de trigo integral y centeno (ver página 104).

25 g (2 cucharadas) de mantequilla
2 dientes de ajo, machacados
1 ½ cucharadas de curry en polvo (ver página 42)
100 g (½ taza) de lentejas amarillas peladas (ver página 51)
1,7 litros (7 ½ tazas) de agua
300 ml (1 ¼ tazas) de nata ligera
condimentar al gusto

Se derrite la mantequilla y se cuecen brevemente el ajo y el curry en polvo. Se agregan las lentejas, removiendo bien y se vierte el agua. Se deja a fuego lento 20 minutos o hasta que las lentejas formen un puré. Se añade la nata y el condimento, y se vuelve a calentar lentamente.

Sopa andaluza de judías blancas ⑤

Los españoles usan las almendras de formas muy diversas, y esta sopa constituye un ejemplo perfecto. Los sabores de las judías y los frutos secos se funden espléndidamente y la sopa resultante es espesa y cremosa. Se sirve con pan y almendras partidas.

100 g (½ taza) de judías blancas, en remojo (ver página 51)
150 ml (⅔ taza) de aceite de oliva
1,2 litros (5 tazas) de agua
100 g (¾ taza) de almendras peladas (ver página 52)
4 o 5 dientes de ajo, machacados
condimentar al gusto

Se escurren las judías. Se calienta el aceite en una olla, se agregan las judías y se cuece brevemente antes de verter el agua. Se deja a fuego lento durante 1 hora o hasta que las judías estén tiernas. Se machacan las almendras hasta que formen un polvo y se añaden a las judías con el ajo. Se cuece durante 5 minutos más, se incorpora el condimento y luego se hace con la sopa un puré.

Sopa de espinacas con salvia ⑩

Los maravillosos sabores de la espinaca y la salvia combinan perfectamente. Se come con molletes de maíz (ver página 109) y sirve para un excelente almuerzo de invierno. Ésta sopa no necesita aderezo.

700 g de espinacas
50 g (4 cucharadas) de mantequilla
1 cucharada de salvia, picada
2 cucharadas de harina
1,7 litros (7 ½ tazas) de leche desnatada caliente (no hervida)
100 g (1 taza) de queso blanco duro rallado
condimentar al gusto

Se lavan las espinacas, escurriéndolas bien. Se derrite la mantequilla, se agregan las espinacas y la salvia y se deja cocer a fuego lento, removiendo frecuentemente hasta que está cocido. Se añade la harina, sin dejar de remover. Se retira del fuego y se vierte progresivamente la leche caliente, removiendo siempre para evitar que se formen grumos. Cuando hierva, se deja a fuego lento unos minutos hasta que espese. Se añade el queso y se vuelve a calentar lentamente, permitiendo que el queso se derrita. Pruébelo y ajuste el condimento.

Sopa Borscht ⑩ Ⓒ

El precioso color de esta sopa rusa se potencia agregando un poco de remolacha cruda rallada cuando ya está cocida. Es una sopa fría clásica, pero en algunos países se sirve caliente. Tradicionalmente se come con masa agria de trigo integral (ver página 105).

450 g de remolachas crudas
2 cebollas grandes, cortadas en rodajas
2 zanahorias grandes, cortadas en rodajas
2 hojas de laurel
2 cucharadas de aceite de oliva
25 g (2 cucharadas) de mantequilla
1,5 litros (6 tazas) de agua hirviendo
1 remolacha cruda, rallada
aderezo de nata agria o yogur

Se pelan las remolachas y se cortan en cubitos. Se ponen con las demás hortalizas cortadas en rodajas en una olla grande con las hojas de laurel, el aceite de oliva y la mantequilla. Se agrega una pizca de sal y se rehoga a fuego lento durante 10 minutos. Se vierte el agua hirviendo, se tapa y se deja cocer a fuego lento durante 2 horas, o hasta que todas las hortalizas estén tiernas. Se añade el zumo de limón y un poco de pimienta negra; se deja enfriar. Se retiran las hojas de laurel y se remueve la sopa hasta que forme un puré. Si resulta demasiado espesa, se agrega un poco de caldo vegetal. Se retira la sopa del fuego; se introduce la remolacha cruda en un saco o bolsa de muselina y se suspende en la sopa. Se retira después de unas horas y se remueve. Se vuelve a calentar lentamente, o se sirve fría con yogur o nata agria.

Sopa fría de limón con aguacate ⑤ P C

Una sopa estupenda. La combinación del aguacate con la soja es excelente, pero si no gusta el sabor anuezado de la leche de soja, se puede usar leche desnatada. El acompañamiento perfecto para esta sopa es el brioche de queso con puerros (ver página 108).

pulpa de aguacates maduros: 3 pequeños o 2 grandes
zumo y raspadura de la cáscara de 2 limones
condimentar al gusto
1,7 litros (7 $^1/_2$ tazas) de leche de soja (sin azúcar)
150 ml ($^2/_3$ taza) de nata agria o queso cremoso

Se mezclan los aguacates con la raspadura de la cáscara y el zumo de un limón, el condimento y la leche de soja. Se vierte la nata agria en un cuenco aparte y se mezcla con la esencia de la cáscara y el zumo del otro limón. Se deja enfriar la sopa durante 2 horas. Se sirve con la nata agria.

Gazpacho ㉟ V C

Esta sopa de verano requiere excelentes tomates; el zumo de tomate no vale como sustituto y sólo deberá usarse en caso de urgencia. Se sirve bien fría. El pan denso (ver página 106) combina bien con ella.

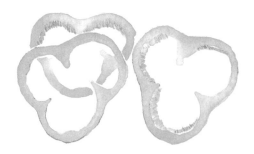

1 pepino
1 cebolla
900 g de tomates maduros, jugosos y pelados (ver página 52)
1 pimiento verde
1 pimiento rojo
2 dientes de ajo, machacados
2 cucharadas de perejil, picado
150 ml ($^2/_3$ taza) de aceite de oliva
zumo y raspaduras de la cáscara de 2 limones
1,2 litros (5 tazas) de caldo vegetal (ver página 110)
una pizca de pimienta de Cayena
1 cucharadita de pimentón
condimentar al gusto

Se rallan el pepino y la cebolla en un cuenco. Se trinchan el resto de las hortalizas, o se hace un puré con todos los ingredientes.

Sopa de tomate y albahaca fresca ⑳

Es fundamental usar albahaca fresca para esta sopa —ni se le ocurra utilizarla seca—. Si no consigue albahaca fresca, sirva la salsa de pesto; la sopa tendrá un color más opaco y un sabor más fuerte, pero seguirá siendo deliciosa. Se adereza con unas hojas de albahaca y se sirve caliente o fría con pan de «granero» (ver página 104).

2 cucharadas de aceite de oliva
1,5 kg de tomates troceados
3 dientes de ajo machacados
condimentar al gusto
300 ml (1 $^1/_4$ tazas) de buen vino de Rioja
un buen puñado de hojas de albahaca fresca y picadas

Se ponen el aceite, los tomates, el ajo, el condimento y el vino en una olla. Se deja a fuego lento 10 minutos hasta que los tomates formen un puré, y se agrega la albahaca. Se cuece 2 minutos más, y luego se deja enfriar. Con la sopa se hace un puré y se pasa por un tamiz. Se desechan la piel y las semillas y se vuelve a calentar la sopa.

Sopa al pistou ⑳

Esta sopa, que se parece a la minestrone porque lleva pasta y hortalizas, también tiene delicioso sabor a pesto. El pan integral es el acompañamiento ideal. Esta receta sirve para diez personas (¡que no sepan dividir!), pero es tan buena que no le importará comerla durante varios días.

200 g (1 ½ tazas) de judías blancas en remojo (ver página 51)
2 litros de agua
3 zanahorias medianas, cortadas en cubitos
3 patatas medianas, cortadas en cubitos
3 calabacines medianos, troceados
2 puerros, troceados
450 g de tomates, pelados
un ramillete de hierbas (ver página 56)
65 g (²/₃ taza) de fideos pequeños sin cocer
condimentar al gusto
Salsa pistou:
20 hojas de albahaca
3 dientes de ajo machacados
100 g (1 taza) de queso parmesano recién rallado
6 cucharadas de aceite de oliva
condimentar al gusto

Se escurren las judías que se han dejado hervir en agua fresca durante una hora. Se agregan las hortalizas y el ramillete de hierbas y se dejan a fuego lento durante 45 minutos. Se añaden los fideos y se cuece 10 minutos más. Pruébelo y agregue el condimento. Se desecha el ramillete de hierbas. Se vierte la sopa en una fuente grande. Se incorpora la salsa pistou. Se sirve con queso parmesano recién rallado.

Salsa pistou. Se mezclan la albahaca y el ajo con el aceite hasta formar un puré líquido. Se agrega el condimento y el queso hasta conseguir una salsa espesa.

«Chowder» de maíz ⑮ ☐P ☐C

El «chowder» tiene su origen en la Bretaña y proviene de la expresión «faire la chaudire», que significa hacer una sopa con restos de pescado y pan. Los pescadores bretones llevaron el plato a Terra Nova y de allí llegó a Nueva Inglaterra, que es la región que actualmente ostenta la fama de este plato. Se sirve con molletes de maíz (ver página 109).

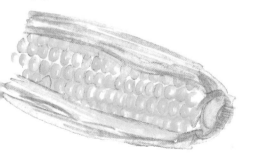

4 mazorcas de maíz
2 cebollas cortadas finamente
3 dientes de ajo machacados
225 g de champiñones cortados finamente
100 g (½ taza) de mantequilla
225 g de guisantes frescos de huerta
500 g judías verdes
condimentar al gusto
900 ml (3 ¾ tazas) de leche
3 cucharadas de harina de maíz

Se hierve el maíz en abundante agua durante unos 8 minutos. Se escurre y se reserva el agua. Se raspan los granos de las mazorcas (ver página 137). Se rehogan las cebollas, el ajo y los champiñones en la mitad de la mantequilla. Se añaden los guisantes y las judías. Se condimenta bien, se vierte el agua reservada para el maíz y se deja cocer a fuego lento durante 15 minutos. Se añade el maíz y la leche, y se mezcla la mantequilla restante con la harina de maíz hasta formar una pasta. Se vierte ésta en la sopa hasta que quede espesa y cremosa.

Ensaladas

Cuantos más alimentos crudos y frescos comamos, más saludable será nuestra dieta. Una buena parte de nuestra dieta tendría que ser cruda. Todos deberíamos comer una ensalada al día.

Casi todas las hortalizas pueden comerse crudas si se preparan correctamente. Evidentemente, habrá que rallar las raíces para que se puedan digerir, pero el sabor de la remolacha cruda, por ejemplo, es una experiencia diferente del de la misma hortaliza cocida. Las hortalizas que se comen crudas han de estar muy frescas, y en excelentes condiciones; el sabor y el contenido de vitaminas y minerales disminuyen a medida que transcurre el tiempo desde que fueron cosechadas.

La diversidad de ensaladas es infinita, empezando por la que todos conocemos: la ensalada verde. Este sencillo clásico de nuestras mesas puede transformarse con el uso de distintas hojas, algunas de las cuales crecen de forma silvestre en jardines y en el campo.

Pero las ensaladas no se componen únicamente de hojas verdes. En las páginas siguientes hallará ensaladas preparadas con legumbres, germinados de semillas, cereales, aguacates, frutos secos y frutas. Es fácil hacer germinar las legumbres y los cereales (ver página 56). Pruebe con una mezcla de germinados de azuki, fenogreco y lentejas ligeramente aliñadas con limón y aceite.

Es ya antigua la costumbre vegetariana (tal vez debido a la preocupación por consumir suficientes proteínas) de agregar frutos secos y frutas secas a las ensaladas. Conviene usarlos con prudencia.

Las ensaladas no tienen por qué ser frías; curiosamente, muchas ensaladas calientes son deliciosas, como la ensalada magrebí de cuzcuz y pimientos. Estos platos mediterráneos proceden de una gastronomía rica en ensaladas, mientras que las menos conocidas de Oriente Medio y el Lejano Oriente aportan aún más ideas para estimular el paladar.

Ensalada César ⑤ [P]

La exquisitez de esta ensalada yace tanto en el método como en los ingredientes. Fue creada por César Cardini, pero existen muchas variantes. La mayoría de las versiones incluyen anchoas y un queso azul, como el roquefort, pero la original las omitía y preparaba la ensalada como les mostramos. Tradicionalmente la ensalada se comía con las manos, utilizando las hojas de la lechuga para recoger la salsa y los picatostes. Los huevos crean un aliño de mayonesa muy ligera.

2 lechugas largas
2 huevos
6 cucharadas de aceite de oliva
3 dientes de ajo machacados para condimentar al gusto
zumo y esencia de la cáscara de 1 limón
25 g (¼ taza) de queso parmesano recién rallado
50 g (1 taza) de picatostes de trigo integral al ajo (ver página 48)

Se cortan las hojas de lechuga a partir del tallo central, se lavan y se ponen en la nevera, en una bolsa de plástico durante una hora. Se hierven los huevos durante un minuto, se sumergen en agua fría para detener su cocción. Se vierte el aceite en una gran ensaladera, se agrega la lechuga y se remueve bien. Se añade el ajo, el condimento, el zumo y las ralladuras de la cáscara del limón y, luego, los huevos sin cáscara, procurando conservar la fina capa de clara exterior. Se mezcla de nuevo y se añaden el queso parmesano y los picatostes.

*Dos ensaladas elegantes, de fácil elaboración:
Pera con pistachos (ver página 124), y Aguacate con
huevos de codorniz (ver página 125).*

Tomates al pesto ⑮

Para aquellos que les gusta la albahaca, la salsa de pesto es la creación más deliciosa. Desde antiguo ha constituido un complemento clásico para los tomates, especialmente en el norte de Italia y en el sur de Francia. Si no se tiene albahaca, se puede probar con perejil o cilantro. No será pesto, pero quedará igual de sabroso.

900 g de tomates frescos
Para el pesto:
un buen puñado de hojas de albahaca
300 ml (1 ¼ tazas) de aceite de oliva
zumo y esencia de la cáscara de 1 limón
3 dientes de ajo machacados
40 g (3 taza) de queso parmesano, finamente rallado
40 g (3 taza) de piñones

Se hace la salsa cortando las hojas de albahaca y colocándolas en una mezcladora. Se incorpora a los demás ingredientes, procurando agregar la sal con cautela, ya que el parmesano suele ser bastante salado. Se bate hasta formar un puré espeso. Se cortan los tomates en rodajas finas. Se vierte lentamente la salsa sobre los tomates hasta cubrir todas las rodajas y se sirve inmediatamente.

Ensalada siciliana de naranjas ⑮

Además de en Sicilia, esta ensalada es famosa en toda la costa del norte de África. Se sirve con un paté de col con cilantro o con un plato de pasta (ver páginas 138 y 165).

Variación

● *Se usan pomelos rosados en lugar de naranjas.*

1 lechuga romana
3 naranjas
10 o 12 olivas negras
Aliño:
5 cucharadas de aceite de oliva
zumo y esencia de la cáscara de 1 limón
condimentar al gusto

Se dispone la lechuga sobre una fuente. Se pelan las naranjas, se dividen en gajos y se desechan las semillas y las membranas. Se disponen los gajos y las olivas sobre la lechuga. Se mezclan los ingredientes del aliño, que se vierte sobre la ensalada justo en el momento de servir.

Aguacate con relleno de calabacín y de pistachos ⑤

El sabor anuezado del calabacín crudo se complementa bien con la sabrosa neutralidad del aguacate. Se sirve como aperitivo o para un ligero almuerzo con pan, por ejemplo, a la sosa (ver página 106).

50 g (3 tazas) de pistachos sin salar y sin cáscara
2 cucharadas de aceite de oliva
2 calabacines pequeños, rallados y salados (ver página 52)
1 cucharadita de zumo de limón
condimentar al gusto
2 o 3 aguacates deshuesados

Se muelen la mitad de los pistachos. Se añade el aceite y el zumo de limón. Se escurre bien el agua de los calabacines. Se condimenta y se mezcla bien. Se rellenan las cáscaras de los aguacates con la mezcla, que se aderreza con los demás pistachos.

Fasulia ⑮ Ⓥ Ⓟ Ⓒ

En Grecia esta ensalada se prepara con una variedad de judía que se deja crecer en la vaina y luego se recoge, se deja secar y se utiliza de inmediato. Esto significa que nunca llegan a ser duras, y por tanto no requieren un tiempo de cocción tan largo como las judías secas. Puesto que no es fácil encontrarlas fuera de Grecia, se pueden usar alubias blancas secas de cualquier tamaño. La fasulia es una ensalada que puede comerse caliente. En verano se come con hortalizas crudas y otros entremeses, como el tapenade y la salsiki (ver páginas 186 y 190).

450 g (dos tazas) de judías blancas en remojo (ver página 51)
150 ml (3 tazas) de aceite de oliva
4 dientes de ajo machacados
2 hojas de laurel
1 cucharadita de orégano
1 ramita de romero
4 cucharadas de salsa de tomate
zumo de 1 limón
condimentar al gusto
1 cebolla grande, cortada en rodajas finas

Se escurren las judías y se hierven a fuego intenso en agua fresca durante 10 minutos. Se vierte el aceite de oliva en una cazuela de barro, marmita u olla, se agregan el ajo, las hojas de laurel, el orégano, el romero y las judías escurridas. Se calienta y cuece brevemente a fuego lento. Se añade agua suficiente para cubrir las judías y se incorpora la salsa de tomate y el zumo de limón. Se tapa y se mete en el horno calentado a 145ºC. Se puede cocer la fasulia a fuego lento en una olla durante 2 horas. Procure vigilar el plato de vez en cuando para asegurarse de que no se peguen las judías. Cuando estén blandas y pastosas se retira la olla del fuego, se condimenta al gusto y se agrega la cebolla. La cebolla enfriará el plato si éste se mantiene tapado.

Ensalada de Niza ⑩ Ⓟ

Esta ensalada originaria de la Provenza suele prepararse con atún, anchoas, judías verdes y patatas. Existen numerosas variantes; la nuestra es mucho más ligera y vegetariana.

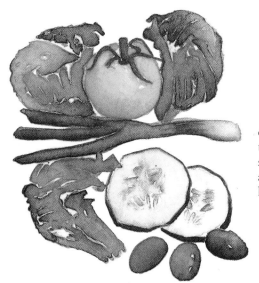

1 lechuga romana
1 manojo de cebollas tiernas
225 g de tomates
15 olivas negras y verdes deshuesadas
1 pepino pequeño sin semillas y cortado en rodajas
50 g (media taza) de queso gruyère, cortado en cubitos
2 huevos duros trinchados
1 cucharada de alcaparras
50 g (1 taza) de picatostes al ajo (ver página 48)
aderezo de perejil
salsa vinagreta al gusto (ver página 128)

Se separan las hojas de la lechuga, que se lavan, se secan y se dejan en una gran ensaladera. Se cortan las cebollas tiernas, los tomates y las olivas, y se añaden a las hojas de la lechuga. Encima se dispone el pepino, el queso y los huevos. Se espolvorea con las alcaparras y los picatostes. Se adereza con el perejil y, una vez en la mesa, se vierte encima y se remueve la vinagreta.

Ensalada griega ⑤ Ⓟ

Esta maravillosa ensalada está presente en todas las comidas griegas, pero donde quiera que se sirva evocará siempre el sol y el mar Mediterráneo. El feta, un queso ahora de sabor fuerte, elaborado con leche de oveja o de cabra, se puede comprar ahora en paquetes sellados que se conservan bien durante varias semanas en la nevera. Al tratarse de una ensalada que combina colores tan vivos, es una buena idea servirla en platos individuales.

1 pepino cortado en rodajas bastante finas
2 tomates cortados en rodajas
100 g de queso feta
1 puñado generoso de hojas de orégano
12 olivas negras deshuesadas

Se dispone el pepino en los platos individuales. Se agregan los tomates y, sobre ellos, se desmenuza el feta y se espolvorea el orégano. Se aderezar con las olivas. Permita que sus invitados se aliñen ellos mismos la ensalada con aceite, albahaca y vinagre para que puedan admirar las pirámides multicolores.

Ensalada mimosa ⑩

Es una clásica ensalada francesa que resulta particularmente adecuada para un almuerzo ligero. Se sirve tradicionalmente con patatas rellenas (ver página 150).

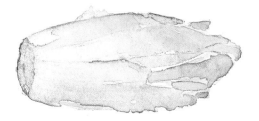

3 yemas de huevo duro
1 lechuga romana
2 o 3 cabezas de endibias
1 buen manojo de perejil picado
2 cucharadas de menta, picada
8 cucharadas de salsa vinagreta (ver página 128)

Se hierven los huevos hasta que estén duros, usando el método descrito en la página 54, y se pasan las yemas por un tamiz. Se lavan la lechuga y la endibia desechando las partes más feas, y se disponen en una fuente grande. Se espolvorea con el perejil y la menta picadas, y se agregan las yemas de huevo tamizadas. Una vez en la mesa se vierte encima la vinagreta y se mezcla bien.

Ensalada de nueces y trigo sarraceno ⑫ Ⓥ Ⓟ

Es una ensalada de cereales, ligera y esponjosa. La combinación de los albaricoques y las nueces aporta una textura y un sabor sublimes. Se sirve con curry verde seco (ver página 157).

50 g (media taza) de orejones de albaricoque en remojo
zumo y ralladuras de la cáscara de 2 limones
2 dientes de ajo, machacados
100 g (1 taza) de trigo sarraceno
1 manojo de cebollas tiernas
100 g (1 taza) abundante de nueces partidas
150 ml (3 taza) de salsa vinagreta con limón y mostaza
2 cucharadas de menta, picada

Se escurren y trinchan los albaricoques. Se ponen en una ensaladera negra con el zumo y la cáscara del limón y del ajo. Se cuece el trigo en agua hirviendo salada durante 10 minutos. Luego se escurre bien, procurando eliminar toda el agua sobrante. Se incorpora a la mezcla de los albaricoques. Se trocean las cebollas tiernas y se agregan a la ensalada con las nueces. Se vierte la vinagreta encima y se remueve. Justo antes de servir, se espolvorea la menta encima.

Cuzcuz ⑳ Ⓥ

El cuzcuz es un derivado de la sémola del trigo y es particularmente famoso en el norte de África, donde se cuece el cereal al vapor de un estofado de cordero y hortalizas. El cuzcuz se obtiene fácilmente en las tiendas de alimentos naturales y su elaboración es muy sencilla. Tiene un sabor ligeramente anuezado y una agradable textura granulosa. Constituye un complemento excelente para toda una gama de platos de hortalizas y legumbres condimentadas.

Variación

● El cuzcuz es delicioso con una picada de especias frescas, ajo y mantequilla.

25 g (1 taza) de cuzcuz
150 ml (⅓ taza) de caldo vegetal (ver página 110).

Se vierte el cuzcuz en un cuenco. Se cubre con agua fría y se escurre inmediatamente con un tamiz de alambre. Se deja reposar en el tamiz de 15 a 20 minutos, pasando los dedos por el cereal a fin de desmenuzar los grumos que se forman al hincharse el cuzcuz. Se cuece al vapor del líquido elegido. También se puede cocer al vapor de cualquier estofado de hortalizas o legumbres (ver página 151).

Tabbuleh ⑤ Ⓥ

En los últimos años se ha popularizado esta ensalada porque ahora es fácil conseguir su principal ingrediente, el bulgur, o trigo partido, parcialmente cocido. Los sabores predominantes deberían ser la menta, el ajo y el limón. Es una ensalada muy refrescante, especialmente cuando se sirve con hojas tersas de lechuga romana, que se pueden usar como cuchara para recoger el cereal. Se sirve con un estofado, por ejemplo, la cazuela de judías picantes, descrita en la página 152.

175 g (1 taza) de bulgur
zumo y ralladura de la cáscara de 2 limones
150 (⅓ taza) de aceite de oliva
5 dientes de ajo machacados
2 manojos de cebollas tiernas
1 buen puñado de menta fresca picada
1 buen puñado de perejil fresco picado
condimentar al gusto

Se remoja el bulgur en agua fría durante 20 minutos. A continuación, se vierte el cereal en un tamiz o colador para eliminar toda el agua. Se mezcla el resto de los ingredientes en una gran ensaladera. Se incorpora y remueve bien el bulgur y se deja reposar dos horas antes de servir.

Ensalada de arroz con almendras ⑩ Ⓟ

Se parece al arroz pilaf en que contiene una diversidad de hortalizas. El sabor de las almendras tostadas hace de esta crujiente ensalada un plato realmente delicioso.

100 g (½ taza) de arroz de grano largo
50 g (½ taza) de almendras partidas y tostadas (ver página 56)
2 pimientos, sin semillas y troceados
4 tallos de apio troceados
1 manojo de cebollas tiernas troceadas
2 huevos duros pelados y cortados en cubitos
150 ml (⅔ taza) de vinagreta con pimientos de chile
(ver página 128)
4 cucharadas de menta picada

Se cuece el arroz (ver página 50), y se deja secar en el horno caliente. Se combinan el arroz, las almendras, las hortalizas y los huevos en un cuenco grande. Se mezclan bien los ingredientes y se vierte encima la vinagreta. Se deja reposar la ensalada durante una hora antes de aderezarla con la menta y se sirve.

Ensalada rusa ⑮

Esta ensalada es muy conocida y popular en Occidente. La versión casera es deliciosa y constituye un excelente almuerzo de verano acompañada de una simple ensalada verde. Las cantidades que indico son para 12 personas, pero se conserva muy bien en la nevera.

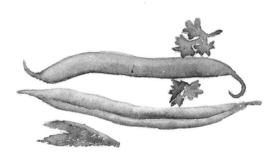

450 g de patatas nuevas cocidas y cortadas en cubitos
225 g de judías verdes cocidas y cortadas
6 zanahorias tiernas cocidas y cortadas en rodajas
100 g ($\frac{1}{2}$ taza) de judías blancas cocidas
1 cucharada de vinagre de vino blanco
3 cucharadas de aceite de oliva
condimentar al gusto
3 huevos duros
2 cucharadas de alcaparras
2 cucharadas de pepinillos troceados
2 cucharadas de perejil picado
2 cucharadas de menta picada
salsa allioli al gusto (ver página 129)

Se mezclan todas las hortalizas en un cuenco grande con el aceite, el vinagre y el condimento. Se deja enfriar en la nevera durante dos horas. Antes de servir, se rebanan finamente los huevos duros y se agregan a la ensalada con los pepinillos y las especias. Finalmente, se incorpora y remueve la salsa.

Ensalada de pera con pistachos ⑮ Ⓥ

Esta receta combina los diversos matices del pistacho, la uva y la pera, potenciados por el color encarnado de la achicoria «Rossa di Verona». Se sirve con una vinagreta de miel con aceite de nueces (ver página 128).
Nota: Si desea preparar las peras con antelación, remoje los trozos de las peras en zumo de limón para evitar su decoloración.

Variación

● *En lugar de los pistachos y las uvas puede usar queso azul.*

4 peras
175 g de uvas sin semilla y troceadas
50 g ($\frac{1}{2}$ taza) de pistachos sin cáscara y picados
1 achicoria (si es posible, «Rossa di Verona»)

Se corta y se reserva el extremo superior de cada una de las peras, con el tallo intacto. Se deshuesan las peras y se cortan en trozos horizontales de 5 mm de grueso. Se vuelven a montar los trozos para armar la pera original. Se mezclan una tercera parte de las uvas con los pistachos y se rellena la pera con la mezcla. Se coloca el extremo superior. Se dispone cada pera sobre una hoja de achicoria encarnada y se rodea con las uvas restantes.

Apio-nabo à la remoulade ⑩

Esta maravillosa hortaliza es cada vez más popular y actualmente se consigue con facilidad en el otoño. Su sabor se parece al bulbo del apio. Procure comprar el apio-nabo cuando tenga aproximadamente el tamaño de una bola de tenis. Cuando es más grande, su contenido fibroso es excesivo.

Variación

● *El perejil combina bien con el apio y el apio-nabo. Se corta finamente y se agrega al resto de esta receta. La diferencia es insólita y radical.*

3 o 4 apio-nabos pequeños
zumo de un limón
300 ml (1 $\frac{1}{4}$ tazas) de mayonesa (ver página 129)

Se pela y ralla el apio-nabo. Se mezcla bien con el zumo del limón y luego se agrega la mayonesa. Constituye una deliciosa ensalada de sabor anuezado. Se sirve en un lecho de col lombarda.

Ensalada de aguacate con huevos de codorniz ⑮

Es una versión muy sofisticada de una ensalada mexicana. Se mantienen los huevos de codorniz con cáscara, aprovechando su gran belleza decorativa. Constituye un excelente primer plato, y yo me sentiría tentado de acompañarlo con un pequeño cuenco de sal de sésamo y semillas de apio para sazonar los huevos. Se sirve con una vinagreta o mayonesa de su elección (ver páginas 128-129).

media escarola
4 cebollas tiernas delgadas, finamente cortadas
12-16 huevos de codorniz
12 patatas nuevas muy pequeñas, hervidas y enfriadas
la pulpa de 2 aguacates grandes, en bolitas
zumo de 1 limón
1 cucharada de cada: tomillo, orégano y albahaca, picadas

Se dispone la escarola en platos individuales o en una fuente grande, y se espolvorea con las cebollas tiernas. Se hierven los huevos de codorniz durante sólo 3 minutos, se escurre y se dejan en sus cáscaras. Sobre la escarola, se disponen las patatas nuevas de forma atractiva. Se remojan las bolitas de aguacate en el zumo de limón para evitar su decoloración y se las coloca entre los huevos y las patatas. Se adereza todo con las especias frescas.

Ensalada de melocotones frescos ⑤

El sabor del apio y el yogur de esta receta se funden con la intensa jugosidad de los melocotones para constituir una ensalada de verano sumamente refrescante.

Variaciones

● *Para preparar una versión más sustanciosa de esta ensalada se agregan 350 g (1 ½ tazas) de requesón.*

● *Experimente con una mezcla de frutas frescas y secas, por ejemplo, 3 melocotones frescos cortados en rodajas, 3 peras frescas cortadas en rodajas, 50 g (½ taza) de orejones de albaricoques y 2 cucharadas de uvas pasas. Se deja remojando la fruta seca en zumo de manzana toda la noche. Se escurre y reserva el zumo como bebida. Se dispone toda la fruta sobre un lecho de hojas de lechuga. Se vierte encima el aliño.*

5 melocotones maduros
2 o 3 tallos de apios tiernos
3 cucharadas de yogur natural
1 cucharada de miel
zumo y ralladuras de la cáscara de 1 limón
condimentar al gusto
2 cucharadas de almendras picadas

Se deshuesan los melocotones y se cortan en rodajas de media luna, se trincha el apio y se mezclan los dos en una ensaladera grande. Se agrega a los melocotones la mezcla del yogur, la miel, el zumo de limón y el condimento. Se espolvorea con las almendras picadas.

Aliños para Ensaladas

La mayoría de los aliños para ensaladas se preparan con aceite y vinagre, o con aceite y el zumo de un cítrico. Su perfección depende de la calidad del aceite y de su acidez. Un aliño preparado con aceite vegetal y vinagre de malta sería indescriptiblemente desagradable, y haría de cualquier ensalada un plato incomestible. Es mejor utilizar aceite virgen de oliva crudo, extraído de la primera presión en frío; dicha variante contiene el sabor más genuino de las olivas. Otros buenos aceites que se pueden agregar al aceite de oliva o utilizarse solos son los elaborados a partir de la nuez, de la avellana y del sésamo tostado.

Los vinagres de sidra roja y blanca, o de vino son también apropiados para los aliños, pero existen, además, otros muchos vinagres de distintos sabores —de frambuesa, albahaca, estragón, chalote y ajo, para nombrar sólo unos cuantos—. Se pueden preparar en casa, y a bajo costo, vinagres de especias (ver página 37). Hay otros excelentes vinagres originarios de China y Japón que dan un toque sensacional a ciertas ensaladas. Japón produce el vinagre de ciruelas umeboshi, y en China se elaboran diversos vinagres a partir del vino de arroz y de las judías negras. Procure disponer de una variedad de vinagres para experimentar con distintos sabores.

El zumo de limón es una alternativa habitual al vinagre, pero es mejor agregarle las raspaduras de la cáscara para conseguir el sabor esencial del aceite del limón. Con el zumo y las raspaduras de la cáscara de las naranjas amargas se consigue un aliño penetrante, y con la lima se prepara un aliño de fragancia deliciosa.

La mayonesa es una emulsión compuesta por yemas de huevo mezcladas con aceite. Existe la creencia popular de que la mayonesa es difícil de preparar. Nada más absurdo, si se recuerda y se respetan algunas normas sencillas:

● Tanto el aceite como las yemas de huevo deberían estar a temperatura ambiente, al igual que los utensilios con que se prepara la mayonesa. La mayonesa se cortará si se usan los huevos recién sacados de la nevera, aunque, paradójicamente, las yemas frías se baten mejor y más fácilmente.

● Al principio debe añadirse el aceite gota a gota a las yemas.

Yo prefiero hacer la mayonesa en un mortero y con una cuchara de madera, en lugar de utilizar una batidora eléctrica, y me resulta una tarea particularmente grata. No puede hacerse con prisas, porque su creación se debe a una antigua alquimia —la fusión de dos ingredientes que conducen a algo de naturaleza bastante distinta.

Cuando suceda lo peor, y se le corte la mayonesa, vuelva a empezar en un cuenco limpio con otra yema. Cuando se haya amalgamado con la primera gota de aceite, añada poco a poco la mayonesa cortada y luego el resto del aceite.

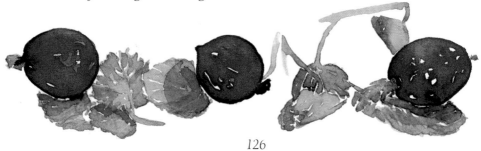

*Desde arriba a la izquierda, de izquierda a derecha:
Vinagreta de pimienta verde en grano (ver página
128), Mayonesa fresca servida en un pimiento
hueco, y una ensalada de flores comestibles
(ver página 129).*

Salsa vinagreta ② Ⅴ

Variaciones

La mezcla de aceite y vinagre se puede enriquecer y sazonar de diversas maneras.

● *Se agrega un diente de ajo machacado y media cucharadita de mostaza) de Dijon.*

● *Se añaden 4 o 5 dientes de ajo machacados y una cucharada de alcaparras.*

● *Se agrega 1 cucharada de granos de pimienta verde y una cucharada de perejil picado.*

● *Se añaden 2 cucharadas de aceite de nuez y 3 cucharadas de aceite de oliva, además de 1 cucharada de zumo de limón en lugar del vinagre. Se agrega 1 cucharada de nueces recién molidas.*

● *Al comienzo, se añade 1 cucharada de tahini y dos dientes de ajo machacados al vinagre de vino. Existe un aliño similar que se prepara con manteca de cacahuete, pero suele ser bastante pesado, de manera que conviene utilizarlo con moderación.*

● *Se añaden 2 pimentones secos y se dejan marinar durante 2 horas. Se retiran las guindillas y se agrega 1 cucharada de chalotes finamente picados.*

● *Se sustituye el zumo de limón por el vinagre de vino y se vierte 1 cucharada de nata agria y 1 cucharada de cebollinos picados. Como alternativa a la nata agria, se puede usar tofu machacado, requesón o nata entera.*

● *Se usa zumo de limón en lugar de vinagre y se añaden 2 yemas de huevo, y 2 cucharadas de mostaza) de Meaux. Se procede igual que en la salsa vinagreta.*

● *Se agrega al vinagre de vino 40 g (⅓ de taza) de queso roquefort, cortado en cubitos y desmenuzado, antes de añadir los demás ingredientes.*

● *En lugar de vinagre, se usa aceite de nuez y el zumo y la esencia de la cáscara de 1 limón. Se añade 1 diente de ajo machacado y una cucharadita de miel. Se mezcla con el aliño.*

5 cucharadas de aceite de oliva por 1 cucharada de vinagre de vino tinto o blanco
½ cucharadita de sal marina
un buen puñado de pimienta negra fresca

Se combinan todos los ingredientes y se mezclan.

Mayonesa ⑤

Variaciones

Una vez hecha, la mayonesa se puede sazonar de diversas maneras.

Rouille

Se añade pimienta de Cayena o media cucharadita de salsa tabasco. Para dar color, ponga 1 cucharada de salsa de tomate y 1 cucharadita de pimentón.

Verde

Se añade 1 cucharada de hojas de espinaca, de acedera y de berro, blanquedos y cortados.

Remoulade

Se añade a las yemas de la receta original una yema de huevo cocido bien machacada. Cuando las yemas hayan absorbido el aceite de oliva, se añade 1 cucharadita de alcaparras, de cebollinos, de perejil y de estragón.

Mayonesa Escoffier

Se añade una cucharada de rábano picante recién rallado y 2 cucharaditas de chalotes y de perejil, ambos picados. En lugar de rábano fresco, se puede usar el rábano picante preparado, pero su sabor será menos penetrante.

Salsa tártara

Se añade ½ cucharadita de alcaparras, de cebollinos, de pepinillos, de olivas verdes y de perejil, finamente picados.

Allioli

Se añaden 5 dientes de ajo machacados

Mayonesa escandinava

Se añaden 2 cucharadas de mostaza de Dijon y 1 cucharada de hojas de eneldo.

Mayonesa de aguacate

Se añade la pulpa machacada de 1 aguacate maduro.

Mayonesa mousseline

Se añade y remueven bien 2 claras de huevo batidas a punto de nieve.

2 yemas de huevo
½ cucharadita de mostaza) en polvo
300 ml (1 ¼ tazas) de aceite de oliva
1 cucharada de zumo de limón o vinagre de vino blanco
2 cucharaditas de agua (opcional)
condimentar al gusto

Se baten las yemas de huevo con la mostaza hasta formar una pasta. Se vierte el aceite de oliva gota a gota, revolviendo constantemente para asegurar que se amalgame bien con las yemas. A medida que se espesa la salsa y se hace más cremosa, se puede añadir el aceite en un único chorro regular. Una vez vertido todo el aceite, la salsa deberá quedar bastante espesa y esponjosa. Se puede licuar con zumo de limón o vinagre de vino. (El zumo de limón teñirá de un color más pálido el tono amarillo fuerte de la mayonesa.) Tal vez necesite añadirle un poco de agua para conseguir la consistencia adecuada. La única forma de saberlo es mediante el ensayo. Finalmente, se agrega el condimento.

Guarniciones de Hortalizas

En los libros de cocina se suele afirmar lo evidente: para conseguir el sabor más genuino de las hortalizas, éstas deben consumirse recién cosechadas y en excelentes condiciones. Se deben cocer brevemente y comer con un aderezo de lo más sencillo, como sal marina y una buena mantequilla. En las páginas 52-53 de este libro, he hablado de varias maneras de cocer las hortalizas en poco tiempo: al vapor, escaldadas, salteadas, y así sucesivamente.

Cuando se recogen directamente de la huerta, son mejores cocidas de la forma más sencilla. Sin embargo, no es frecuente que tengamos la suerte de comerlas en estas condiciones. Para las hortalizas que no están del todo frescas, hemos inventado infinitas maneras de tratarlas con diversos sabores, salsas, hierbas, especias y productos lácteos. La tradición culinaria internacional cuenta con un asombroso número de platos. En esta sección, repaso brevemente toda esta diversidad. No tema experimentar con combinaciones inesperadas; por ejemplo, se puede usar como salsa las pastas preparadas con nueces y miso.

Aunque estas recetas están concebidas como guarnición, pueden servirse como primeros platos, almuerzos ligeros o un tentempié para la noche. Lo bueno de una dieta vegetariana es su gran flexibilidad. Hay total libertad para componer una comida con todos los platos ligeros que se deseen, y disfrutar de ellos en el orden que prefiera.

La idea de guarniciones de hortalizas incluye numerosos platos que pueden servir para entremés o para cualquier guarnición.

Crema de salsifí ⑤ P

Es difícil definir el sabor del salsifí. Está a medio camino entre el espárrago y la alcachofa, con un toque de ostras. Resulta perfecto con tartas o tartaletas condimentadas, y también combina con los platos preparados a base de huevos (ver páginas 174 y 142 respectivamente).

675 g de salsifí
300 ml (1 ¼ tazas) de caldo vegetal (ver página 110)
25 g (2 cucharadas) de mantequilla
25 g (2 cucharadas) de harina blanca común
300 g (1 ¼ taza) de nata agria semigrasa
condimentar a gusto

Se pela el salsifí y se desechan las partes dañadas. Si es muy delgado, es preferible rasparle la tierra y las magulladuras en lugar de pelarlo. Se lava en agua corriente y se cuece a fuego lento en el caldo vegetal durante 10 minutos, o hasta que quede tierno. Se aumenta el fuego en los últimos minutos para reducir el caldo a la mitad. Se retira la hortaliza y se prepara una pasta con la mantequilla y la harina, de la que se agregará una parte al caldo. Se condimenta y se añade la nata agria semigrasa. Se vuelve a incorporar la hortaliza en cuanto esté preparada la salsa. Procure que la salsa no se espese demasiado y no tenga gusto harinoso —tal vez no haga falta utilizar toda la harina y la mantequilla para conseguir la consistencia adecuada.

*Moldes de espinaca, exquisitamente dispuestas entre
capas de puré de queso tierno y servido con salsa
de mantequilla blanca y azafrán (ver páginas
143 y 190).*

131

Coles de Bruselas con almendras ⑤

Se sirve con tarta de alcachofas y aguaturma (ver página 180), o con cualquier otro plato a base de hojaldre.

Variación

● *En lugar de las coles, se puede usar cualquier raíz cocida al vapor. Se espolvorea con frutos secos y se hornea durante 5 minutos.*

700 g de coles de Bruselas
25 g (2 cucharadas) de mantequilla
25 g (¼ taza) de almendras tostadas, partidas (ver página 56)
condimentar al gusto

Se preparan las coles de Bruselas, desechando las partes dañadas. Se cuece en un poco de agua salada durante unos 5 minutos. Se derrite la mantequilla en una olla y se añaden las almendras, las coles escurridas y el condimento. Se saltea durante un par de minutos removiendo enérgicamente, y se dispone en una fuente para servir.

Chirivías en salsa de tomate picante ⑩ Ⅴ Ⅽ

Por naturaleza, las chirivías son dulces y pueden soportar una salsa fuerte y picante como la que ofrecemos aquí. Se sirve con falafel o croquetas (ver página 168), o con uno o dos platos de acompañamiento para componer una comida completa.

4-6 chirivías
Para la salsa:
900 g de tomates cortados por la mitad
2 pimientos secos
5 dientes de ajo machacados
2 cucharadas de aceite de oliva
150 ml (⅔ taza) de vino tinto seco
condimentar al gusto

Se hace la salsa. Se ponen los tomates en una olla con los demás ingredientes. Se cuece a fuego lento de 10 a 15 minutos, luego se pasan los ingredientes por un tamiz y se desecha lo sobrante. Tras quitar las partes dañadas de las chirivías, se lavan bien y se cortan finamente. Se hierven o cuecen al vapor hasta que estén tiernas. Se escurren y se disponen en una fuente. Se vierte encima la salsa de tomate caliente y se sirve.

Habas con salsa de ajo ⑩

Por buenas que sean las habas, en ocasiones, pueden quedar secas. Sin embargo, esta deliciosa salsa de ajo contrarresta el problema. Si las habas no son tiernas y pequeñas, habrá que pelarlas individualmente. Conviene cocerlas a fuego lento sólo 2 o 3 minutos en la salsa de ajo. Las habas congeladas son un sustituto aceptable de las frescas. Se pueden servir con un molde de puerros (ver página 142) o con tartaletas condimentadas.

Variación

● *Esta receta combina bien con plátano frito y ñame.*

6 cucharadas de aceite de oliva
1 cabeza de ajo pelada (ver página 52)
300 ml (1 ¼ tazas) de caldo vegetal (ver página 110)
condimentar al gusto
900 g de habas sin cáscara
3 cucharadas de yogur griego (ver página 45)
aderezo de perejil

Se rehoga brevemente el ajo en el aceite de oliva. Se vierte el caldo y el condimento, y se cuece durante 20 minutos. Con la batidora, se hace un puré con la mitad del caldo y el ajo. Se vuelve a poner en la olla, se añaden las judías y se cuecen durante 10-12 minutos. En los últimos 2 minutos de la cocción se vierte encima el yogur. Se adereza con perejil picado.

Sukha bundhgobi ⑩ Ⅴ

El exótico nombre urdú de esta receta significa «acompañamiento de col». Combina bien con patés suaves y huevos (ver páginas 138-145).

Variación

● Se cuece la col en 8 cucharadas de mantequilla clarificada con pimiento de chile, semilla de mostaza) y 2 cucharadas de leche de coco.

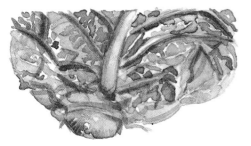

1 col o repollo de tamaño mediano
2 patatas grandes
150 ml (²/₃ taza) de aceite de oliva
1 cucharada de semilla de mostaza
2 cucharaditas de comino, de cilantro y de semillas de fenogreco
12 dientes de ajo pelados (ver página 52)
1 cebolla cortada en rodajas
1 cucharada de zumo de limón

Se corta en tiras finas la col y en cubitos las patatas. Se calienta el aceite en una sartén grande y se cuecen las especias hasta que las semillas de mostaza dejen de explotar. Se añaden el ajo, la cebolla y la patata, y se cuece durante 3 minutos más. Ahora se añade la col y el condimento, se tapa la sartén y se cuece otros 15 minutos. Cuando la patata está totalmente cocida, se vierte encima el zumo de limón. Se remueve enérgicamente y se sirve.

Boniatos con salsa de jengibre y pimiento verde ⑫

En realidad esta receta no se hacía con boniatos, sino con la fruta del pan, una fruta grande y verde, de pulpa amarillenta que resulta imposible de comer a menos que esté cocida. Su textura es parecida a la de la patata, se puede servir en lugar de cualquier hortaliza con contenido de almidón y constituye una buena guarnición para un plato principal como el pilaf de trigo sarraceno (ver página 173), sobre todo con esta salsa picante.

Variación

● Esta salsa también es buena con zanahorias y ñames, cocidos al vapor.

500 g de boniatos
2 pimientos verdes grandes, pelados (ver página 52)
2 cucharadas de aceite de oliva
5 cm de raíz de jengibre pelada y rallada
3 cardamomos verdes machacados
1 cucharadita de asafétida y de fenogreco, molidos
1 manzana verde y grande para cocer, sin semillas y cortada en rodajas
2 cucharaditas de manteca de cacahuete
1 cucharada de jerez seco

Se cuecen al vapor los boniatos durante unos 30 minutos o hasta que estén tiernos. Se cortan los pimientos sin semilla. Se calienta el aceite con el jengibre y las especias. Se añaden los pimientos y la manzana y se cuece a fuego lento. Con la batidora, se mezcla todo, salvo los boniatos, con la manteca de cacahuete y el jerez, hasta que quede bien suave. Se disponen los boniatos pelados en una fuente y se vierte encima la salsa.

Coliflor con salsa de tahíni ⑤

El tahíni es un puré de semillas de sésamo asadas que, al igual que esta receta, tiene su origen en Oriente Medio. Se sirve con arroz, cuzcuz o croquetas (ver páginas 123 y 167).

Variación

● *La coliflor se puede rebozar con pasta de tempura (ver página 136) y freír. Se sirve el tahíni aparte.*

1 coliflor grande partida en ramilletes
3 dientes de ajo machacados
1 cucharada generosa de tahíni
zumo y ralladuras de la cáscara de 1 limón
300 ml (1 ¼ tazas) de agua
condimentar al gusto
1 cucharada de semillas de sésamo tostadas (ver página 56)

Se cuece brevemente la coliflor al vapor, o se hierve en un poco de agua salada hasta que esté tierna, pero al dente. Entretanto, se prepara la salsa. Se machaca el ajo junto con el tahíni y se añade el zumo y las ralladuras de la cáscara del limón, el agua y el condimento, sin dejar de remover hasta formar una salsa espesa. Se escurre con cuidado la coliflor, que se dispone en una fuente, y se cubre con la salsa. Se espolvorea con las semillas de sésamo.

Lechuga a la mantequilla ②

Aunque se recomienda reducir el consumo de grasas saturadas donde sea posible, esta es una receta que debe prepararse con mantequilla. Es importante usar una variedad de lechuga que sea tersa; ya que se reduce mucho el tamaño y el tallo debe conservar cierta tersura. Se sirve con un plato al curry preparado en el horno o una tarta (ver páginas 157 y 180).

1 lechuga larga o romana grande
40 g (3 cucharadas) de mantequilla
1 cucharadita de sal de apio
6 cucharadas de jerez seco
1 cucharadita de semilla de apio

Se deshoja la lechuga, cortando las hojas más grandes en dos o tres trozos. Se lava y seca bien. Se derrite la mantequilla en una olla grande y se añade la lechuga. Se espolvorea encima la sal de apio y el condimento, se remueve bien y se tapa la olla durante cinco minutos. Se vierte el jerez encima y se sube el fuego, removiendo enérgicamente durante un minuto. Se dispone todo en una fuente con la salsa que ha quedado en la olla y se espolvorea encima la semilla de apio.

Setas con salsa de vino tinto y mostaza ③ ☐C

Es fácil encontrar una amplia variedad de setas secas, y bien merece la pena experimentar con ellas. Aunque de entrada puedan parecer caras, cuando se dejan en remojo aumentan de tamaño y tienen un sabor muy intenso. Se sirven con un suflé de queso o lionesas gratinadas (ver páginas 145 y 158).

Variaciones

● *Pruebe remojando las setas en el vino, y añada el agua necesaria para cubrirlas.*

● *Este plato también se puede preparar con 700 g de setas frescas, cortadas por la mitad.*

50 g de setas secas condimentar al gusto
50 g (4 cucharadas) de mantequilla
150 ml (⅔ taza) de vino tinto seco
1 cucharada de mostaza
25 g (2 cucharadas) de harina blanca común

Se sumergen las setas en agua y se dejan remojar 5-6 horas. Se escurren y cuecen enteras con el condimento y la mitad de la mantequilla hasta que se ablanden. Se agrega el vino y la mostaza, se remueve bien y se cuece un minuto. Se mezcla el resto de la mantequilla con la harina y se añade a la salsa de gota en gota hasta que se espese.

Col al cilantro

Se trata de una combinación clásica de sabores que queda deliciosa con un quiche de tomate con calabaza (ver página 179).

Calabaza con jengibre ⑫

La calabaza es una hortaliza muy versátil que merece utilizarse más a menudo. Con esta receta adquiere un sabor dulce y es un acompañamiento excelente para los currys. Se come fría, y combina bien con salsiki, cebollas y encurtidos (ver páginas 190 y 195).

Variación
● *Esta receta también combina con plátano, ñame y algunas raíces.*

50 g (4 cucharadas) de mantequilla
1 cucharadita de semillas de cilantro machacadas
una pizca de comino y de alcaravea molidos
1 col de tamaño medio, cortada en tiras finas
condimentar al gusto
150 ml (²/₃ taza) de nata agria
1 cucharadita de pimentón

Se derrite la mantequilla en una olla y se fríen el cilantro, el comino y la alcaravea. Se añade la col y se remueve. Se condimenta, se tapa y se cuece a fuego lento durante durante 4 minutos. Se remueve vigorosamente. Cuando la col haya reducido su tamaño a la mitad y esté tierna, pero al dente, estará lista. Se vierte la nata agria encima, se remueve y se comprueba el condimento. Luego se dispone en una fuente y se espolvorea encima el pimentón.

3 cucharadas de aceite de oliva
450 g (4 tazas) de pulpa de calabaza troceada en cubitos
40 g de raíz fresca de jengibre, pelada y rallada
1 cucharadita de semillas de alcaravea
1 cucharada de miel
condimentar al gusto
aderezo de cebollas tiernas picadas

Se calienta el aceite en una olla y se fríen el jengibre y la calabaza a fuego fuerte hasta que la calabaza quede crujiente y dorada por fuera y tierna por dentro. Se añaden las semillas de alcaravea, la miel y el condimento, y se cuece. Se sirve de inmediato aderezado con las cebollas tiernas.

Calabaza de invierno ②

Se sirve con una salsa o se adereza con una mezcla de quark o puré de requesón.
Nota: Si la calabaza es demasiado grande para las fuentes de las que dispone, se puede partir por la mitad, untar con mantequilla el extremo cortado, envolverlo en papel de aluminio y ponerlo a hervir o en el horno durante la mitad del tiempo recomendado.

Variación
● *Se hace un hueco en la parte superior de la calabaza, se tapa con papel de aluminio y se pone en una fuente de hornear con un poco de agua. En el horno, se cuece en 40 minutos, y en una olla a presión, en unos 25 minutos.*

Se abre un hueco en la parte superior de la calabaza y se cuece a fuego lento en agua hervida con sal durante 40 minutos. Se retira del fuego y se parte en dos. Las semillas tienen un sabor muy agradable cuando están blandas, pero deben desecharse cuando siguen estando duras. A continuación, se saca la pulpa, que se mezcla con mantequilla, sal y pimienta, o se sirve con una salsa como romesco (ver página 246).

Entremés de queso azul ㉚ Ⓒ

Con el queso azul, este entremés de patatas adquiere un sabor muy interesante. Es una tapa original para fiestas, o un buen almuerzo acompañado de una ensalada verde sencilla.

225 g de queso azul
450 g de patatas, hervidas y en puré
condimentar al gusto
2 huevos batidos
pan rallado blanco tostado (ver página 48)
aceite para freír

Se ralla el queso sobre el puré de patatas, se añade el condimento y se mezcla bien. Con un poco de huevo, se hace cuajar la mezcla, que se moldeará en forma de pelotas o salchichas. Se sumergen en el huevo sobrante, y se reboza con el pan rallado. Se fríe en poco aceite hasta que se dore.

Tempura ⑤ Ⓟ

Los japoneses fríen las rodajas de las hortalizas rebozadas en una pasta muy ligera, y con ellas preparan un festín delicioso llamado tempura, cuya cocción suele llevarse a cabo en la propia mesa. Se eligen hortalizas frescas en excelentes condiciones: calabacines, coliflor, cogollos de hinojo, pimientos, judías verdes, fondos de alcachofa, setas, berenjenas, cebollas, puerros o rábanos. Procure cortar la hortaliza muy finamente. Se sirve con salsa de soja en la que hundir los trozos de hortaliza.

100 g (1 taza) de harina blanca común
1 huevo batido
150 ml de agua helada

Se mezcla la harina con el huevo batido y se vierte lentamente el agua helada hasta formar una pasta suave y líquida. Se rebozan en ella las hortalizas cortadas y se fríen inmediatamente. Se dora al instante.

Pakoras o bhajis ⑤ Ⓥ

Se trata de versiones indias del tempura. El rebozado se prepara con harina de garbanzo y especias, y se puede usar de la misma manera y con las mismas hortalizas que el tempura.

Variación

● *El baigan pakora es un plato indio clásico. Se corta en rodajas finas y se sala una berenjena grande (ver página 52). Se pasa por el rebozado y se fríen las rodajas hasta que se doren. Se sirve con salsiki y distintos chutneys (ver páginas 190 y 195).*

175 g (1½ taza) de harina de garbanzo
½ cucharadita de sal, de levadura en polvo, de cúrcuma, de cilantro y de pimienta negra
300 ml (1¼ tazas) de agua helada

Se mezclan los ingredientes secos, procurando que no queden grumos en la harina. Se añade progresivamente el agua hasta formar una pasta y, batiendo continuamente con un tenedor, el rebozado deseado.

Buñuelos de maíz tierno ⑮ ⏹P ⏹C

Tal vez resulte engorroso desgranar el maíz de la mazorca, pero es mejor que la variedad enlatada o congelada. Para facilitar la tarea, se desliza el cuchillo entre las hileras de granos. Estos buñuelos son un buen entremés servido con salsa de tomates (ver página 192), y una guarnición interesante para cualquier plato al curry.

6 mazorcas de maíz hervidas durante 8 minutos y escurridas
Para el rebozado:
50 g (½ taza) de harina integral
25 g (¼ taza) de harina blanca común
una pizca de sal
1 huevo
150 ml (²⁄₃-¾ taza) de leche
aceite de oliva para freír

Se mezclan todos los ingredientes para el rebozado y se dejan reposar durante una hora. Se desgranan las mazorcas y el maíz se añade al rebozado. Se calienta poco aceite y se fríe la mezcla, que se vierte en cucharadas en la sartén, hasta que se doren y queden crujientes, dándoles vuelta sólo una vez.

Tortillas mexicanas ⑩ ⏹V ⏹C

Son crepes mejicanos hechos con harina de maíz muy fina, llamada masa harina. Son ligeros y sabrosos y suele rellenarse con las tradicionales judías rojas. También son deliciosos con un relleno de requesón, cebollas tiernas picadas y hierbas. Los tacos se pueden comprar ya preparados, pero es más gratificante hacérselos uno mismo.

225 g (2 tazas) de harina de maíz
50 g (½ taza) de harina integral
1 cucharadita de sal marina
165 ml (¾-1 taza) de agua

Se mezclan todos los ingredientes secos y se añade agua suficiente para hacer una masa. Se amasa durante 5 minutos y se pone en la nevera 30 minutos más. Con la masa se forman 12 bolas. Se enharinan las manos y la superficie de trabajo con harina de maíz, y se extiende cada bola hasta formar un disco plano. Se cuecen hasta que se doren en una sartén con aceite, dándoles la vuelta una sola vez.

Tacos ⑮ ⏹P ⏹C

Este famoso plato mexicano se compone de un relleno picante envuelto en un crepe de harina de maíz llamado tortilla. Los tacos constituyen siempre un entremés delicioso para una comida, pero también son excelentes como tapas en una fiesta. Pruébelos con cebollas tiernas cortadas en rodajas y una cremosa salsa de hierbas (ver página 193).

2 cebollas picadas
2 pimientos de chile verdes machacados
aceite de maíz para freír
225 g (1 taza) de judías pintas cocidas y en puré (ver página 51)
100 g (½ taza) de requesón
100 g (1 taza) de patatas cocidas y cortadas en cubitos
½ cucharadita de comino
condimentar al gusto
12 tortillas (ver receta anterior)
2 huevos batidos

Se rehogan las cebollas con los chiles en un poco de aceite. Se añaden las judías y el resto de los ingredientes del relleno. Se mojan las tortillas en los huevos batidos, se colocan dos cucharadas de relleno en el centro, se dobla la tortilla y se aplica un poco de presión para unir los extremos. Se fríe hasta que quede crujiente.

Patés y pastas para untar

Los platos que se describen en esta sección forman parte del recetario clásico del cocinero vegetariano. Se pueden servir los patés como entremés o como almuerzo ligero, y constituyen la base de las más ambiciosas terrinas elaboradas en capas (ver página 163). Las pastas pueden untarse en bocadillos e incorporarse en rellenos.

Las mantequillas de hierbas combinan bien sobre todo con hortalizas cocidas al vapor o hervidas. También se puede agregar en platos de cereales, o acompañarlas de pan elaborado en casa. Las mantequillas condimentadas aportan un toque de lujo al plato más sencillo. Se comen también con brioche o pan tostado.

Paté de col y cilantro ㉚ Ⓟ Ⓒ

Este paté combina muy bien diversos sabores. Se sirve con tostadas como entremés, o con patatas al horno como primer plato, acompañado de una salsa picante de soja y jengibre (ver página 191).

1 col rizada de tamaño mediano
25 g (2 cucharadas) de mantequilla
1 cucharadita de cilantro molido
2 huevos
300 g (1¼ tazas) de quark o puré de requesón
100 g (½ taza) de queso ricotta (ver página 55)
condimentar al gusto

Se calienta el horno a 220 grados. Se desechan las hojas dañadas de la col y se trocean muy finamente. Se derrite la mantequilla en una olla y se rehoga brevemente el cilantro (ver página 52). Se añade la col y se cuece a fuego lento durante unos 5 minutos, o hasta que se ablande. Se deja enfriar. Se unta un molde de pan o una terrina de 450 g (13×8×5 cm) con abundante mantequilla. Con la batidora, se reduce la col y su jugo hasta formar un puré espeso. Se añaden los huevos, los quesos y el condimento, y se vuelve a batir. Se vierte la mezcla en el molde, se tapa con papel encerado y se cuece al baño María (ver página 53) durante 40-45 minutos. Se comprueba que esté listo insertando el cuchillo en el centro; si sale limpio, es que está bien cocido. Se espera 10 minutos antes de servirlo en una fuente. (No lo deje enfriar antes de retirarlo del molde porque se pegará). Se sirve frío de la nevera.

Pasta de miso con tahíni ②

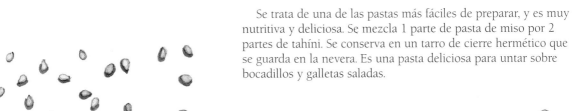

Se trata de una de las pastas más fáciles de preparar, y es muy nutritiva y deliciosa. Se mezcla 1 parte de pasta de miso por 2 partes de tahíni. Se conserva en un tarro de cierre hermético que se guarda en la nevera. Es una pasta deliciosa para untar sobre bocadillos y galletas saladas.

Paté de zanahoria y albaricoque ⑳ P C

Este paté es delicioso con una salsa agridulce, «mantequilla blanca» o salsa de curry (ver páginas 190 y 194). Se sirve con tostadas o galletas saladas.

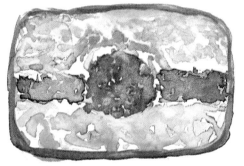

450 g de zanahorias
75 g de orejones de albaricoques en remojo
2 dientes de ajo machacados
50 g (4 cucharadas) de mantequilla
50 g (½ taza) de queso gruyère, recién rallado
300 g (1¼ tazas) de quark o puré de requesón
2 huevos
condimentar al gusto

Se cortan las zanahorias y los albaricoques en cubitos y se cuecen en agua hirviendo con sal durante unos 20 minutos, o hasta que estén tiernos. Se escurren y, con el ajo y la mantequilla, se forma un puré. Se añaden los quesos, los huevos y el condimento. Se vuelve a batir. Se unta un molde de pan o de terrina de 450 g (13×8×5 cm) con abundante mantequilla y se cuece igual que el paté de col y cilantro.

Paté de puerro y perejil ⑳ P C

Este paté combina bien con salsa de cacahuetes o incluso con salsa de tomate con whisky (ver páginas 194 y 192).

675 g de puerros
50 g (4 cucharadas) de mantequilla
un puñado generoso de perejil picado
50 g (½ taza) de queso gruyère rallado
50 g (½ taza) de queso parmesano, rallado
300 g (1¼ tazas) de quark o puré de requesón
2 huevos
condimentar al gusto

Se cortan finamente los puerros y se cuecen en la mantequilla hasta que se ablanden. Se dejan enfriar, y se baten con el resto de los ingredientes. Se unta un molde de pan o de terrina de 450 g (13×8×5 cm), y se cuece igual que el paté de col y cilantro.

Paté de judía mungo ⑭ P C

Es un paté bastante suave que se puede comer como entremés o como almuerzo ligero acompañado de una ensalada. Se toma con pan integral o tostadas para el aporte complementario de proteínas.

Variación

● *Esta receta se puede servir como ensalada si se dejan las judías enteras en lugar de hacer un puré.*

225 g (1½ tazas) de judías mungo en remojo (ver página 51)
600 ml (2½ tazas) de agua
4 cucharadas de aceite de oliva
2 cebollas y 1 diente de ajo, pelados y troceados
zumo y ralladuras de la cáscara de 1 limón
2 cucharadas de alcaparras picadas
4 cucharadas de perejil
100 g (½ taza) de queso ricotta (ver página 55)

Se hierven las judías a fuego lento 40 minutos. Se fríen las cebollas y el ajo hasta que se ablanden. Se agregan las judías y el zumo, sin dejar de remover, hasta formar un puré. Se echan las alcaparras, el perejil y el ricotta. Se vierte en un molde y se deja enfriar en la nevera.

Paté de frijoles caribeño

Es un paté agradable, fuerte y picante, que sabe excelente con galletas de avena o pan de centeno, e incluso mejor con una abundante ensalada fresca.

225 g (1 taza) de judías pintas, en remojo (ver página 51)
150 g (1½ tazas) de ricotta o requesón
½ cucharadita de curry en polvo (ver página 42)
½ cucharadita de orégano y de pimiento de chile en polvo
2 dientes de ajo machacados
1 cebolla finamente cortada
1 cucharadita de cilantro y de comino, molidos
2 cucharadas de zumo de limón o de lima
1 cucharada de salsa de tomate
condimentar al gusto

Se escurren las judías, y se echan en agua fresca hasta que se alcance el punto de ebullición. Se hierve durante 1 hora, o hasta que se ablande. Se escurre, reservando el agua. Con la batidora, se mezcla todo, agregando el agua de las judías necesaria para formar un puré espeso. Se vierte en un molde y se guarda en la nevera varias horas. Se retira del molde y se dispone en una fuente aderezada con un par de ramitas de cilantro.

Paté de nueces con champiñones ⑩ P C

Es un paté fácil de elaborar y muy delicioso cuando se come con tostadas integrales o galletas de avena. De los que he preparado, es el que más se parece a esa losa que llevan los vegetarianos británicos alrededor del cuello, el pan de nueces, pero debo reconocer que se trata de un paté particularmente bueno.

Variación
● *Para hacer un paté de hierbas, siga la receta anterior, agregándole un buen puñado de hierbas frescas al mezclar los ingredientes.*

2 cucharadas de aceite de oliva
450 g de setas cortadas finamente
2 cebollas bien troceadas
2 dientes de ajo machacados
100 g (1 taza) escasa de nueces peladas
2 huevos duros y desmenuzados
condimentar al gusto

Se calienta el aceite y se cuecen las setas, la cebolla y el ajo hasta que se ablanden. Se mezcla con la batidora hasta formar un puré espeso. Se echa en un cuenco y se añaden los demás ingredientes. Se vierte en una fuente y se pone en la nevera varias horas. Se adereza con berros.

Pasta de queso tierno ⑤ P C

Se ofrece al final de la comida con el resto de los quesos o se conserva en la nevera como tentempié.

100 g (½ taza) de requesón
100 g (½ taza) de quark o puré de requesón
1 cucharada de perejil, de cebollinos, de perifollo y de albahaca
50 g (4 cucharadas) de mantequilla blanda
condimentar al gusto
aderezo de semillas de sésamo tostadas (ver página 56)

Se mezcla todo muy bien. Se deja enfriar en la nevera y se sirve.

Encurtido de queso ⑤ P C

Es una pasta que conviene tener siempre a mano en la nevera. Es un sabroso tentempié o se se puede servir con tostadas y como entremés.

Variación

Queso de salvia. Se pica un buen puñado de hojas de salvia y se rallan 450 g de queso de bola seco. Se mezcla todo con 225 g (1 taza) de mantequilla y se conserva en un frasco.

450 g de queso de bola seco
8 cucharadas de cerveza negra
225 g (1 taza) de mantequilla
2 cucharadas de pimienta inglesa, molida

Se ralla el queso y, a continuación, se añaden la cerveza, la mantequilla y la pimienta inglesa. Se mezcla todo bien, se vacía en un frasco de cierre hermético (sirve un tarro grande de mermelada) y se guarda en la nevera. Para servir, se puede sacar del frasco en cucharadas o retirar el queso entero y cortarlo en rodajas.

Bolas de mantequilla a la naranja picante ⑩ C

La mantequilla, moldeada en bolas o rizos, aporta un toque festivo a cualquier plato. Es deliciosa servida con brioche.

Variación

● *Cuando la mantequilla está maleable, se coloca en una hoja de aluminio y se tuercen los extremos para envolverla. Se moldea en forma de salchicha y se deja enfriar en la nevera. Antes de servir, se reboza en cáscara de naranja rallada y canela, y se corta en rodajas delgadas.*

225 g (1 taza) de mantequilla ligeramente salada
zumo de 1 naranja grande
la cáscara de 1 naranja grande, finamente rallada
$\frac{1}{2}$ cucharadita de canela en polvo
$\frac{1}{2}$ cucharadita de especias variadas, molidas
2 cucharaditas de azúcar moreno fino o miel

Se mezclan todos los ingredientes y se pone la mezcla en un frasco, que se tapa y guarda en la nevera. Se moldea la mantequilla hasta formar bolas utilizando un pequeño cucharón. Si lo desea, se pueden rebozar las bolas en cáscara de naranja rallada y espolvorearlas con canela.

Mantequilla al perejil ⑤ C

Las mantequillas con hierbas son un complemento de lujo para los panes y panecillos de desayuno, pero resultan particularmente buenas con raíces cocidas al vapor.

Variaciones

● *Se añade cualquiera de las siguientes hierbas frescas, muy picadas: cebollinos, hinojo, menta, estragón y berro. Para lograr sabores más originales, experimente añadiendo una cucharada de alcohol: el Pernot combina bien con el hinojo, el coñac con la mostaza y el whisky con el estragón.*

● *Para preparar la mantequilla picante, se añaden ajo, challotes, curry en polvo (ver página 42), mostaza y pimientos de chile. Estos sabores combinan muy bien con las hierbas.*

225 g (1 taza) de mantequilla
un buen puñado de perejil muy picado
1 cucharada de zumo de limón

Se deja ablandar la mantequilla a temperatura ambiente y se mezclan las hierbas y el zumo de limón. Se moldea como un rollo, se envuelve con papel encerado o celofán y se congela.

Huevos

Huevos à la Crècy ⑮ P̄

El aroma del agua de rosas y el color de las zanahorias lo hacen delicioso.

Variación

● *Se prepara con huevos duros, cortados por la mitad y a lo largo. Se disponen en una fuente de hornear untada de mantequilla y se cubre con salsa de cebolla (ver página 191).*

Molde de puerros ⑮ P̄

Los «timbales», como se conoce a estos moldes, están relacionados con los suflés, y se pueden comer fríos en un almuerzo ligero de verano. Se trata fundamentalmente de un budín de huevo sazonado y se puede cocer en un molde de suflé o en cualquier fuente de hornear de la que se pueda extraer sin problemas. Estos moldes suelen acompañarse de una salsa (ver página 190-194).

Variación

● *En lugar de puré de puerros, se prepara con la misma cantidad de puré de espinacas, setas, apio nabo, tomate o pimiento.*

450 g de zanahorias cortadas en rodajas finas
1 cucharadita de agua de rosas
25 g (2 cucharadas de mantequilla)
25 g (2 cucharadas de harina)
150 ml (²⁄₃ taza) de leche
150 g (²⁄₃ taza) de quark o puré de requesón
4 huevos pasados por agua, sin cáscara (ver página 54)

Se hierven las zanahorias en un poco de agua con sal hasta que estén tiernas. Se escurren bien, y se hace un puré con el agua de rosas y el condimento. Se prepara una salsa de bechamel con la mantequilla, la harina, la leche y el queso (ver página 191). Se agrega el puré de zanahorias y se remueve bien. Se unta una fuente de hornear poco honda con mantequilla, y se disponen los huevos sobre los que se echará la salsa de zanahoria. Se deja un par de minutos en el horno caliente.

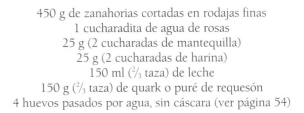

450 g de puerros
50 g (4 cucharadas) de mantequilla y pan rallado fino
50 g (¹⁄₂ taza) de queso gruyère rallado
condimentar al gusto
5 huevos, batidos
300 ml (1¹⁄₄ taza) de leche
una pizca de nuez moscada

Se cortan los puerros en rodajas finas y se cuecen lentamente en la mantequilla hasta que se ablanden. Se unta un molde con abundante mantequilla y se espolvorea el interior con el pan rallado. Se vierten los puerros con su jugo en un cuenco y se añade el queso, el condimento y los huevos batidos. Se mezcla bien para que los puerros queden bien distribuidos. Se calienta la leche con la nuez moscada hasta que hierva. Se calienta el horno a 180 grados. Se vierte la leche en la mezcla de los puerros y se remueve bien. A continuación, se vacía en una fuente untada de mantequilla. Se pone al baño María (ver página 53) y se cuece durante 45 minutos. Se deja reposar el plato durante 5 minutos antes de servirlo en una fuente grande.

Moldes de espinaca ㉓ P

Los moldes individuales son un entremés espectacular para una cena festiva. Se coloca una hoja de hierba o trozo de alguna hortaliza bien recortada en el fondo de cada uno de los moldes. Antes de comer, se vierte encima una salsa de «mantequilla blanca» y azafrán (ver página 190).

10 g (1 cucharada) de mantequilla
675 g de hojas de espinaca
225 g (1 taza) de queso ricotta (ver página 55)
25 g (¼ taza) de queso gruyère recién rallado
25 g (¼ taza) de queso parmesano recién rallado
2 huevos
4 cucharadas de nata ligera
una pizca de nuez moscada
condimentar al gusto

Se untan con mantequilla de 4 a 6 moldes individuales. Se escaldan unas 10 hojas grandes de espinaca (ver página 52). Se escurre bien y se dispone en los moldes, de manera que abarque totalmente el fondo y los lados, y que rebase generosamente el borde. Se escalda el resto de las espinacas durante unos 2 minutos y se trocean finamente. Se calienta el horno a 200 grados. Se combina el resto de los ingredientes en un cuenco. Se llena cada molde con capas alternas de la mezcla del queso y las espinacas troceadas y, al final, se envuelven con las hojas de espinaca. Con un broche de mantequilla en cada molde se cuece al baño María (ver página 53) durante 25-30 minutos. Se deja reposar brevemente y se retira de los moldes.

Huevos florentinos ⑮ P

Este plato es un gran clásico italiano en el que el tiempo de cocción resulta fundamental. Se pueden escaldar los huevos o cocerlos al horno, pero las yemas deben estar siempre crudas.

25 g (2 cucharadas) de mantequilla
900 g de hojas de espinacas, lavadas y escurridas
4 huevos
300 ml (1¼ taza) de salsa de queso (ver página 191)
una pizca de nuez moscada
condimentar al gusto

Se derrite la mantequilla en una olla grande y se echa la espinaca. Se tapa y se cuece a fuego lento durante 5 minutos. Se remueve y se vuelve a cocer a fuego lento durante 5 minutos más. Se trocea y se escurre hasta eliminar todo el líquido; éste se reserva para la salsa. Se unta una fuente de hornear poco honda con mantequilla y se extienden en ella las espinacas. Se hacen 4 agujeros profundos y se mantienen calientes en el horno. Se escaldan, hornean o cuecen al vapor los huevos hasta que las claras estén recién cuajadas por la cocción y las yemas estén crudas (ver página 64). Se prepara una salsa de queso añadiendo el jugo de las espinacas, la nuez moscada y el condimento. Se agregan los huevos a la espinaca, se cubre con la salsa y se dora bajo un gratinador caliente.

Piperade ⑮ P

*El «piperade» se puede comer caliente o frío, y
es delicioso para un almuerzo de verano.
También se puede comer como parte de una
ensalada dispuesta en capas o como salsa para
picar.*

Variación

Chachuka. *Este plato es típico del norte de
África y de Oriente Medio. Los ingredientes son
los mismos, pero se añaden los huevos enteros y
se cuecen con las hortalizas.*

6 cucharadas de aceite de oliva
2 o 3 pimientos sin semillas y cortados finamente
3 dientes de ajo machacados
2 cebollas, cortadas en rodajas
450 g de tomates, pelados y cortados en rodajas (ver página 52)
condimentar al gusto
5 huevos poco batidos

Se calienta el aceite y se cuecen lentamente los pimientos, el
ajo y las cebollas hasta que estén blandos, removiendo de vez en
cuando hasta formar un puré espeso. Se agregan los tomates y se
cuece 5 minutos más. Si queda demasiado líquido, no se preocupe
—así debe quedar—. Se añaden el condimento y los huevos y se
remueve enérgicamente hasta que queden bien revueltos. Se sirve
de inmediato.

Tortilla ⑤ P

*La clásica tortilla francesa no es un plato
difícil de hacer si se siguen unas cuantas reglas:
no intente hacer una tortilla con más de tres
huevos. Use una sartén pequeña para hacer
tortillas con los extremos en pendiente para que
la tortilla se pueda echar fácilmente en un plato;
use sólo una cucharadita de aceite.*

Variaciones

● *Se añade una cucharada de queso recién
rallado. Cuando esté a punto de derretirse,
se pliegan los extremos de la tortilla sobre sí
mismos.*

● *Se añade una cucharada de perejil, cebollino,
perifollo, menta o estragón, bien picado.*

2 huevos
condimentar al gusto
un poco de aceite

Se baten los huevos y el condimento con un tenedor. Se
calienta el aceite y se vierte en él los huevos, de manera que
queden bien distribuidos en la base de la sartén. Procure controlar
el fuego para que el huevo sólo borbotee, sin que se hinche o se
queme. Cuando el fondo esté listo y todavía quede un poco de
huevo líquido en el medio de la superficie, se plegan sobre sí
mismos los extremos de la tortilla con una espátula y se desliza
sobre un plato. Se sirve de inmediato. Las tortillas deben hacerse
individualmente, y es mejor comerlas al instante, pues no se
mantienen calientes.

Tortilla española ⑩ P

*Procure que las patatas queden un poco
crujientes, y no vierta los huevos antes de que
éstas estén cocidas. Constituye un almuerzo muy
agradable acompañado de una ensalada fresca,
y también es delicioso frío.*

Variaciones

● *Se añade 1 pimiento verde y 1 pimiento rojo
cortado en tiras, y 1 cebolla cortada en rodajas.
Se cuece con las patatas hasta que se ablanden, y
se procede como antes.*

● *Se añaden hierbas frescas en los últimos
minutos de la cocción.*

6 cucharadas de aceite de oliva
225 g de patatas peladas y cortadas en rodajas finas
6 huevos
3 cucharadas de perejil picado
condimentar al gusto

Se calienta el aceite (no mucho) y se fríen las patatas hasta que
se doren. Se mezclan los huevos, el perejil y el condimento en un
cuenco. Se vierte el conjunto en la sartén con las patatas, ya fritas.
Se deja cocer hasta que los huevos cuajen. No intente doblar los
extremos de la tortilla.

Suflé de queso ⑩ P

Para hacer suflés es importante seguir unas reglas básicas. Conviene enfriar las claras de los huevos y batirlas mientras todavía están frías antes de añadirlas. No las deje reposar nunca fuera de la nevera; si las bate quedarán acuosas, y, si no, no se podrán usar. Finalmente, procure no abrir la puerta del horno durante la cocción. A mí me gustan más los suflés cuando están crudos por el centro y a todos les toca una porción hinchada, dorada y crujiente, acompañado de un poco de salsa. Esta receta es para 6 personas.

Variaciones

Suflé de puerros. Con 25 g (¼ taza) de gruyère rallado, se sustituye el resto del queso con un puré hecho de 450 g de puerros o espinacas, o 100 g de setas, cocidas en dos cucharadas de aceite y batidas hasta formar un puré.

Suflé de «piperade». Con 25 g (¼ taza) de gruyère rallado, se sustituye el resto del queso con una mezcla de «piperade» (ver página 144). Esto se hace antes de añadir los huevos.

Suflé de verano con guisantes. Con 25 g (¼ taza) de gruyère rallado, se sustituye el resto del queso con 675 g de guisantes frescos en vaina. Se hierven los guisantes y se baten con la nata hasta formar un puré, que luego se añade al suflé.

6 huevos grandes separados
25 g (2 cucharadas) de mantequilla
25 g (2 cucharadas) de harina blanca común
300 ml (1¼ tazas) de leche
75 g (¾ taza) de queso gruyère rallado
50 g (½ taza) de queso cheddar maduro rallado
25 g (¼ taza) de queso parmesano rallado
150 ml (⅔ taza) de nata ligera
condimentar al gusto

Se dejan enfriar las claras de huevo en la nevera. Se prepara una salsa de bechamel con la mantequilla, la harina, la leche y el condimento (ver página 191). Se añaden todos los quesos y se remueve hasta que se fundan. Se retira del fuego y se deja enfriar brevemente. Se vierte la nata y luego las yemas de huevo. Se unta una fuente de suflé con abundante mantequilla y se calienta el horno a 200 grados. Se baten las claras a punto de nieve. Se vierte una tercera parte de la clara en la mezcla del suflé con una espátula. Se echa el resto, y se vacía todo en la fuente de suflé. Se pone en la rejilla superior del horno durante 35-40 minutos.

Suflé de apio-nabo con castañas ⑳ P

El apio-nabo es una preciosa hortaliza de invierno que se va haciendo popular en todo el mundo. Este suflé queda también excelente cuando se hace con calabaza en lugar de apio-nabo; preparado así, es un clásico plato francés.

100 g de apio-nabo pelado y troceado
25 g (2 cucharadas) de mantequilla condimento
1 cucharadita de sal de apio
1 cucharadita de harina de kudzu o de arrurruz disuelta en agua
300 ml (1¼ tazas) de leche
50 g (½ taza) de castañas picadas (ver página 52)
50 g (½ taza) de queso gruyère, de bola o seco, rallado
4 huevos separados
4 cucharadas de vino blanco seco

Se cuece a fuego lento el apio-nabo con el vino, la mantequilla, el condimento y la sal de apio durante 20 minutos. Se bate hasta formar un puré espeso. Se calienta la harina de kudzu con la leche para hacer la salsa. Se vierten las castañas, el queso y las yemas de huevo. Se calienta el horno a 220 grados. Se baten las claras a punto de nieve y se vierten en la mezcla. Se pone en el horno en una fuente de suflé untada con mantequilla durante 20 minutos.

Platos Rellenos

En los primeros días del movimiento vegetariano, hará unos veinte o treinta años, la comida se seguía estructurando en torno al viejo tópico de «la carne y su guarnición de verduras» y se reemplazaba la carne por una chuleta o croqueta de proteína vegetal. De esta manera, el vegetarianismo se granjeó una mala reputación. Actualmente, todo ha cambiado. Existe una diversidad infinita de comidas y se puede elegir entre un plato sencillo con varias guarniciones, o un plato elaborado y abundante que se puede acompañar con una ensalada. No hace falta, ni nutritiva ni estéticamente, que algún plato sustituya nada.

Lo que se come depende de la ocasión y del apetito. Se puede preparar una comida ligera de dos platos empezando, por ejemplo, con una sopa danesa de manzanas, seguida de «dolmades» (ver pág. 146) y una ensalada de tomates. También se puede preparar una comida más elaborada, empezando con una terrina verde, seguida de un plato de curry al horno compuesto de diversas hortalizas, curry verde seco, arroz al azafrán, salsiki y pepinillos, acompañado de una ensalada de peras con pistachos, un queso y, para acabar, un budín. Estos platos son, como se puede apreciar, comidas más adecuadas para el otoño o invierno, aunque el segundo es bastante más abundante que el anterior, pero sólo por los caprichos del apetito.

Se pueden combinar los platos de cualquier sección del libro para preparar un plato principal. Los panes descritos en la sección sobre los desayunos van bien con las sopas, los quesos o los patés. También se puede idear un plato principal a partir de dos o tres entremeses de hortalizas —por ejemplo, las setas en vino tinto y mostaza se pueden comer con calabaza al jengibre y un pilaf de mijo—. Una comida más sencilla consistiría en bolas de pasta italiana servidas con habas en una salsa de ajo. En todas las comidas, procuraría combinar las hortalizas crudas con una hortaliza picante y caliente, además de un plato de cereales y uno de frutas.

Uno de los descubrimientos más gratos es que, si un plato resulta agradable estéticamente, casi siempre estára bien equilibrado en cuanto a su aporte nutritivo.

Las primeras recetas de esta sección son platos preparados con diversos rellenos. Los rellenos tienen dos componentes básicos: el sabor, creado por una hortaliza o mezcla de hortalizas, ya sea en puré o troceada, con hierbas o especias; y un agente ligador, que puede ser harina, huevos o queso. El relleno debe tener un sabor muy particular y bastante fuerte. No merece la pena rellenar una hortaliza si el relleno no destaca por sí solo en sabor y textura. Además, los sabores del relleno y la hortaliza deben complementarse.

Procure mantener una proporción de 3 partes de condimento por 1 de agente espesante. Un exceso de cereales, arroz o pan rallado hará que el plato quede demasiado pesado. Recuerde que si usa huevos batidos como agente ligador, el relleno quedará mojado hasta que se cocine.

 El gratinado de calabaza, jengibre y patata servido
en una calabaza hueca constituye un centro de mesa
espectacular (ver página 161).

Dolmades (Hojas de parra rellenas) ⑳ Ⓥ Ⓒ

Pese a lo que digan los rumores, este plato requiere más paciencia que destreza. Todas las tiendas de especialidades griegas venden paquetes de hojas de parra en salmuera. Se colocan las hojas en un cuenco, se escaldan y se dejan flotar hasta que se desprenden unas de otras. Se dejan en remojo mientras se prepara el relleno, pero recuerde que tendrá que pasar las hojas por agua fría antes de usarlas. Como con todos los platos populares, no existe una versión definitiva. Así pues, esta receta le puede servir de base para sus propios experimentos. Como entremés, sirve para seis personas. Las hojas de col son también una alternativa.

225 g (1¼ taza) de arroz de grano largo
2 cebollas finamente picadas
4-5 dientes de ajo machacados
2 cucharadas de hojas de apio, finamente picadas
225 g de hojas de parra escaldadas y escurridas
150 ml (²⁄₃ taza) de aceite de oliva
zumo de 2 limones
1 cucharadita de eneldo, de tomillo y de orégano, picados
condimentar al gusto

Se escalda el arroz en agua hirviendo y se deja reposar unos minutos; se escurre con agua fría corriente. Se mezcla bien con las cebollas, el ajo, las hojas de apio, las hierbas y el condimento. Se pone una cucharadita de la mezcla en el centro de cada hoja de parra. Se envuelve el relleno con la hoja, y se cierran bien los extremos. Procure moldearlos en forma de salchicha. Se coloca una capa de cualquier hortaliza, como hojas de col, puntas de puerros o piel de cebolla, en una sartén grande para evitar que los dolmades se peguen o se quemen. Se acomodan los rollos en la sartén, uno junto al otro y, si es necesario, se agrega otra capa. Si hubiera huecos, se rellena con una rodaja de cebolla o un diente de ajo para que el dolmade no se deshaga. Se vierte el aceite de oliva y el zumo de limón y se cubre con 5 cm de agua. Se tapa y se cuece a fuego muy lento, añadiendo un *poco* más de agua si le parece que tiende a secarse. Necesitará de una hora y media a dos, dependiendo de la intensidad del fuego.

Tomates rellenos ⑩ Ⓟ

La siguiente receta está dedicada a aquellos que rechazan el tradicional (y frecuentemente asopado) relleno preparado con la pulpa del tomate.

Variación

Calabacines rellenos. Se utilizan hortalizas de tamaño mediano, que se cortan por la mitad en vertical. Se extrae casi toda la pulpa, dejando una cáscara de aproximadamente 3 mm de grosor. Se cuece a fuego lento en agua con sal durante 3 minutos. Se escurre bien. Se prepara la mitad del relleno, añadiendo 2 cucharadas de nueces picadas y 2 o 3 dientes de ajo machacados. Se rellena la hortaliza y se espolvorea queso parmesano rallado en lugar de pan rallado. Se cuece igual que los tomates.

4-6 tomates resistentes
2 cucharadas de aceite de oliva
2 cebollas grandes finamente troceadas
50 g (½ taza) de queso gruyère rallado
50 g (½ taza) de queso parmesano rallado
condimentar al gusto
un buen puñado de perejil picado
2-3 cucharadas de pan integral rallado seco (ver página 48)

Se corta la parte posterior de los tomates, se extrae la pulpa y las semillas y se desecha todo menos el «molde» de los tomates. Se calienta el aceite, se añaden las cebollas y se cuecen tapados a fuego lento hasta que se ablanden y queden casi transparentes. Se agrega el condimento, los quesos y el perejil. Se remueve hasta derretir el queso. Se calienta el horno a 200 grados, se rellenan los tomates y se espolvorean con pan rallado. Se ponen en el horno durante 10 o 15 minutos.

Calabaza rellena ⑳

Este plato es tradicionalmente británico, y en todas las mesas campestres se sirve como si fuera un festín. Sin embargo, si la calabaza es demasiado grande apenas conserva su sabor y se hace demasiado fibrosa. Procure no comerlas cuando superen los 30 cm de largo. Dado que las calabazas contienen mucha agua, que pierden durante la cocción, es importante rellenarlas con arroz sin cocer para absorber el agua.

Variación

● *Se puede usar cualquier variedad de calabaza de verano.*

1 calabaza de unos 30 cm de largo
3 cucharadas de aceite de oliva
1 cebolla finamente troceada
225 g de tomates pelados y troceados (ver página 52)
50 g (¹/₂ taza) de queso de bola maduro, rallado
75 g (¹/₂ taza) de arroz de grano largo
1 cucharadita de tomillo y de mejorana, molidos
condimentar al gusto

Se calienta el horno a 200 grados. Se cortan y se desechan los extremos de la calabaza, y se extrae por el costado una «tapa» en forma de barco. Se sacan las semillas con una cucharada, dejando la pulpa. Se unta una hoja grande de aluminio con mantequilla y se coloca en ella la calabaza. Se calienta el aceite en una sartén en la que se cuecen las cebollas, las setas, los tomates y las hierbas durante 5 minutos. Una vez ablandadas las cebollas y las setas, se añade el condimento, el queso y el arroz. Se rellena la calabaza con esta mezcla. Se coloca encima la tapa y se envuelve la calabaza con la hoja de aluminio. Se pone en una bandeja de horno y se cuece durante 50 minutos. Se saca la calabaza del papel de aluminio con cuidado y se deja reposar unos minutos antes de cortarla en rodajas.

Cebollas rellenas ⑳

Las cebollas cocidas suelen tener un fuerte sabor dulce, de manera que conviene preparar un relleno de sabor penetrante para contrarrestarlo. Se sirven con una ensalada de invierno con col, zanahorias, manzana y apio, bien troceados.

4 cebollas grandes
2 cucharadas de aceite de oliva
2 zanahorias de tamaño medio, ralladas
50 g (¹/₂ taza) de garbanzos cocidos y partidos (ver página 51)
1 cucharadita de alcaravea y de cilantro
condimentar al gusto
3 cucharadas de queso gruyère rallado

Se pelan las cebollas y se retiran los centros, conservando intacto el exterior, de 1 cm de grosor. Se trocea bien la cebolla retirada y se cuecen las cebollas que se van a rellenar a fuego lento en un poco de agua con sal, durante 3 minutos. Se escurren con delicadeza. Se calienta el aceite en una sartén y se añaden la cebolla troceada, las zanahorias, los garbanzos y el condimento. Se tapa y se cuece a fuego lento de 8 a 10 minutos. Se calienta el horno a 200 grados. Se rellenan las cebollas con la mezcla de la hortaliza y se espolvorea con un poco de queso. Se ponen en un molde de hornear untado con mantequilla y se cuecen durante 20 minutos.

Raíces rellenas ③ V C

Este plato es un excelente tentempié o
acompañamiento para un plato principal. Se
eligen patatas, chirivías, nabos o boniatos de
tamaño mediano, cortando las hortalizas más
grandes en varios trozos de no menos de 8 cm de
grueso. Todas las hortalizas se preparan de la
misma manera. Se corta un surco de unos 5 cm
de hondo en vertical y se saca la pulpa, dejando
una cáscara de más o menos 1 cm (si no utiliza
la pulpa para el relleno, se puede usar en sopas o
caldos). Se hierven las cáscaras en un poco de
agua con sal hasta que queden tiernas.
Se escurren y se rellenan, tapando con papel
encerado, untado con mantequilla, y se ponen en
el horno calentado a 200 grados, durante unos
10 minutos. Los rellenos que aquí se describen
están previstos para 4-6 hortalizas.

Relleno 1:
2 cucharadas de aceite de maíz
2 cm de raíz fresca de jengibre finamente troceada
3 dientes de ajo picados
una guindilla partida
1 cucharadita de cúrcuma, de semilla de mostaza y de fenogreco
2 pimientos rojos
3 cebollas
la pulpa de la hortaliza que se vaya a rellenar
sal marina

Se calienta el aceite y se fríen brevemente el jengibre, el ajo, las
guindillas y las especias. Se añaden los pimientos, las cebollas y la
pulpa de la hortaliza. Se remueve y se tapa. Se cuece a fuego lento
hasta formar un puré espeso. Se condimenta y se sirve.

Relleno 2:
500 g de hojas de espinacas lavadas
pulpa de la hortaliza troceada
50 g ($^1/_2$ taza) de queso parmesano rallado
50 g ($^1/_2$ taza) de queso gruyère rallado
75 g ($^3/_4$ taza) de almendras partidas tostadas (ver página 56)
condimentar al gusto

Se cuecen las espinacas con la pulpa de la hortaliza a fuego
lento hasta que se ablande. Se escurre bien y se trocea. Mientras
esté caliente, se añaden los quesos, las almendras y el condimento.
Se sirve de inmediato.

Relleno 3:
2 cucharadas de aceite de oliva
1 cucharadita de orégano seco
500 g de tomates pelados y troceados (ver página 52)
1 cucharada de salsa de tomate
100 g (1 taza) de queso de bola maduro y rallado
condimentar al gusto
100 g (1 taza) de nueces, una mitad troceada y la otra molida
un poco de pan rallado

Se calienta el aceite, y se cuecen los tomates y el orégano a
fuego lento durante 5 minutos. Se añade la salsa de tomate. Se
retira del fuego y se vierte el queso, el condimento y las nueces. Se
rellenan las hortalizas, que se espolvorean con el pan rallado antes
de meterlas en el horno.

Estofados

La mayoría de las recetas de este apartado se componen de legumbres combinadas con diversas hortalizas. En todo el mundo hay una inmensa variedad de platos. Mi selección abarca desde la aromática cazuela de judías picantes hasta el más espectacular estofado de boniato con chirivías.

Las legumbres citadas en las listas de ingredientes son todas secas, y la mayoría deben quedar en remojo en agua fría durante toda la noche, o dejarse en agua hirviendo durante una hora antes de la cocción (ver página 51). Se pueden cocer las legumbres más pequeñas, como las lentejas, sin dejarlas en remojo. Sin embargo, no les hará ningún daño ponerlas en el agua y, además, reducirá el tiempo de cocción y la cantidad de agua que absorben. Estos platos se cuecen a fuego lento para que absorban bien todos los sabores. No se añade nunca la sal antes de probar el sabor, al final, pues endurece las legumbres y éstas no se cuecen lo suficiente.

Estofado arco iris ⑮ Ⓥ Ⓟ Ⓒ

El zumo de naranja y las rodajas de manzana añadidas al final de la cocción dan el toque especial a este estofado de legumbres y hortalizas y lo convierten en un refrescante plato principal. Se sirve con una ensalada verde fresca.

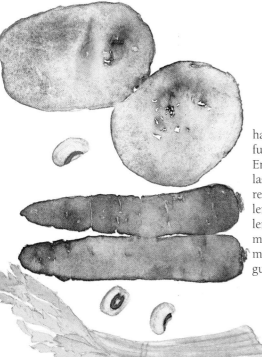

100 g (½ taza) de judías en remojo (ver página 51)
75 g (½ taza) de lentejas amarillas en remojo (ver página 51)
3 cucharadas de aceite de oliva
1 cucharada de orégano seco
2 cebollas en rodajas
5 dientes de ajo cortados en tiras
225 g de patatas, de zanahorias y de nabo, cortados en cubitos
1 bulbo de apio
2 manzanas para cocer
300 ml (1¼ tazas) de zumo de naranja
condimentar al gusto
aderezo de perejil picado

Se escurren las judías y se cuecen en abundante agua fresca hasta que hiervan. Se vierten las lentejas y el caldo, y se cuece a fuego lento durante una hora o hasta que las judías estén tiernas. Entretanto, se calienta el aceite de oliva y se añaden el orégano, las cebollas, el ajo y el resto de las hortalizas. Sin dejar de remover, se cuece a fuego lento durante 10 minutos. Se añaden las lentejas en su caldo, removiendo bien, y se dejan cocer a fuego lento otros 10 minutos. Se deshuesan y cortan en rodajas las manzanas. Se vierte el zumo de naranja en el estofado y las manzanas. Se deja a fuego lento 5 minutos más. Se condimenta al gusto. Se espolvorea con el perejil y se sirve.

Cazuela de alubias picante ⑤ Ⓥ Ⓟ Ⓒ

El placer de esta cazuela se encuentra en su infinita variabilidad. Es sorprendente ver cómo se adaptan los distintos tipos de judías a una amplia gama de sabores. Se sirve con un molde de lechuga y huevos (ver página 162) para un sabroso plato principal.

Variaciones

● *Para esta cazuela se pueden usar muchos tipos de judías: experimente con judías verdes, judías lima, judías de azuki.*

Se usan siempre los mismos ingredientes, sustituyendo los tomates, la salsa de tomate y el pimentón, por lo siguiente:

● *1 colinabo pequeño, troceado, 300 ml (1 1/4 tazas) de zumo de naranja y unas semillas de alcaravea ligeramente tostadas.*

● *Se suprime el pimentón y se añaden 2 cucharadas de manteca de cacahuete y 1 cucharada de salsa de tomate. Estos sabores combinan mejor con las judías de a vara.*

● *Se agrega 1 cucharadita de cada: raíz fresca de jengibre machacada, cúrcuma, clavo, comino y cilantro con un trozo de canela en rama, 2 vainas de cardamomo verde y 2 granos de pimienta negra.*

175 g (1 taza) de judías rojas, en remojo (ver página 51)
3 cucharadas de aceite de oliva
1 cucharadita de comino, de cilantro, de fenogreco, de cúrcuma y de asafétida
2 dientes de ajo machacados
2 cebollas en rodajas
2 pimientos rojos en tiras
2 guindillas
500 g de tomate pelados y troceados (ver página 52)
1 cucharada de pimentón
2 cucharadas de salsa de tomate
condimentar al gusto

Se escurren las judías y se hierven en agua fresca a fuego muy fuerte durante 10 minutos. Se cuela y se deja a un lado. Se calienta el aceite en una cazuela, a la que se añaden las especias, el ajo, las cebollas, los pimientos y las guindillas. Se cuece durante 3 o 4 minutos. Se añaden las judías y se cubren con 5 cm de agua. Se cuecen a fuego lento 30 minutos o hasta que las judías estén recién tiernas (ver página 52) y, a continuación, se agregan los tomates y se cuecen 30 minutos más. Finalmente se añade el pimentón, la salsa de tomate y el condimento.

Almortas ⑤ Ⓟ Ⓒ

Este es un famoso plato que se puede comprar ya preparado como tentempié en los chiringuitos de las calles en Egipto. Tradicionalmente se prepara como entremés, pero combina bien con los Huevos florentinos (ver página 143) y con platos preparados con col o puerros.

225 g (1 taza) de almortas en remojo (ver página 51)
4 huevos duros
3 dientes de ajo machacados
8 cucharadas de aceite de oliva
un buen puñado de perejil picado
zumo de 2 limones
condimentar al gusto

Se escurren bien las judías y se cuecen en abundante agua hirviendo durante una hora y media, o hasta que estén tiernas. Se cuelan bien. Se pelan y trinchan los huevos, que se añaden a las almortas con el resto de los ingredientes, sin dejar de remover.

Hoppin' John ⑳ Ⓥ Ⓟ Ⓒ

Este plato procede del sur de Estados Unidos y se prepara tradicionalmente en la víspera de año nuevo. Se suele preparar con beicon, pero yo lo he sustituido por algas nori, que tienen un sabor propio muy particular.

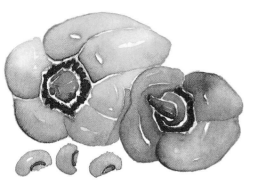

150 g (²/₃ taza) de judías de a vara en remojo (ver página 51)
3 cucharadas de aceite de oliva
5 dientes de ajo machacados
2 cebollas grandes en rodajas finas
1 pimiento rojo en rodajas finas
1 pimiento verde en rodajas finas
135 g (²/₃ tazas) de arroz integral
2 láminas de alga nori cortada en pequeños trozos (con tijeras)
1,2 litros de caldo vegetal (ver página 110)
condimentar al gusto
un buen puñado de perejil picado

Se escurren las judías. Se calienta el aceite en una cazuela y se añaden las cebollas, el ajo machacado y los pimientos. Se cuece a fuego lento hasta que empiecen a ablandarse, y a continuación se añaden las judías, el arroz y el nori. Se remueve bien y se cuece un par de minutos más. Se vierte el caldo y se cuece hasta que hierva. Se tapa y se cuece a fuego lento durante 45 minutos, o hasta que las judías y el arroz estén tiernos. Se deja destapado 5 minutos más si ha quedado demasiado líquido. Se condimenta bien y se agrega el perejil.

Estofado picante de boniato con chirivías ⑮ Ⓥ Ⓒ

Existen dos tipos de boniatos —uno que tiene la pulpa de color crema y el otro de color naranja—. Este último tiene un color precioso, y es particularmenete atractivo en platos picantes o al curry. Procure no cocerlos demasiado; se cuecen más rápidamente que las patatas y no deberían ablandarse demasiado, cosa que sucede con suma facilidad. Esta receta es propia de las Antillas. Se come con arroz integral o cuzcuz, acompañada de varios otros platos picantes.

120 ml (¹/₂ taza) de aceite de girasol o de maíz
1 cucharada de semillas de mostaza
1 cucharadita de macís
2 guindillas verdes, troceadas
5 dientes de ajo machacados
25 g de raíz fresca de jengibre en rodajas
1 cucharada de garam masala (ver página 42)
2 cebollas en rodajas
225 g de boniatos pelados y troceados
225 g de chirivías peladas y troceadas
500 g de tomates, pelados y troceados (ver página 52)
4 cucharadas de zumo de limón
condimentar al gusto

Se calienta el aceite en una olla grande y se fríen la mostaza y el macís hasta que las semillas exploten. Se baja el fuego y se añaden los chiles, el ajo, el jengibre, el garam masala y la cebolla. Se fríe brevemente a fuego lento, procurando no quemar las especias. Se añaden los boniatos y las chirivías y se remueve bien. Se cuece hasta alcanzar el punto de ebullición. Se tapa y se deja cocer a fuego lento unos minutos. Se añaden los tomates y el zumo de limón. Se vuelve a remover, y se deja a fuego lento otros 15 minutos. Se prueba y se condimenta.

Currys

Existen dos tipos de curry. En el curry seco, las especias están molidas y cocidas en mantequilla clarificada (ver pág. 37) o aceite. Las hortalizas absorben los sabores, y en la última fase de la cocción, se quita la tapa, se sube el fuego, y se cuecen las hortalizas hasta que queden crujientes y se haya evaporado la salsa. Si se le agrega yogur, se formará una cuajada de curry seca.

La otra manera de preparar el curry comprende una buena cantidad de salsa, espesada con harina de garbanzo o aceite de coco, que aporta un toque sabroso y delicioso. Recuerde que el aceite de coco contiene mucha grasa saturada, por lo que conviene utilizarlo juiciosamente.

Tal vez sean las especias los ingredientes más importantes de los currys; se pueden usar enteras, molidas y formando una pasta (ver página 42).

Aquí surge la cuestión de lo picante que debe quedar el curry. El grado de picante se puede controlar muy fácilmente regulando la cantidad de pimientos de chile o de Cayena que se añadan. (Ver página 64 para notas sobre los distintos tipos de chile y el grado de picante que aportan.) Lo más picante son las guindillas secas. Si desea un curry muy picante, se trocean los chiles verdes y se añaden las semillas. Dos o tres guindillas verdes en un plato para seis personas lo harán muy picante. Se puede preparar un curry algo menos picante con la misma cantidad de pimentones secos sin partir ni machacar. Para elaborar un curry suave se usan los chiles desechando las semillas. El jengibre es otro elemento importante del curry. Aporta un toque picante con un sabor muy particular. Independiente del grado de picante que desea que aporten sus currys, conviene añadir las especias frescas con cuidado, puesto que nunca se puede saber del todo la intensidad de un picante y, una vez hecho, será difícil de corregir.

Patatas picantes al horno   P C

Este curry seco es un clásico que resulta muy bien como acompañamiento de los currys en salsa, como el mattar panir y las judías mungo al curry.

4 patatas grandes peladas
2 cucharadas de aceite
5 hojas de laurel machacadas
1 cucharadita de cúrcuma, de pimiento de chile en polvo
y de garam masala (ver página 42)
$\frac{1}{2}$ cucharadita de azúcar moreno
5 dientes de ajo machacados
condimentar al gusto
300 ml (1$\frac{1}{4}$ tazas) de yogur casero
un puñado de hojas de cilantro picadas

Se calienta el horno a 200 grados. Se hierven las patatas enteras durante unos 12 minutos. Entretanto, se calienta el aceite y se fríen las hojas de laurel y demás especias y, a continuación, se añaden, removiendo, el azúcar y el ajo. Se agrega el condimento y el yogur, y se mezcla bien. Se escurren las patatas, se pinchan por todas partes con un tenedor y se rebozan en la pasta del yogur, procurando que queden bien recubiertas. Se ponen en el horno en una fuente durante unos 30 minutos, y se espolvorean encima las hojas de cilantro, justo antes de servir.

Judías mungo al curry ⑤ Ⓥ Ⓒ

Las recetas de platos de judías picantes son infinitas. Se puede usar cualquier tipo de judía y cualquier combinación de especias. Encontrar una que guste es cuestión de ensayo. Ésta es una de mis favoritas. Se come con tarta de patata con menta y una ensalada de frutas (ver páginas 125 y 177).

150 g (²/₃ taza) de judías mungo
2 cucharadas de aceite oliva
1 cucharada de curry en polvo (ver página 42)
2 cucharaditas de garam masala (ver página 42)
zumo y la cáscara de una lima
300 ml (1¼ tazas) de caldo vegetal (ver página 110)
condimentar a gusto
2 cucharadas de hojas de cilantro picadas

Se hierven las judías mungo durante 20-30 minutos hasta que estén tiernas. Se escurren bien. Se calienta el aceite en una cazuela y se cuecen brevemente las especias del curry, hasta que los sabores se desprendan en el aceite. Se añaden el jugo y las ralladuras de la lima y luego las judías. Se remueve bien durante 2 minutos, y se añaden el caldo y el condimento. Se cuece 5 minutos, a fuego lento y, justo antes de servir, se ponen las hojas de cilantro.

Curry de quingombó y patatas al jengibre ㉕ Ⓥ Ⓒ

Este curry se prepara con especias enteras y resulta particularmente sabroso. Se lavan las quingombós y se recortan un poco por el tallo. Si se abre el interior, se derrama el jugo de la hortaliza, bastante viscoso, lo que para algunos es desagradable. Se sirve con trigo sarraceno, salsiki, patatas picantes al horno y una ensalada de frutas (ver páginas 190, 154 y 120).

500 g de quingombós frescos
500 de patatas
150 ml (²/₃ taza) de aceite de oliva
2 cebollas en rodajas
5 dientes de ajo en rodajas
¹/₂ cucharadita de cilantro, de comino y de nuez moscada, molidos
1 cucharada de semilla de mostaza y de fenogreco, molidos
50 g de raíz de jengibre rallado
condimentar al gusto
1 cucharada de semillas de sésamo asadas (ver página 56)

Se lavan y recortan las quingombós. Se pelan las patatas, y se cortan en cubitos. Se calienta el aceite en una olla y se añaden las hortalizas con las cebollas, el ajo, las especias y el jengibre. Se remueve bien y se cuece a fuego fuerte durante 2 o 3 minutos. A continuación, se baja el fuego, se tapa y se deja cocer a fuego lento o hasta que se cueza la patata. Finalmente, se añade el condimento y se espolvorea con semillas de sésamo.

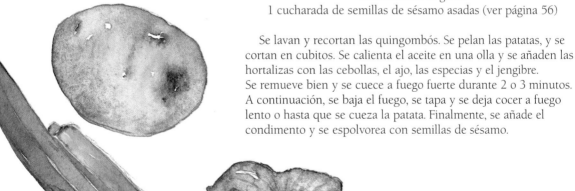

Cuajada de curry ⑩ C

Este plato, excelente y moderadamente picante, transforma totalmente una variedad de raíces vegetales. Busque el contraste tanto en los colores como en las texturas. No se ponga nervioso con la cantidad de raíz fresca de jengibre que añada. Una vez cocida, la raíz tiene un sabor maravilloso. Se sirve con arroz basmati, salsiki y una variedad de encurtidos (ver página 190 y 195).

Variación

● Para este curry, se puede utilizar cualquier tipo de hortaliza. Pruebe con nabos tiernos, chirivías, boniato o cualquier otra hortaliza, incluso con berenjenas, calabacines o judías verdes.

1½ cucharadas de mantequilla clarificada (*ghee*) vegetal o aceite de maíz
3 cm de raíz de jengibre pelada y cortada en rodajas finas
1 cucharadita de semillas de mostaza negra
2 cucharadas de semillas de amapolas
2 cucharadas de cúrcuma molida
250 g de zanahorias, de patatas y de apio
2 cebollas grandes en rodajas
2 dientes de ajo picados
un poco de sal marina
2 clavos
6 granos de pimienta negra
2 cucharada de semillas de cilantro, molidas
1 cucharada de zumo de limón
150 ml (⅔ taza) de yogur natural
un puñado de hojas de cilantro troceadas
una pizca de garam masala (ver página 42)

Se calienta el ghee o el aceite y se fríen el jengibre, la mostaza y las semillas de amapolas con la cúrcuma. Se lavan bien las hortalizas, se cortan en pequeños trozos y se fríen en la mezcla de las especias a fuego moderado durante 10 minutos, removiendo bien. Se añaden las cebollas, el ajo y la sal y se cuece otros 5 minutos. Se calienta el horno a 180 grados. Se agregan las restantes especias, se adereza con el zumo de limón y se vierte el yogur. Se tapa y se pone en el horno durante 45 minutos. Deberá absorber todo el jugo, y el yogur formará una deliciosa capa crujiente. Se espolvorea el curry encima con las hojas de cilantro y el garam masala, y se adereza con una rodaja de limón o de lima.

Mattar panir ⑮ P C

Este plato es típico del Punjab, y forma parte de la cocina vegetariana india. El panir es un queso fresco elaborado de forma parecida al ricotta (ver página 55), pero también se puede sustituir con tofu. Se sirve como un curry junto con otros, o se sirve como almuerzo ligero acompañado de patatas picantes al horno (ver página 154).

500 g de guisantes sin cáscara
aceite de maíz o de girasol
1 cebolla grande picada
5 dientes de ajos en rodajas
25 g de raíz de jengibre pelada y cortada en rodajas
1 cucharadita de cilantro, de comino y de cúrcuma
½ cucharadita de pimiento de chile en polvo y de asafétida
225 g (2 tazas) de queso panir o ricotta (ver página 55)
sal marina

Se hierven los guisantes hasta que queden tiernos, se escurren y se guardan. Se fríen la cebolla, el ajo, el jengibre y las especias en el aceite hasta que se ablande la cebolla. Se vierte el panir y se fríe brevemente. Luego se agregan los guisantes y la sal. Se remueve y se fríe durante 3 minutos más. Se adereza con tomates y cebollas tiernas, ambos troceados.

Curry verde seco ⑮ V P C

En los platos al curry solemos olvidar las hortalizas de hoja verde. Experimente con ellas y prepárelas como guarnición acompañadas de otro curry, un arroz sencillo y chutney dulce. Este plato es moderadamente picante.

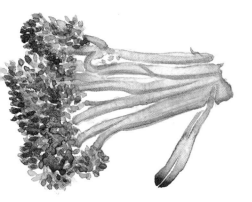

400 g de espinaca o brécol
225 g de patatas en cubitos
Especias aromáticas molidas:
1 cucharadita de semillas de comino
2 cucharaditas de semillas de cilantro
2 cucharaditas de cúrcuma
sal, clavo, nuez moscada y canela en rama, al gusto
Segunda sazonada:
1½ cucharada de mantequilla clarificada o aceite
2 cebollas grandes en rodajas
2 dientes de ajos machacados
2 guindillas secas, pequeñas
2 cardamomos negros y 10 granos de pimienta negra

Se hierven las hortalizas en agua con sal durante 20 minutos. Se escurren, se espolvorean con las especias aromáticas, se tapan y se agitan bien. Se deja de 10 a 15 minutos. Entretanto, se fríen las cebollas en aceite con la segunda sazonada hasta que queden crujientes. Se añaden las hortalizas con las especias y se fríen un minuto a fuego fuerte sin dejar de remover.

Curry al horno con especias enteras ⑮ V C

Las setas y las patatas son una excelente combinación preparadas al curry. En esta receta, cocidas en el horno, las setas pierden un poco de su líquido, que sazona la salsa picante. Las patatas absorben las especias y también un poco del sabor de las setas. Se comen con arroz integral o cuzcuz, salsiki, bhaji de cebolla y chutney de limón (ver página 123, 190 y 136).

Variación

● *Se prepara una masa pegajosa con harina y agua con la que se untan los bordes de la cazuela. Una vez cocida, se endurecerá y habrá que retirarla al final de la cocción.*

3 cucharadas de aceite de maíz
500 g de champiñones silvestres lavados y cortados en rodajas
225 g de patatas peladas y cortadas en cubitos
2 cucharaditas de cúrcuma
2 cm de raíz de jengibre machacada
3 dientes de ajo (opcional)
2 cebollas grandes y 1 pimiento rojo grande, cortados en rodajas
2 cucharaditas de comino, de cilantro y de semillas de mostaza, clavo, canela en rama y granos de pimienta negra al gusto
3 cardamomos verdes partidos
1-3 guindillas rojas y secas, partidas
sal y zumo de limón al gusto

Se calienta el aceite en una cazuela grande. Se vierten las setas, las patatas, la cúrcuma, el jengibre y el ajo. Se fríe durante 5 minutos, sin dejar de remover. Se baja el fuego y se cuece a fuego lento durante 4 o 5 minutos. Se retira del fuego y se cubren las hortalizas con las cebollas y el pimiento. Se calienta el horno a 180 grados. Se espolvorea con el comino, el cilantro, la mostaza, el clavo, la canela y los granos de pimienta. Se añaden los últimos 4 ingredientes. Se tapa, se agita enérgicamente y se hornea 1 hora.

Platos al Horno

Esta sección comprende los gratinados, moldes y terrinas al horno. Los gratinados son hortalizas mezcladas con nata o queso y cocidas en el horno, o que reciben el punto final en la gratinadora.

Los moldes son combinaciones de hortalizas envueltas en hojas, cocidas en fuentes de suflé o de molde al baño María. Antes de retirarlos del molde, se dejan reposar un poco. Se puede usar cualquier tipo de hoja para envolver un molde —espinaca, col, lechuga, verduras chinas, col de apio, acelgas y hojas de parra—. Los moldes son mucho más fáciles de cocinar de lo que parece, y se cuentan entre los platos principales más hermosos. En moldes individuales, son una forma deliciosa de empezar una comida.

Las terrinas son, en realidad, moldes con una textura más consistente que un puré o una pasta. Pero también pueden ser una combinación de ambas y, en efecto, así suele ser. Las terrinas son sumamente atractivas, y distribuidas en porciones en una fuente son muy hermosas. Los patés descritos en las páginas 138-140 se pueden convertir en terrinas, añadiendo pequeños trozos de hortaliza cocida a medida que se llena la terrina.

Las terrinas elaboradas en capas son estéticamente muy hermosas, especialmente cuando las capas son de diferentes colores y se añaden elementos decorativos. Pero conviene no excederse demasiado. Una terrina de más de 3 colores ofrecerá un aspecto vulgar.

Las terrinas se dejan enfriar en la nevera y se cortan y sirven con una salsa fría o mayonesa (ver página 192 y 129). También se pueden servir con purés a base de nata o de yogur, que se deslíen hasta alcanzar la consistencia deseada con un poco más de nata o de yogur. No conviene utilizar salsas a base de roux (pasta especiada de mantequilla y harina, típica de Lousiana).

Desde el advenimiento de la *nouvelle cuisine* se ha puesto de moda servir la terrina en porciones individuales encima de la salsa. Puede que quede muy hermoso, pero tal vez prefiera cortar la terrina en la mesa y dejar que sus invitados se sirvan ellos mismos la salsa.

Gratinado dauphinois ⑤ P C

Se debe cocer en un horno, lentamente, para evitar que la nata cuaje, y para permitir que las patatas absorban todo el sabor.

Variaciones

Lionesas gratinadas. *Se omite la nuez moscada y se añaden 225 g de cebollas, cortados en rodajas muy finas, ablandadas en dos cucharadas de mantequilla. Se mezclan las cebollas con las patatas y se procede como antes.*

Gratinado de Saboya. *Se mezclan 100 g (1 taza) de queso gruyère, finamente rallado, con las patatas.*

Gratinado de las Arnedas. *Se omite la nuez moscada y se añade una cucharada de bayas de enebro poco molidas y 4 cucharadas de queso parmesano rallado. Se mezcla con la patata y se hace las capas como antes.*

700 g de patatas peladas
25 g (2 cucharadas) de mantequilla
1 cucharadita de nuez moscada en polvo
condimentar al gusto
600 ml (2$\frac{1}{2}$ tazas) de nata ligera

Se calienta el horno a 170 grados. Se cortan las patatas en rodajas muy finas y se dejan en agua fría durante una hora para eliminar el almidón. Se escurren en agua fría y se secan bien. Con un poco de mantequilla se engrasa una fuente de gratinar. Se disponen en ellas las patatas en capas, espolvoreándolas con un poco de nuez moscada, sal y pimienta a medida que avanza. Se vierte la mitad de la nata cuando la fuente está medio llena y, a continuación, se acaban de disponer las capas del resto de las patatas, se condimenta y se vierte el resto de la nata hasta que la fuente esté llena. Se pone en una fuente de horno untada con un poco de mantequilla y se hornea a fuego lento durante 2$\frac{1}{2}$ horas, o hasta que la superficie esté dorada.

*El cremoso puré de apio-nabo elaborado en capas
con puré de zanahoria y albaricoque hace que la
terrina rosa sea tan vistosa como exquisita. Se sirve
con salsa verde (ver página 163 y 191).*

159

Calabacines gratinados ⑳ P C

Otro plato clásico francés recogido de la cocina de los campesinos. En los gratinados, a veces, se mezclan las hortalizas con arroz, huevos y queso, y se omite la nata. Las siguientes tres recetas muestran los distintos métodos.

6 cucharadas de aceite de oliva
700 g de calabacines cortados en rodajas finas
2 cebollas, en rodajas finas
3 dientes de ajo machacados
50 g ($^1/_3$ taza) de arroz
3 huevos batidos
50 g ($^1/_2$ taza) de queso parmesano rallado
condimentar al gusto

Se calienta el horno a 200 grados. Se caliente el aceite en una sarten y se cuecen los calabacines y las cebollas con el ajo hasta que estén blandos. Entretanto, se hierve el arroz hasta que esté tierno, y luego se cuela y escurre con agua caliente. Se mezcla el arroz con las hortalizas y los demás ingredientes y se cuece en el horno durante 10 o 12 minutos, o hasta que se doren y hayan cuajado los huevos.

Endibias gratinadas ⑩ P C

A mucha gente no se le ocurre cocer las endibias de Bruselas, pero a mí me encantan cocidas. Su sabor es totalmente distinto de cuando se comen crudas.

3 bulbos de endibias
2 huevos batidos
300 ml (1$^1/_4$ tazas) de nata ligera
50 g ($^1/_2$ taza) de queso gruyère, rallado finamente
condimentar al gusto

Se calienta el horno a 200 grados. Se cortan los bulbos de endibia en cuatro trozos y se escaldan durante un minuto. Se lavan, escurren y disponen en una fuente de gratinar untada con mantequilla. Se mezclan los huevos con la nata, el queso y el condimento, y se vierten encima de las endibias. Se cuece en el horno durante 20 minutos.

Espinacas gratinadas ⑮ P C

Este plato es originario del sur de Francia cerca de la frontera con Italia, y de ahí la presencia del queso parmesano.

50 g (4 cucharadas) de mantequilla
400 g de hojas de espinacas
300 ml (1$^1/_4$ tazas) de nata ligera
2 huevos batidos
50 g ($^1/_2$ taza) de queso parmesano rallado
condimentar al gusto

Se calienta el horno a 200 grados. Se derrite la mantequilla en una sartén y se añaden las hojas de espinacas. Se tapa y se cuece a fuego moderado hasta que las espinacas se reduzcan a una tercera parte de su volumen original, y se corta en trozos desiguales. Se añaden los demás ingredientes, se vierte en una fuente de gratinar untada con mantequilla y se hornea durante 10 o 12 minutos, o hasta que se doren y cuajen los huevos.

Gratinado de calabaza, jengibre y patata ⑮ P C

El color ámbar de la calabaza salpicado de trocitos de jengibre hace que este hermoso plato tenga un aspecto particularmente apetitoso.

Variación

● Se vierte la mezcla en una calabaza hueca escaldada durante unos 5 minutos y bien escurrida. Se envuelve en papel de aluminio y se pone 45 minutos en el horno, calentado a 180 grados.

6 cucharadas de aceite de oliva
1 cebolla de tamaño mediano troceada
1 diente de ajo machacado
25 g de raíz de jengibre pelada y rallada
1 cucharadita de comino molido
6 cardamomos verdes machacados
675 g de patatas, cortadas en cubitos y hervidas 10-15 minutos
zumo de medio limón
300 ml (1¼ tazas) de yogur griego (ver página 45)
sal marina al gusto
aderezo de cilantro fresco picado

Se calienta el aceite y se cuece la cebolla hasta que quede blanda y transparente con el ajo, el jengibre y las especias. Se añaden la calabaza y las patatas y se cuece hasta que estén ligeramente doradas y crujientes. Se vierten el zumo de limón, el yogur y el condimento, y se calienta bien. Se vacía la mezcla en la fuente y se gratina hasta que la superficie esté bien crujiente. Se espolvorea el cilantro encima.

Moussaka verde ㉕ P C

A diferencia de la moussaka tradicional, que tiende a ser un poco pesada por la carne que contiene, este plato es ligero y mucho más saludable. También la berenjena resulta más apetecible de esta manera, ya que no queda distorsionada por los jugos de la carne.

3 berenjenas cortadas en rodajas de 5 mm
500 g de espinacas lavadas y escurridas
500 g de calabacines, en rodajas
2 huevos batidos
harina para el rebozado
aceite de maíz para freír
250 g de tofu troceado
300 ml (1¼ tazas) de salsa de perejil (ver página 191)
300 ml (1¼ tazas) de salsa de queso (ver página 191)

Se salan las berenjenas (ver página 52). Entretanto, se cuecen las espinacas con los calabacines a fuego lento durante 8-10 minutos. Se escurre bien. Se mojan las rodajas de berenjena en el huevo batido, se pasan por la harina, y se fríen en el aceite hasta que quede crujiente. Se calienta el horno a 200 grados. Se unta una fuente de hornear con mantequilla. Se disponen la mitad de las rodajas de berenjena en el fondo, se cubre con las espinacas y los calabacines y se espolvorea con tofu. Se prepara la salsa de perejil y se vierte encima de las verduras y el tofu. Se disponen las demás rodajas de berenjena encima de la salsa. Se prepara la salsa de queso y se vierte encima. Se pone en el horno durante 25 minutos.

Moldes de lechuga con huevo ㉕ Ⓟ

Para esta receta se necesita una lechuga de hojas tersas, pero tal vez haga falta desechar las partes más duras después de escaldarla a fin de disponer las hojas en el molde. Se sirve caliente o frío con una mayonesa o salsa (ver páginas 129 y 191) como entremés o almuerzo ligero. Esta receta está prevista para 6 personas.

Variación

● Para crear un efecto bonito, se rellenan los moldes individuales con una capa fina de queso ricotta. Se pone una bola de paté de nueces con champiñones en el centro, se rodea de paté de zanahoria y albaricoque, y se dispone otra capa de ricotta. Se hornea como antes.

10 hojas de lechuga larga o romana
225 g (1 taza) de queso ricotta (ver página 55)
condimentar al gusto
1 huevo por persona
100 g (1 taza) de queso parmesano recién rallado
1 cucharada de nata por persona

Se untan los moldes individuales con mantequilla. Se escaldan las hojas de lechuga en agua hirviendo durante un minuto y se secan con delicadeza. Se disponen las hojas ya frías en los moldes de manera que cubran el fondo y los lados, y desborden el molde. Se calienta el horno a 200 grados. Se echa una cucharada de ricotta en cada molde y se condimenta bien. Se añade un huevo a cada uno, se cubre con 1 cucharada de parmesano, y se vierte la nata. Se envuelve con las hojas de lechuga, se ponen los moldes al baño María (ver página 53) y se cuecen durante 20 minutos. Se dejan reposar 5 minutos antes de retirarlos de los moldes.

Moldes de nueces y col ㉕ Ⓟ Ⓒ

Una conjunción perfecta de sabores cuando se envuelve en una elegante col. Se sirve con salsa de berenjenas y pimientos (ver página 193).

1 col de tamaño mediano
175 g de chirivías peladas y cortadas en rodajas
175 g (1½ tazas) de nueces picadas
225 g (1 taza) de requesón o cuajada
100 g (½ taza) de quark, puré de requesón o yogur natural
1 huevo grande, duro y troceado
25 g (¼ taza) de queso parmesano rallado
condimentar al gusto

Se lava la col y se desechan las hojas exteriores. Se sumerge en una olla de agua hirviendo, se escalda durante 2 minutos y se cuela bien. Se hierven las chirivías hasta que se ablanden y se trocean. Se mezclan bien con los demás ingredientes. Se calienta el horno a 200 grados. Se abren las hojas exteriores creando huecos para el relleno. A continuación, con un cuchillo pequeño afilado, se retiran las hojas del centro de la col con mucho cuidado, procurando no dañar la base. Se rellena el centro y las hojas exteriores con la mezcla de las chirivías. Se envuelve la col en papel de aluminio para cocerlo al horno durante 45 minutos, o hasta que la col parezca estar tierna al insertar un pincho y el relleno esté firme.

Terrina verde ㊺ P

Un plato de atractivos matices y buen sabor que necesita ir acompañado con una salsa suave y cremosa. Pruebe con cualquiera de las citadas en la página 193, y sírvalo con una ensalada fresca.

675 g de hojas de espinacas lavadas y escurridas
25 g (2 cucharadas) de mantequilla
1 calabacín
2 huevos
50 g (¹/₂ taza) de queso gruyere rallado
50 g (¹/₄ taza) de queso ricotta (ver página 55)
3 cucharadas de quark o puré de requesón
condimentar al gusto
300 ml (1¹/₄ tazas) de puré de col y cilantro (ver página 138)

Se cuecen las hojas de espinaca en la mantequilla a fuego lento hasta que se ablanden. Se trocean y se deja enfriar. Extrayendo la pulpa, se forma un canal a lo largo del calabacín. Se hierve 3-4 minutos en un poco de agua con sal. Se cuela y se deja enfriar. Se corta en forma de ruedas dentadas de 5 mm. Se hace un puré con las espinacas y su jugo, y se añaden los huevos, los quesos y el condimento. Se calienta el horno a 200 grados. Se unta una terrina con abundante mantequilla, en la que se vierte 1 cm de puré de col y cilantro. En él se colocan algunas ruedecitas de calabacín, bien espaciadas, haciendo el dibujo que desee. Se cubre con una capa de puré de espinaca, y luego otra de col y cilantro. Se dispone unos trozos de calabacín en distintos lugares. Se pueden hacer hasta seis capas en total. Se tapa con papel encerado y se cuece al baño María (ver página 53) durante 40-45 minutos. Se deja reposar la terrina 10 minutos antes de retirarla del molde. Se pone en la nevera 2-3 horas.

Terrina rosa ㊺ C

Un plato de colores alegres con matices de crema y melocotón. Se sirve como entremés con mayonesa (ver página 129), o se come con verduras cocidas al vapor como plato principal.

Variación

● *Se coloca una lámina de alga nori entre las diferentes capas de la terrina. Aparte de su buen sabor, sirve para definir los distintos colores.*

2 o 3 apio-nabos, pelados y troceados
1 pimiento rojo pelado (ver página 52)
2 huevos
25 g (2 cucharadas) de mantequilla
75 g (³/₄ taza) de queso de bola seco rallado
300 g (1¹/₄ tazas) de quark o puré de requesón
300 ml (1¹/₄ tazas) de puré de zanahoria y de albaricoque
(ver página 139)

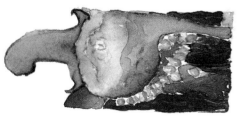

Se cuecen los apio-nabos al vapor hasta que estén tiernos. Se corta la pulpa del pimiento en forma de pequeños diamantes. Se hace un puré con los apio-nabos y los huevos, la mantequilla, los quesos y el condimento. Se unta una terrina con mantequilla y se vierten en él 2 cm de puré de apio-nabo. Se echan unos trozos de pimiento, y se cubre con el puré de zanahoria. Se alternan los purés y el dibujo de los trozos de pimiento. Se tapa y se cuece.

Pasta

Italia consume más pasta que ningún otro país del mundo y es la nación que más se asocia con ella. Sin embargo los chinos, que son sus inventores, han comido pasta durante siglos y también se prepara y come en España, Grecia, Oriente Medio, el norte de África y Estados Unidos. Hoy en día se puede comprar pasta elaborada con trigo integral y trigo sarraceno, y la pasta tradicional se encuentra de distintos colores, según los ingredientes utilizados para prepararla. Existen muchas variedades en una diversidad de formas y tamaños desconcertante.

Con las láminas de pasta se pueden hacer capas con prácticamente todas las salsas de hortalizas, cubriéndolas con una salsa de queso y cociéndolas al horno. El fideo más ordinario se tranforma totalmente con una salsa elaborada con hierbas frescas y, entre todas, tal vez la más sublime sea la salsa de albahaca. Pero también merece la pena experimentar con salsas preparadas con algas marinas, como en los espagueti nori.

La pasta es uno de los alimentos más versátiles que se han creado, y se presta a ser recalentada con éxito, de manera que nunca se pierde nada. Las mezclas que los restaurantes presentan como croquetas, rollos, tartas o bolas están preparadas, casi siempre, con las sobras. Si la comida no tiene más de un día, pueden quedar bien y suelen ser más deliciosos que el plato original. Debo reconocer que cualquier cosa que lleve el nombre de croqueta o rollo me suele arruinar el apetito. Por eso he experimentado con diversas combinaciones y creo que las que se incluyen en esta sección son ligeras y de sabor agradable.

Espaguetis nori ⑤ P

Ésta es una buena alternativa a la salsa carbonara. Se puede usar un vegetal marino como el nori en lugar de jamón o beicon. El sabor de la sal y los minerales del nori aporta un toque sabroso a la pasta, y es el alga más versátil y fácil de cocer. Este plato es altamente nutritivo en proteínas, vitaminas y minerales. Está pensado para cuatro personas como almuerzo ligero o entremés, y para dos como sustancioso plato principal.

225 g de espaguetis de trigo sarraceno
4 láminas de nori
3 cucharadas de salsa de soja
3 huevos batidos
50 g (4 cucharadas) de mantequilla
100 g de setas cortadas en rodajas finas
un buen puñado de perejil picado
condimentar al gusto

Se cuecen los espaguetis en abundante agua hirviendo con sal (ver página 49). Entretanto, se cortan dos láminas de nori en tiras y se cuecen a fuego lento en la salsa de soja y el agua, durante 3 minutos. Se añade el nori y su jugo a los huevos batidos. Se cuelan con cuidado los espaguetis. Se derrite la mantequilla en una sartén grande y se cuecen las setas hasta que estén blandas. Se vierte un poco de la mezcla del huevo seguida de la pasta. Se remueve bien, se retira del fuego y se añade el resto de la mezcla del huevo con casi todo el perejil y el condimento. Se remueve bien para que los huevos se cuezan con el calor de los espaguetis. Se echa en una fuente para servir. Se pone el resto del nori en la plancha hasta que saque burbujas y quede parcialmente verde. Se desmenuza encima de los espaguetis con el perejil y se sirve de inmediato.

Lasaña verde

Esta lasaña es mi preferida, que suelo preparar por mi cumpleaños, aprovechando la cosecha de guisantes de verano. La receta está prevista para 10 o 12 personas y es ideal para una gran comida festiva.

900 g de hojas de espinacas
900 g de guisantes frescos sin vaina
450 g de calabacines cortados en rodajas
300 ml (1¼ tazas) de nata líquida
12 o 14 láminas de lasaña hervidas y escurridas (ver página 49)
225 g (2 tazas) de queso parmesano rallado
225 g (2 tazas) de queso gruyère rallado
pimienta negra recién molida
225 g (2 tazas) de queso de bola maduro rallado
300 ml (1¼ tazas) de salsa bechamel (ver página 191)

Se calienta el horno a 200 grados. Se trocean y cuecen las espinacas sin agua a fuego muy lento durante unos 5 minutos. Se escurren y se reserva el líquido para la salsa de queso. Se hierven los guisantes y encima se cuecen los calabacines al vapor. Se añaden los calabacines a las espinacas. Se hace un puré líquido batiendo los guisantes con la nata. Se unta con mantequilla una fuente de hornear poco honda, y se cubren el fondo y los lados con lasaña. Se agrega la mitad del parmesano y de gruyère a la mezcla de las espinacas, se remueve bien y se vierte encima de la lasaña. A continuación, se echa el puré de guisantes y se condimenta con la pimienta negra. No hará falta agregarle sal debido al queso parmesano. Se coloca encima otra capa de lasaña. Se prepara una salsa bechamel y se añaden el queso y el caldo de las espinacas que ha sobrado. Se deja enfriar, y se vierte encima de la pasta. Se pone en el horno durante 30 minutos, o hasta que se dore la superficie.

Rigatoni al horno

Los rigatoni son grandes tubos con canalillos que se usan en platos al horno. Es una pasta agradable porque se puede servir con mucha salsa, que se colará por dentro de los tubos y también por fuera.

1 coliflor de tamaño mediano
500 g de puerros
50 g (4 cucharadas) de mantequilla
25 g (2 cucharadas) de harina blanca común
500 ml (1¼ tazas) de leche
condimentar al gusto
150 g de rigatoni hervidos y colados (ver página 49)
100 g (1 taza) de queso gruyère rallado
300 ml (1¼ tazas) de nata ligera

Se calienta el horno a 200 grados. Se corta la coliflor en ramitos, se hierve durante 4 o 5 minutos y se cuela bien. Se recortan los puerros en trozos de 2 cm. Se derrite la mantequilla en una olla y se añaden los puerros; se cuece durante 10 minutos a fuego lento. Se echa la harina y se añade la leche y el condimento. Se unta con mantequilla una fuente de hornear y se dispone la coliflor y los rigatoni en el fondo. Se espolvorea con el queso y se remueve bien, añadiendo la salsa de puerros. Se vierte la nata encima y se hornea durante 20 minutos.

Canelones alla funghi trapanese ㉚ Ⓟ Ⓒ

Para esta receta es preferible utilizar láminas de canelones o pequeñas láminas de lasaña.

8-10 láminas de canelones hervidas y escurridas (ver página 49)
Para el relleno:
450 g de setas
3 cucharadas de aceite de oliva
3 dientes de ajo machacados
500 g de tomates pelados y troceados (ver página 52)
1 cucharada de mejorana molida
1 cucharada de fécula de patata
condimentar al gusto
Para la salsa:
1 cucharada de aceite de nuez
300 g (1¼ tazas) de queso ricotta (ver página 55)
condimentar al gusto

Se calienta el horno a 200 grados. Se cortan las setas en rodajas finas, se calienta el aceite de oliva y se fríen el ajo y las setas. Al cabo de unos minutos, se añaden los tomates, la mejorana, la fécula y el condimento. Se cuece aún durante 8 o 10 minutos hasta que se evapore una tercera parte del líquido. Pruébelo y corrija el condimento. Se unta con abundante mantequilla una fuente de hornear grande y poco honda. Se pone un poco de relleno en cada canelón, que se enrolla y coloca en la fuente. Se mezclan todos los ingredientes para la salsa y se vierten sobre los canelones. Se cuece en el horno durante 15 minutos.

Ñoquis de patatas ⑳ Ⓟ Ⓒ

Se trata de bolitas de patata que se escaldan lentamente antes de comer. Los cocineros italianos insisten en la necesidad de usar patatas consistentes para esta receta para evitar que se deshagan los ñoqui cuando se escalden. También conviene hacer el puré de patatas a mano, pues quedará demasiado pegajoso si usa un robot de cocina. Esta receta está prevista para 6 personas, como entremés. Se sirve con una ensalada fresca y con cualquier salsa de pasta (ver página 192).

900 g de patatas
1 huevo
1 cucharadita de sal marina
200 g (1¾) de harina blanca común

Se cuecen las patatas y se prepara un puré. Se añaden el huevo, la sal y casi toda la harina. La mezcla deberá ser blanda, suave y apenas pegajosa. Se amasa durante 5 minutos. Se moldea la mezcla en rollos de un diámetro de 2 cm y se corta en trozos de 1,5 cm. A fin de absorber bien la salsa, se pincha con un tenedor o paleta de mantequilla dejando muescas en los ñoqui (ver página 57). Se vierten unas dos docenas de ñoqui en una olla grande de agua hirviendo ligeramente salada, y se cuecen durante treinta segundos, o hasta que suban a la superficie. Se cuelan y se echan en una fuente caliente. Se espolvorea con queso parmesano y se sirve.

Croquetas de nueces y trigo sarraceno ㉟ P C

El trigo sarraceno es bueno para hacer estas croquetas. Si la experiencia le ha demostrado que las mezclas con nueces son indigestas, pruebe con ésta y se sorprenderá. Está prevista para 5 croquetas grandes, suficiente para 4 personas en un almuerzo ligero. Sírvalas con salsa de tomate y salsa romesco (ver páginas 192 y 246).

225 g (2 tazas) de trigo sarraceno cocido
100 g (1 taza) abundante de nueces partidas
4 dientes de ajo machacados
2 cucharaditas de orégano
1 huevo batido
condimentar al gusto
pan rallado de trigo sarraceno tostado (ver página 48)
aceite de maíz o girasol para freír

Se mezclan los seis primeros ingredientes. Se moldean las croquetas y se rebozan en el pan rallado. Se guardan en la nevera 30 minutos, y se fríen en un poco de aceite a fuego moderado hasta que quedan crujientes y doradas.

Croquetas de patatas con arroz ㉕ P C

Esta receta es la más sencilla de todas, y resulta excelente con un estofado o curry picantes (ver páginas 151 y 154). Las croquetas se pueden sazonar con cualquier especia o hierba, pero lo mejor para la patata y el arroz son las hierbas frescas.

450 g de patatas cocidas y en puré
225 g (1¼ tazas) de arroz cocido
un buen puñado de perejil picado
condimentar al gusto
1 huevo batido
semillas de sésamo tostadas para el rebozado (ver página 56)
aceite de maíz para freír

Se mezclan bien los cinco primeros ingredientes. Se dejan reposar una hora. Se moldean en forma de croqueta, se pasan por el rebozado y se fríen en 1 cm de aceite hasta que queden doradas y crujientes.

Croquetas de lenteja, zanahoria y nueces ㉚ P C

Esta creación es deliciosa, ya que el exterior es crujiente y el interior suave. Las croquetas son más fáciles de freír si, después de moldeadas, se dejan en la nevera 30 minutos. Se sirven con una salsa de tomate (ver página 192).

75 g (½ taza) de lentejas naranjas en remojo (ver página 51)
225 g de zanahorias lavadas y en rodajas
1 cucharadita de cilantro, de fenogreco y de cúrcuma, molidos
condimentar al gusto
75 g (¾ taza) de avellanas picadas
1 huevo batido
1 clara de huevo
pan rallado y semillas de sésamo tostadas (ver página 56)
aceite de maíz para freír

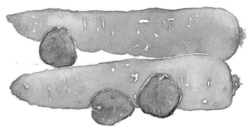

Se hierven las lentejas con las zanahorias durante 30 minutos. Se cuelan cuidadosamente. Se añaden las especias y el condimento. Se hace un puré con la mezcla de las lentejas, se vierte en un cuenco y se vierten las nueces y el huevo batido. Se remueve bien y se deja en la nevera 30 minutos. Se moldea la mezcla en unos diez rollos, que se mojan en la clara de huevo, y se rebozan. Se fríe hasta que queden crujientes y doradas.

Bolitas de pasta italiana ⓴ Ⓟ

Estas bolitas son excelentes y se preparan con sobras de pasta. Son mucho más ligeras de lo que parecen, y deberían servirse con la salsa de berenjenas y pimientos, salsa de tomate o salsa verde.

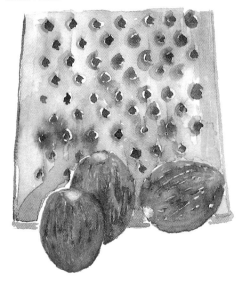

100 g de tagliatelli verdes secos
450 de hojas de espinacas
100 g (½ taza) de queso ricotta (ver página 55)
50 g (½ taza) de queso gruyère rallado
50 g (½ taza) de queso parmesano rallado
2 cucharadas de nata
una pizca de nuez moscada
2 huevos
condimentar al gusto
pan rallado de trigo integral para el rebozado (ver página 48)
aceite de maíz para freír

Se cuecen los tagliatelli en abundante agua hirviendo salada hasta que queden blandos. Se cuelan. Se cuece la espinaca en una sartén a fuego muy lento hasta que se haya reducido a un tercio. Se escurre. Se combina la pasta con la espinaca y con la mezcla se hace un puré espeso. Se añaden los demás ingredientes, salvo uno de los huevos y el pan rallado. Se remueve bien. Se echa la mezcla en un cuenco y se deja en la nevera una hora. Se bate el otro huevo. Se moldea la pasta fría en bolitas, se moja en el huevo y se pasa por el pan rallado. Se deja en la nevera durante 30 minutos más, y se fríe en poco aceite.

Falafel ⑩ Ⓟ Ⓒ

En Oriente Medio existen puestos de venta de falafel donde se sirven estas deliciosas bolas hechas de garbanzos envueltos en pan de pita árabe. Se comen con distintos encurtidos de berenjenas, calabacines y cebollas. En Egipto se las conoce como «ta'amia», y se preparan con judías. Se pueden servir con una salsa o ensalada.

225 g (⅓ tazas) de garbanzos en remojo (ver página 51)
½ cucharadita de levadura seca activa (ver página 41)
2 cebollas grandes, picadas o ralladas
5 dientes de ajo machacados
2 cucharaditas de cilantro, de hinojo, de comino y de alcaravea, molidos
2 huevos batidos
condimentar al gusto
aceite de maíz para freír

Se escurren los garbanzos, se hierven en agua fresca a fuego fuerte durante 10 minutos, y se dejan a fuego lento unas 2 horas, o hasta que estén tiernos. Se cuelan y se baten hasta formar una pasta. Se vierten en un cuenco grande, se añaden los demás ingredientes y se remueve bien. Se tapa y deja reposar en un lugar caliente durante una hora. Se moldea en bolas pequeñas y se fríe en abundante o poco aceite hasta que quede crujiente y dorado.

Budín de setas y alcachofas ㉕ P C

El ligerísimo hojaldre de este budín no tiene nada que ver con la indigesta variante que algunos recordarán de su niñez. Las setas secas tienen un sabor muy penetrante que en este budín es aprovechado al máximo, de modo que, cuando se corta el hojaldre, los aromas resultan sumamente apetitosos.

50 g de setas secas
1 cebolla picada
225 g de fondos de alcachofa escurridos y troceados
3 calabacines en rodajas
un puñado de perejil picado
Para el hojaldre:
100 g de manteca vegetal hidrogenada (ver página 37)
175 g (1 ½ tazas) de harina blanca común
1 cucharadita de sal
1 cucharada de agua
Para la salsa:
25 g (2 cucharadas) de mantequilla
1 cucharada de fécula de patata
2 cucharadas de salsa de soja
150 ml (⅔ taza) de vino blanco seco

Se cubren las setas con agua fría y se dejan en remojo durante 5 horas. Se cuelan y se guarda el agua. Se mezclan a mano todos los ingredientes para el hojaldre. Se extiende finamente el hojaldre y se usan ⅔ partes de un molde de budín o para cocer al vapor, de 1,7 litros. Se mezclan ligeramente las hortalizas y el perejil y se echa en el hojaldre del molde. Se prepara un roux con la mantequilla y la harina (ver página 191), se vierte el líquido de las setas con la salsa de soja y el vino, y se remueve hasta formar una salsa suave. Se echan las verduras. Se extiende el hojaldre restante y se coloca encima del molde del budín. Se cubre con papel de aluminio y se ata con un cordel. Se cuece al vapor en una olla tapada durante 2 horas (ver página 200).

Budín blanco escocés ⑩ P C

Se puede cortar en rodajas y freír en aceite para el desayuno, o servir con la salsa de tomate y olivas negras (ver página 192).

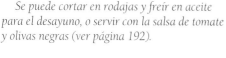

225 g (⅓ taza) de avena escocesa
100 g (⅔ taza) de manteca vegetal hidrogenada (ver página 37)
2 cebollas grandes cortadas en rodajas finas
1 huevo
2 cucharaditas de salvia molida
1 cucharadita de tomillo molido
condimentar al gusto

Se tuesta la avena en una sartén seca y se dora ligeramente. Se echa en un cuenco grande y se añaden los demás ingredientes. Se coloca en un paño blanco, bien atado. Se hierve agua y se vierte en el budín. Se deja cocer a fuego lento durante 1½ hora. Se deja enfriar, se saca del paño y se corta en rodajas. Se fríe en aceite de oliva y se sirve.

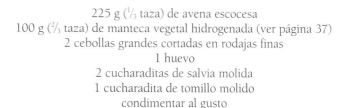

Arroces y Cereales

El alimento más antiguo del hombre son las semillas secas de distintas hierbas. La semilla almacena la energía de la futura planta, y por su tamaño y facilidad de conservación es una de las fuentes nutritivas más ricas que conocemos.

La ciencia agrícola y la tecnología moderna han mejorado y perfeccionado el cultivo de numerosos cereales. En este momento se está produciendo una «revolución verde» en la que las cosechas de cereales tienen la capacidad de producir un tercio más, o incluso el doble de las cosechas de hace 50 años. La tragedia es, no obstante, que aún no podemos alimentar a todas las personas que sufren hambre. Se cultiva el cereal suficiente para dar a cada persona 1 kilo diario, pero la mitad de los cereales cultivados en todo el mundo se los queda Occidente para cebar al ganado y a los animales de cría intensiva para el consumo de carne. La otra tercera parte de la mitad restante también se la queda Occidente para su propio consumo.

Todos los cereales producen harina, y la que se usa más comúnmente es la harina de trigo. Las personas que padecen alergia al gluten, y especialmente al gluten de trigo, deben experimentar con otras harinas. Son igualmente nutritivas y suelen ser más sabrosas que la harina de trigo (ver página 85).

En el capítulo 1 aprendimos que deberíamos incorporar más cereales a nuestra dieta, y hay muchas variedades de las que elegir: el trigo sarraceno, el bulgur, el mijo y el cuzcuz son algunas. Preparados en lugar del arroz blanco, su sabor y su valor nutritivo es mayor. El mijo y el cuzcuz tienen un sabor ligeramente anuezado, que se puede potenciar añadiendo frutos secos picados. Se pueden usar las sobras para otros platos, como las croquetas, de modo que no importa si se preparan en cantidades abundantes. También se pueden añadir los cereales a las sopas, estofados y rellenos como espesantes. En esta sección, incluyo 2 recetas de pilaf, pero lo cierto es que se puede trocear cualquier hortaliza y hierba y añadirla a los cereales. Los arroces y cereales aportan elementos nutritivos y sabor, por lo que no hay que asustarse a la hora de experimentar.

Risotto de Valtelina P C

Existen muchas variantes del risotto italiano, pero siempre debería prepararse con un arroz de grano mediano. El risotto debe quedar húmedo, graneado y al dente. Los italianos suelen utilizar arroz de grano corto, y lo cuecen a la perfección, a fuego muy lento, removiendo con frecuencia para evitar que se pegue. En cambio, yo preparo el risotto en el horno, y siempre uso arroz de grano largo, porque pienso que es más fácil para este arroz mantenerse tierno y al dente a la vez. Esta receta proviene de la Lombardía.

75 g (6 cucharadas) de mantequilla
2 cucharadas de aceite de oliva
150 g (1 ½ taza) de habas sin vaina
1 col de tamaño mediano cortada en tiras finas
275 g (1 ½ tazas) de arroz de grano largo
2 cucharaditas de salvia picada
condimentar al gusto
900 ml (3 ¾ tazas) de caldo vegetal (ver página 110)
50 g (½ taza) de queso parmesano recién rallado

Se calienta el horno a 200 grados. Se derrite la mitad de la mantequilla con el aceite en una cazuela, y se añaden la col y el arroz. Se remueve bien y se espolvorea con la salvia y el condimento. A continuación, se vierte el caldo y se cuece a fuego lento un minuto antes de tapar la cazuela y ponerla en el horno 20 minutos. Se retira del horno y se añade el queso. Se corrige el condimento antes de añadir el resto de la mantequilla y se sirve.

*El arroz silvestre a la campesina es una combinación
sabrosísima de champiñones silvestres, salteados en
mantequilla y servidos en un lecho de arroz silvestre
(ver página 173).*

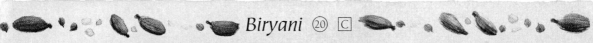

Biryani ⑳ C

Estos platos, creados por los cocineros de los emperadores mongoles en la India, eran sumamente complicados en sus inicios, pues se elaboraban en numerosas capas sazonadas de forma distinta. El arroz se cuece parcialmente antes de componer el plato, y luego se introduce en el horno. Receta para 8 personas.

3 cucharadas de aceite de maíz
1 cebolla grande y 5 dientes de ajo picados
1 trozo de raíz de jengibre de 5 cm cortada en rodajas
zumo de 1 limón
225 g de setas lavadas
225 g de espinacas, de chirivías y de colinabo, troceados
1 bulbo de apio troceado
sal marina
Primeros condimentos:
3 cardamomos verdes
1 cucharadita de comino, de cilantro, de fenogreco y de asafétida
$\frac{1}{2}$ cucharadita de pimiento de chile en polvo

Arroz:
450 g (2 $\frac{1}{2}$ tazas) de arroz de basmati
2 cucharadas de leche
$\frac{1}{4}$ de cucharadita de azafrán
aceite de maíz para freír
1 cebolla troceada
150 ml ($\frac{2}{3}$ taza) de caldo vegetal (ver página 110).
Segundos condimentos:
3 cardamomos verdes y 3 clavos enteros
1 trozo de corteza de casia de 2 cm
un poco de nuez moscada y 3 hojas de laurel
Aderezo:
2 cucharadas de pasas y de almendras picadas

Caliente el horno a 180 grados. Se pone el aceite al fuego, y se fríen la cebolla, el ajo, el jengibre y las primeras especias. Se vierte el zumo de limón, las hortalizas y la sal. Se deja tapado a fuego lento 30 minutos. Entretanto, se hierve el arroz en agua salada durante 5 minutos. Se cuela y se deja a un lado. Se calienta la leche y se añade el azafrán. Se calienta un poco de aceite y se fríe la cebolla, se vierten la leche, el azafrán y el caldo. Se añade el arroz, se calienta y se vuelve a colar, guardando el líquido. Se pone la mitad del arroz en una fuente de hornear. Se espolvorea con el segundo condimento. Se cubre con las hortalizas y luego con el arroz restante. Se vierte el caldo. Se cuece en el horno durante 45 minutos.

Pilaf de mijo de Persia ⑩ V P C

Un plato clásico de Oriente Medio. El mijo tiene un agradable sabor anuezado, y por eso combina bien con cualquier otro plato elaborado con frutos secos. Pruébelo acompañado de una terrina preparada en capas (ver página 159).

4 cucharadas de aceite de oliva
3 dientes de ajo machacados
150 g ($\frac{3}{4}$ taza) de mijo
4 calabacines en rodajas finas
2 cebollas en rodajas finas
2 pimientos verdes sin semillas y cortados en tiras
50 g ($\frac{1}{2}$ taza) de almendras tostadas y picadas
3 cucharadas de menta picada
zumo y ralladuras de 1 limón
condimentar al gusto

Se calienta la mitad del aceite en una olla grande y se añaden el ajo y el mijo. Se cubre con agua hirviendo y se cuece a fuego lento 20 minutos. Entretanto, se calienta el resto del aceite en otra olla y se añaden las hortalizas. Se tapa y cuece a fuego lento hasta que se ablande. Una vez cocido el mijo, se echan las hortalizas y los demás ingredientes. Se remueve bien y se sirve.

Pilaf de trigo sarraceno ⑩ Ⓥ Ⓒ

El trigo sarraceno o alforfón es muy ligero, y cuando se prepara salteado, como en esta receta, es delicioso. Se come con una ensalada fresca o con cualquiera de los platos al curry (ver páginas 154-157).

100 g (1 taza) de trigo sarraceno triturado grueso
100 g de maíz dulce
2 cucharadas de aceite de sésamo tostado
3 dientes de ajo machacados
450 g de tomates pelados y troceados (ver página 52)
un manojo de cebollas tiernas troceadas
condimentar al gusto

Se pone el trigo sarraceno en una sartén, se cubre con agua hirviendo y se cuece a fuego lento 5 minutos. Se mantienen enteros los granos de maíz, pero se rebanan los mayores. Se calienta el aceite y se fríe el ajo. Se añaden las hortalizas y se saltean durante 2 minutos. Se cuela el trigo sarraceno y se vierte en la sartén. Se saltea brevemente, se condimenta y se sirve.

Arroz al azafrán ⑤

Aunque el azafrán es caro, sólo hace falta una pizca para darle color y sabor a un plato. No sirven los sustitutos, pues el color de este arroz es oro de 24 quilates. Se sirve con currys o estofados de alubias (ver páginas 151-157).

Variación

● *Para darle cuerpo a un arroz corriente, se fríen lentamente 2 cebollas picadas, 3 dientes de ajo machacados y 2 guindillas verdes sin semillas, hasta que estén blandos. Se añade 1 cucharada de semillas de comino y de cilantro molidas. Se fríe brevemente, y se agrega, removiendo, al arroz.*

2 cucharadas de leche
una buena pizca de azafrán
600 ml (2 ½ taza) de agua
condimentar al gusto
225 g (1 ¼ taza) de arroz de grano largo
aderezo de frutos secos y pasas

Se calienta la leche y se vierte el azafrán, dejándolo reposar 20 minutos. Se hierve el agua con el condimento, y luego se añaden el arroz y la leche con azafrán. Se deja a fuego lento de 7 a 10 minutos, hasta que se cueza bien el arroz y se absorba el agua. Se pone en una fuente y se adereza con los frutos secos y las pasas.

Arroz silvestre a la campesina ⑮ Ⓟ Ⓒ

Si desea estimular el paladar y seducir la vista, este plato es perfecto. Sírvalo para una ocasión especial con una ensalada verde fresca.

225 g (1 ½ tazas) de arroz silvestre
450 g de setas varias
25 g (2 cucharadas) de mantequilla
2 cucharadas de aceite de girasol
100 g de chalotes pelados y picados (ver página 52)
2 cucharadas de salsa de soja
hojas frescas de estragón
pimienta negra recién molida al gusto

Se cuece el arroz (ver página 50). Entretanto, se preparan las setas en rodajas. Se calienta la mantequilla y el aceite y se fríen los chalotes hasta que se ablanden. Se sube el fuego y se añaden. Se echa la salsa de soja. Se retira del fuego, se añade el estragón, y se condimenta.

Tartas Saladas

Preparar un hojaldre de trigo integral es difícil, ya que resulta muy fácil que salga quebradizo e insípido.

El secreto de hacer un hojaldre de trigo integral fresco y desmenuzable consiste en trabajar la pasta con cuidado y agregarle agua con moderación. Es una buena idea añadir zumo de limón en lugar de agua, porque el ácido ascórbico descompone el gluten y aporta una textura más adecuada.

Otra regla de oro que conviene recordar es que el sabor del hojaldre depende de lo buena que sea la manteca. Para conseguir una buena textura, se usa mantequilla y grasa vegetal a partes iguales. La manteca debe usarse directamente salida de la nevera, rayada sobre la harina con un rallador de queso. Resulta mucho más sencillo de este modo que mezclándola con 2 cuchillos, y facilita el proceso de amasar a mano.

Una vez preparados, los hojaldres se benefician mucho de un período de reposo en un ambiente fresco. Si le resulta difícil extenderlo, pruebe a ponerlo entre dos hojas de celofán antes de extenderlo con el rodillo (ver página 48).

En esta sección presento recetas para tres tipos de platos con hojaldre: pasteles, quiche y tartas. El pastel es un hojaldre con verduras cocidas con nata o tofu. No suele estar muy cuajado y debe quedar un poco líquido en el momento de cortarlo. El quiche es un hojaldre con verduras cocidas con todos o algunos de los ingredientes del pastel, además de los huevos. Cuando está cocido, el quiche queda cuajado y ligeramente sólido.

Existen fundamentalmente dos tipos de tarta: en una, la mezcla se tapa simplemente con una capa de hojaldre y, en la otra, el hojaldre cubre también el fondo de la tartera y absorbe los sabores y jugos del relleno. La característica más destacada de una buena tarta es su deliciosa salsa. Las tartas que presento son extraordinariamente sabrosas y pueden prepararse con hojaldre fino o esponjoso.

Hojaldre de trigo integral ⑤ P C

Uno de los secretos para hacer un hojaldre con éxito es mantener fríos los ingredientes, los utensilios y las manos. Esta receta está prevista para un molde de 23 cm de diámetro y unos 2 cm de hondo.

Variaciones
Pruebe las alternativas siguientes en lugar de la harina integral:
Hojaldre de avena. Se mezclan 100 g (1 taza abundante) de avena con 100 g (1 taza) de trigo integral.
Hojaldre de queso. Se mezclan 50 g (½ taza) de queso seco finamente rallado con la grasa de la receta original del hojaldre.
Hojaldre dulce. Se prepara con harina integral y harina refinada sin blanquear a partes iguales. Se mezcla con ¼ cucharadita de sal, 150 g (⅔ taza) de mantequilla sin sal, 2 cucharadas de miel clara y 1 cucharada de agua helada, si es preciso.

225 g (2 taza) de harina integral
½ cucharadita de sal marina
50 g (4 cucharadas) de mantequilla sin sal
50 g (4 cucharadas) de manteca vegetal hidrogenada
1 cucharada de zumo de limón
1 cucharada de agua fría

Se tamiza la harina y se incorpora el salvado al cuenco. Se agrega la sal y se rallan de inmediato ambas grasas sobre la harina. Se amasa la mezcla con los dedos hasta que quede como un pan rallado fino. A continuación, se añade el zumo de limón y se empieza a hacer la masa. No se ligará a menos que se agregue el agua. Se separa en dos bolas y se pone en la nevera durante una hora antes de usarla.

*¿Qué podría ser más refrescante en un día caluroso
de verano que este pastel frío y glaseado? El relleno es
una mezcla ligera de queso tierno, yogur, pepino y
menta (ver página 176).*

Pastel de pepino con menta ⑳ P C

El aspecto de este pastel es muy atractivo, y su sabor es suave y delicioso. Combina bien con el puré de aguacate (ver página 189). Este pastel, y todas sus variantes, deben servirse a temperatura ambiente, nunca helados. Use un molde de hojaldre de 23 cm.

1 fondo de hojaldre de queso, cocido
en el horno (ver páginas 174 y 48)
1 pepino grande
sal marina
150 g (²/₃ taza) de requesón
75 ml (6 cucharadas) de yogur (ver página 45)
o quark o puré de requesón
1 cucharada de zumo de limón
2 cuchàraditas de agar agar o arrurruz disuelto en
2 cucharadas de agua hirviendo (ver página 40)
un puñado de menta fresca
Para glasear (opcional):
3 cucharadas de mermelada de naranja
1 cucharada de agua
1 cucharada de zumo de limon

Se ralla ¹/₃ del pepino y el resto se corta en rodajas finas. Se coloca en coladores distintos, se añade la sal y se deja reposar una hora para eliminar el exceso de líquido. Entretanto, se mezclan bien los ingredientes restantes. Se escurren las dos partes de pepino y se seca con papel absorbente. Se añade el pepino rallado a la mezcla del requesón y se vierte en el hojaldre. Se aplana la superficie y, encima, se disponen las rodajas de pepino, solapándolas en círculo. Si desea glasear el pastel, se derrite la mermelada en el agua, se agrega el zumo de limón y se cuela en un tamiz fino. Se unta el pepino con el glaseado y se deja reposar. Se adereza con una ramita de menta.

Variaciones

Pastel de berro con cebolla tierna. *En lugar del pepino y la menta, se prepara con 1 manojo de berros y 1 manojo de cebollas tiernas.*

Se trocean finamente los berros y las cebollas, se mezclan con el resto de los ingredientes y se vierten en el hojaldre. Se decora con unas hojas de berro.

Pastel de aguacate con limón. *En lugar del pepino y la menta, se prepara con 2 aguacates maduros, 2-3 cucharadas de salsa allioli (ver página 129) y un poco de perejil.*

Se hace un puré con la pulpa de 1 aguacate y el zumo del limón. Se mezcla el requesón con el yogur y se condimenta bien. Se vierte en el hojaldre y se decora con rodajas del otro aguacate. Se cubre con la salsa y se adereza con perejil.

Pastel de apio y calabacín. *Se prepara con los tallos centrales de 1 bulbo de apio y 225 g de calabacines tiernos, en lugar del pepino y la menta.*

Se rallan los calabacines en un cuenco y se corta el apio muy fino. Se mezcla bien con los demás ingredientes y se vierte en el hojaldre. Se adereza con perejil.

Pastel de patata con menta ⑳

Ésta es otra conjunción afortunada de sabores. Con colirrábano crudo, este delicioso pastel adquiere textura. Es mejor tibio que caliente, y frío resulta excelente.

1 molde de hojaldre cocido
en el horno (ver páginas 174 y 48)
450 g de patatas
1 colirrábano grande
75 g (½ taza escasa) de tofu
150 ml (⅔ taza) de nata ligera
150 ml (⅔ taza) de yogur natural o nata agria semigrasa
condimentar al gusto
un buen puñado de menta

Se pelan y se hierven las patatas durante 15 minutos. Se cuela bien y se corta en rodajas de 2 mm. Se pela y ralla el colirrábano en un cuenco y se mezcla bien con el tofu. Se agregan la nata, el yogur, el condimento y la menta, y se remueve bien. Se calienta el horno a 200 grados. Se dispone la patata en el hojaldre y se aplana la mezcla del colirrábano entre las rodajas de patata, hasta llenar el pastel. Se cuece en el horno durante 20 minutos.

Variaciones

Pastel de raíz vegetal con cebolla. *Se prepara con boniato, chirivía, colinabo o nabo, en lugar de las patatas.*

Apenas se hierve 3 minutos. Se ralla 1 cebolla grande en lugar del colirrábano, y se añaden 2-3 cucharadas de estragón fresco, finamente picado, en lugar de la menta.

Pastel de patata, calabaza y limón. *Se prepara con media calabaza pequeña sin semillas y troceada, en lugar del colirrábano y con 2 limones, en lugar de la menta. Se sirve con setas salteadas y brécol cocido al vapor.*

Se derriten 50 g (4 cucharadas) de mantequilla en una sartén y se fríe la calabaza con las ralladuras de la cáscara de un limón durante 4-5 minutos. Se exprime encima el zumo de un limón y se cuece brevemente. Se mezcla bien con los demás ingredientes. Se extiende sobre las patatas en el hojaldre. Se cuece como anteriormente. Se adereza con el segundo limón, cortado en rodajas finas, y se vuelve a poner en el horno un minuto, hasta que el limón esté caliente.

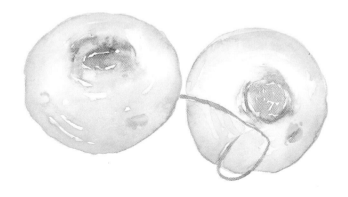

Pastel de puerros con pimienta verde en grano ㉕ Ⓟ

Un pastel de verano deliciosamente ligero con tonos verdes. Servido con una ensalada verde fresca brinda una comida perfecta.

1 molde de hojaldre de trigo integral, cocido
en el horno (ver páginas 174 y 48)
675 g de puerros
50 g (4 cucharadas) de mantequilla
1 cucharadita de pimienta verde en grano
150 g (²⁄₃ taza) de quark o puré de requesón mezclado
con 150 ml (²⁄₃ taza) de leche
condimentar al gusto

Se calienta el horno a 200 grados. Se cortan los puerros a lo largo, se lavan, y se cortan de nuevo en trozos de 5 mm. Se derrite la mantequilla en una sartén y se cuecen los puerros a fuego lento durante 5-7 minutos, o hasta que se ablanden. Se vierten en un cuenco, se agregan los demás ingredientes y se mezcla bien. Se pone en el hojaldre y se cuece al horno durante 15 minutos

Variaciones

Pastel de guisantes frescos y calabacín. *Se omite la mantequilla y se añaden 450 g de guisantes frescos y 250 g de calabacines, en lugar de los puerros y la pimienta en grano.*

Se hierven los guisantes durante 5-10 minutos. Se cortan los calabacines en rodajas y se cuecen al vapor. Se hace un puré con los guisantes, la nata y el condimento, se vierte todo en el hojaldre y se decora con los calabacines.

Pastel de brécol. *Se prepara con 250 g de brécol en lugar de los guisantes.*

Para la variación siga las instrucciones.

Pastel de berro con espárragos. *Se prepara con un manojo de berros y 250 g de espárragos frescos, en lugar de los puerros y de la pimienta.*

Se recortan y cuecen los espárragos al vapor, se cortan las puntas y se reservan. Se trocean los berros y se fríen en la mantequilla durante unos minutos. Se mezclan los espárragos con la nata y el condimento. Se añaden los berros y se cuece como anteriormente. Se adereza con las puntas de los espárragos en los minutos finales de la cocción.

Pastel de setas y pimiento rojo. *En lugar de los puerros, la pimienta y la mantequilla, se añaden 250 g de setas, 1 pimiento rojo sin semillas y 3 cucharadas de aceite.*

Se cortan las setas y el pimiento en rodajas finas y se fríen lentamente en aceite durante unos 8 minutos. Se deja enfriar, se mezcla con la nata y el condimento, y se cuece al horno.

Quiche de tomate con calabaza ㉚ P̄ C̄

*Una deliciosa combinación de sabores
con un hojaldre de avena desmenuzable.*

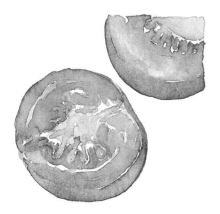

1 molde de hojaldre de avena, cocido
en el horno (ver páginas 174 y 48)
50 g (4 cucharadas) de mantequilla
225 g de pulpa de calabaza cortada en cubitos
500 g de tomates pelados y sin semilla (ver página 52)
1 puñado de hojas de albahaca
3 huevos
300 ml (1 ¼ taza) de nata ligera
50 g (½ taza) de queso gruyère rallado finamente
condimentar al gusto

Se calienta el horno a 200 grados. Se calienta la mantequilla en una sartén y se cuece la calabaza durante 5-6 minutos, hasta que quede crujiente por fuera y blanda en el centro. Se trocea la pulpa de los tomates y se añade a la calabaza. Se pican las hojas de albahaca y se añaden con los demás ingredientes. Se remueve bien y se vierte en el hojaldre. Se cuece en el horno durante 25 minutos.

Variaciones

Quiche de setas con nueces. *Se omiten la calabaza, los tomates, la albahaca y la mitad de la mantequilla y se añaden 225 g de setas, en rodajas y 100 g (1 taza) de nueces recién descascaradas y picadas.*

Se fríen las setas a fuego lento durante unos 8 minutos. Se mezclan las nueces con el resto de los ingredientes y se añaden a las setas. Se cuece en el horno como en la receta anterior.

Quiche de judías con pistachos. *Se omiten la calabaza, los tomates, la albahaca y la mantequilla, y se añaden 450 g de judías frescas sin vaina, 75 g (⅔ taza) de pistachos sin cáscara, y 1 cucharada de ajedrea picada.*

Se hierven las judías hasta que queden blandas (ver página 51). Se dejan enfriar, y se mezclan con la nata, los huevos y la ajedrea. Se pican los pistachos sin tamaño determinado y se añaden al puré con los quesos y el condimento. Se cuece en el horno como anteriormente.

Quiche de apio-nabo. *Se omite la calabaza y la albahaca, y se agregan 225 g de apio-nabo cortado en cubitos y un buen puñado de hojas de apio picadas.*

Se cuece el apio-nabo en la mantequilla durante unos 10 minutos. Se agregan las hojas de apio con los demás ingredientes, se remueve bien y se hornea.

Quiche de espinacas ⑳ P C

Un plato clásico de aspecto apetitoso que resulta delicioso y abundante. Se sirve con una ensalada de tomates con albahaca (ver página 120).

1 molde de hojaldre de trigo integral, cocido
en el horno (ver páginas 174 y 48)
400 g de hojas de espinacas
50 g (4 cucharadas) de mantequilla
3 huevos batidos
50 g ($\frac{1}{4}$ taza) de tofu
150 ml ($\frac{2}{3}$ taza) de nata ligera
25 g ($\frac{1}{4}$ taza) de queso parmesano rallado
25 g ($\frac{1}{4}$ taza) de queso gruyère rallado
condimentar al gusto

Se calienta el horno a 200 grados. Se cuecen las espinacas en la mantequilla hasta que se hayan reducido en una tercera parte. Se trocean con una cuchara de madera, se añaden los demás ingredientes, se mezcla y se vierte en el hojaldre. Se cuece en el horno durante 25 minutos.

Variaciones

Quiche de col con cilantro. *Se prepara con media col verde de tamaño mediano, en lugar de las espinacas.*

Se corta la col en tiras finas y se cuece en la mantequilla con 2 cucharaditas de cilantro molido hasta que se ablande.

Quiche de acelgas. *Se prepara con 450 g de acelgas, en lugar de las espinacas.*

Se cuecen los tallos en un poco de agua hirviendo y se trocean. A continuación, se añaden la mantequilla y las hojas, y se cuece unos 5 minutos.

Quiche de berzas. *Se prepara con 250 g en lugar de las acelgas.*

Se hierve la hoja entera durante 2-3 minutos. Se trocea y se cuece en la mantequilla otros 5 minutos.

Quiche de alcachofas con setas ㉚ C

Este quiche, sabroso y fácil de preparar, merece un lugar permanente en su repertorio culinario.

1 molde de hojaldre de trigo, cocido
en el horno (ver páginas 174 y 48)
25 g (2 cucharadas) de mantequilla
225 g de setas lavadas y cortadas en rodajas
5 fondos de alcachofa
2 huevos batidos
150 ml ($\frac{2}{3}$ taza) de nata agria
50 g ($\frac{1}{2}$ taza) de queso gruyère rallado
un buen puñado de perejil picado

Se calienta el horno a 200 grados. Se derrite la mantequilla y se cuecen las setas hasta que queden tiernas. Se añaden los demás ingredientes, se vierte en el hojaldre y se cuece en el horno 25 minutos.

Tarta picante de patatas y setas ㉚ P C

El relleno, ligeramente condimentado con curry de esta tradicional tarta inglesa, es particularmente agradable. Se parece bastante a una pakora grande (ver pág. 136).

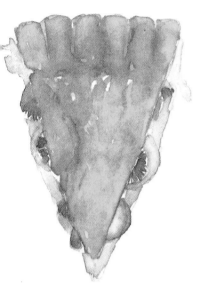

4 cucharadas de aceite de oliva
½ cucharadita de semillas de mostaza, fenogreco, casia, cardamomo, cilantro y cúrcuma enteras
25 g de raíz de jengibre rallada
1 cebolla, cortada en rodajas finas
500 g de patatas peladas y cortadas en cubitos
250 g de setas sin tallo
condimentar al gusto
Para la salsa:
1 cucharadita de harina de kudzu o arrurruz disuelto
en 150 ml (⅔ taza) de caldo o agua
5 cucharadas de salsa de soja
1 cucharada de cilantro fresco, picado
el zumo de 1 limón
75 g de hojaldre fino (ver página 174)
1 huevo batido para el glaseado

Se calienta el aceite de oliva en una olla y se cuecen las especias y el jengibre durante un par de minutos, antes de agregar las cebollas, las patatas, las setas y el condimento. Se tapa la olla y se cuece a fuego lento durante 15 minutos. Se vierte en una tartera. Se calienta el horno a 200 grados. Se prepara la salsa, haciendo hervir la harina, el caldo y la salsa de soja. Una vez espesado, se añade el cilantro y el zumo de limón y se vierte sobre las hortalizas. Se extiende el hojaldre por encima y se glasea con el huevo. Se cuece en el horno de 25 a 30 minutos.

Variación

Tarta agridulce. *En lugar de las cebollas, las patatas y las setas, se prepara con 450 g de chirivías, 450 de chayotes, 75 g (½ taza escasa) de tofu y dos huevos duros, cortados en rodajas. Para la salsa, se mezclan 25 g (2 cucharadas) de harina de guisante partido, 25 g (2 cucharadas) de mantequilla, 6 cucharadas de vinagre de vino blanco, 175 ml (¾ taza) de caldo vegetal (ver página 110) y 1 cucharada de miel.*

Se lavan las chirivías y se cortan en pequeños trozos. Se pelan los chayotes (ver página 52) y se hierve todo con las chirivías, en un poco de agua con sal durante 5 minutos. Se cuela a continuación y se fríe 5 minutos con las especias. Se vierte en una tartera, se cubre con las rodajas de huevo y se desmenuza encima el tofu. Se prepara la salsa y se procede como se indica arriba.

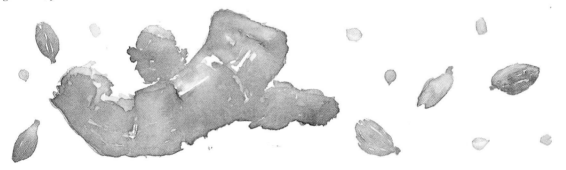

Tarta de alcachofa y aguaturma ⑳ 🅿 🅲

Es agradable combinar la alcachofa con la aguaturma, ya que su sabor es muy parecido, pero son de texturas completamente distintas. Se sirve con una hortaliza verde cocida al vapor o con zanahoria cruda rallada y con zumo de limón.

100 g de hojaldre de trigo integral (ver página 174)
4 fondos de alcachofa grandes
225 g de aguaturma
Para la salsa:
25 g (2 cucharadas) de mantequilla
25 g (2 cucharadas) de fécula de patata
300 ml (1¼ tazas) de vino blanco seco
75 g (¾ taza) de queso gruyère rallado
perejil picado
una pizca de nuez moscada o de macís
2 hojas de laurel
condimentar al gusto

Se cuecen las alcachofas durante 30-40 minutos, se desechan las hojas y el centro, pero se reservan los fondos. Se cortan en cuartos y se colocan en una tartera de 1 litro. Se limpian las aguaturmas, y se cortan sin pelar. Se hierven en un poco de agua con sal durante 8 minutos. Se escurren y se añaden a las alcachofas. Se calienta el horno a 200 grados. Se prepara un roux con la mantequilla y la harina (ver página 191), y a continuación se agregan el vino, el queso, el perejil, el macís, las hojas de laurel y el condimento. Se remueve hasta formar una salsa suave y se vierte justo para cubrir las hortalizas. Se extiende el hojaldre sobre la tarta y se cuece en el horno durante 30 minutos.

Variación

Tarta de hinojo con calabaza. *Se prepara con 2 bulbos de hinojo, 225 g (1½ tazas) de pulpa de calabaza cortada en cubitos, 25 g (2 cucharadas) de mantequilla, y 50 g (¼ taza) de tofu. En la salsa se omite el queso gruyère y se añaden 25 g de raíz tierna de jengibre rallada. Se usa vino blanco seco y caldo vegetal a partes iguales para hacer 300 ml de líquido.*

Se cuece la calabaza en la mantequilla hasta que quede blanda. Se recortan las partes feas del hinojo, se corta en tiras y se hierve en agua con sal durante 5 minutos. Se desmenuza el tofu sobre el hinojo y la calabaza ya colados, y se vierte en una tartera. Para hacer la salsa, se rehoga el jengibre en la mantequilla (ver página 53) y, a continuación, se prepara un roux de la forma habitual (ver página 191).

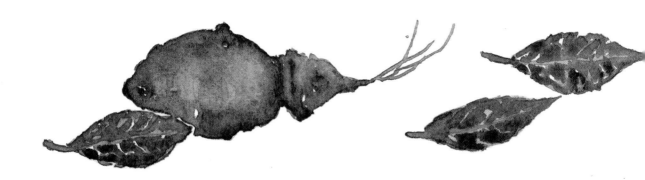

Pizza ⑳ P C

Para que quede buena, la pizza debe preparasse con una masa con levadura. No es difícil y se hincha fácilmente. Hacer la masa con harina blanca común, de trigo integral o con una combinación de ambas, es cuestión de gustos. Creo que las pizzas son sabrosas con cualquier base hecha en casa, pero procure recordar que las que se preparan con harina integral tardan más en fermentar.

Variaciones

● Lo más entretenido de las pizzas es la enorme diversidad de alimentos que se pueden combinar. Es fundamental empezar con una salsa de tomate espesa pero, a partir de aquí, se puede dar rienda suelta a la fantasía: aceitunas, espárragos, piñones, uvas pasas, piña, setas, cebollas, mozzarella, alcaparras, hierbas, ajo, tofu, espinacas, huevos o cualquier cosa que se le ocurra. El ingrediente final es el queso parmesano rallado, generosamente espolvoreado; esto aporta el auténtico sabor de pizza italiana.

La masa:
225 g (2 tazas) de harina blanca común, o de harina integral del 81%, o de harina integral 100%
$^1/_2$ sobre de levadura micronizada (ver página 41)
$^1/_2$ cucharadita de sal marina
2 cucharadas de aceite de oliva
2 cucharadas de leche tibia
1 huevo
2-3 cucharadas de agua tibia

Se mezclan todos los ingredientes, se amasa y, a continuación, se tapa y se deja en un lugar caliente para que fermente. Se unta una bandeja de horno con mantequilla. Con una bola de masa, se extiende con las manos en forma circular sobre la bandeja, y se deja un poco de masa en los extremos para contener el relleno. Se cubre con un paño y se deja reposar 10 minutos antes de agregar el relleno.

El relleno:
1 pimiento verde de tamaño mediano
2 cebollas de tamaño mediano
2 cucharadas de aceite de oliva
1 cucharadita de orégano y de mejorana
5 dientes de ajo machacados
$^1/_2$ cucharadita de sal marina
400-450 g de tomate en lata
2 cucharadas de salsa de tomate
5 tomates frescos
2 cucharadas de alcaparras
12 aceitunas negras deshuesadas

Se cortan las cebollas y el pimiento. Se calienta el aceite de oliva y se fríen las hierbas brevemente. Se agrega el ajo, removiendo, y a continuación se añaden las cebollas, el pimiento y la sal. Se tapa y se deja a fuego lento durante 15 minutos. Luego se añaden los tomates en lata. Se cuece hasta que hierva y se vuelve a cocer a fuego lento durante 45 minutos. La salsa debe quedar espesa. Se agrega la salsa de tomate y se cuece destapado 5 minutos más hasta que la salsa espese y se evapore un poco. Se extiende este relleno sobre la masa, se decora con tomates frescos, alcaparras y olivas. Se deja reposar la pizza unos 10 minutos más. Se calienta el horno a 220 grados y se cuece la pizza durante 15 minutos. Se baja el fuego del horno a 190 grados y se deja 15 minutos más. El relleno no deberá secarse. Procure echarle una mirada a media cocción, y si le parece que se cuece demasiado, cúbralo con papel de aluminio. Si sobra, la pizza se puede recalentar tapada en el horno.

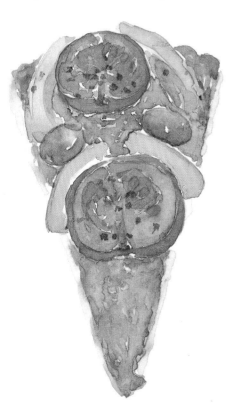

Panqueques ⑤ P C

Esta receta está prevista para 8 panqueques ligeros de estilo inglés (de unos 15 cm de diámetro). Si desea utilizar un relleno dulce, se agrega una cucharadita de azúcar o de miel. Para que el panqueque quede más sabroso y grueso, puede usar otro huevo, 1 cucharadita de levadura en polvo y 1 cucharada de leche desnatada en polvo.

100 g (1 taza) de harina blanca común
100 g (1 taza) de harina integral
$\frac{1}{2}$ cucharadita de sal
2 huevos
300 ml ($1\frac{1}{4}$ tazas) de leche
300 ml ($1\frac{1}{4}$ tazas) de agua
aceite de maíz o de girasol

Se tamizan las harinas, se salan en un cuenco y se añade el salvado del tamiz. Se cascan los huevos dentro y se remueve hasta formar una pasta espesa. Se combinan la leche y el agua y se bate a mano con la pasta hasta formar una masa más líquida. Se deja reposar una hora. A continuación, se vuelve a batir justo antes de usar. Se calienta una cucharadita de aceite en una sartén pequeña, y se distribuye homogéneamente. Se echan 2-3 cucharadas de mezcla, procurando que quede bien distribuida en la sartén. Se cuece rápidamente para evitar que la superficie se seque. Se le da la vuelta y se cuece por el otro lado. Se echa el relleno en el panqueque y se pliega (como un sobre) en cuanto está hecho. Se dispone en una fuente de hornear poco honda untada con mantequilla y se vierte encima un poco de salsa. Se cuece en un horno a 190 grados durante 10 minutos si los panqueques están fríos y 5 minutos si están calientes.

Rellenos

Los rellenos que se describen a continuación están previstos para 8 panqueques. También se pueden usar como relleno de tartas o pasteles. Los que requieren cocción deben prepararse de antemano para que el panqueque relleno no tenga que estar en el horno más de 10 minutos. Si se deja más tiempo, quedará correoso.

Pisto ⑮ V C

Aunque se trata de un estofado vegetal, constituye un relleno maravilloso para los panqueques y permite preparar un entremés abundante servido con quiche o patatas al horno. Caliente es excelente. Si se prepara como puré constituye una buena salsa donde mojar crudités.

1 berenjena cortada en rodajas y salada (ver página 152)
6 cucharadas de aceite de oliva
2 cebollas, en rodajas
3 pimientos verdes sin semillas
3 calabacines, en rodajas
5 dientes de ajo, en rodajas
675 g de tomates pelados y troceados (ver página 52)

Se calienta el aceite en una olla y se fríen las cebollas, los pimientos, los calabacines, el ajo y la berenjena. Se baja el fuego y se deja durante 20 minutos. Se añaden los tomates y el condimento, y se deja a fuego lento 10 minutos más.

Aguacate y pimiento verde ⑩ Ⓒ

Procure recordar que el aguacate se puede calentar pero no cocer. Si desea preparar este relleno con antelación, no añada el aguacate hasta el último momento.

50 g (4 cucharadas) de mantequilla
2 dientes de ajo machacados
1 pimiento verde sin semillas y cortado en tiras
1 cebolla pequeña, en rodajas
1 aguacate maduro pelado, deshuesado y cortado en cubitos
150 ml (²/₃ taza) de nata agria
3 cucharadas de perejil bien picado
condimentar al gusto

Se derrite la mantequilla en una olla, se añaden el ajo, el pimiento y la cebolla. Se cuece a fuego lento unos 10 minutos, o hasta que se ablande. Se vierte en un cuenco y se añade aguacate con los demás ingredientes. Se remueve bien.

Variaciones

Aguacate, puerro y queso de Burgos. *En lugar del pimiento verde, la cebolla, el ajo y el perejil, se añaden 2 o 3 puerros y 75 g de queso de Burgos.*

Se lavan y recortan las partes feas de los puerros, y se trocean en rodajas finas. Se condimenta y se cuecen en la mantequilla derretida hasta ablandarse. Se desmenuza el queso encima, se remueve y se cuece brevemente hasta que el queso empiece a derretirse. Se vierte en un cuenco, se agrega el aguacate y la nata agria y se remueve bien.

Aguacate y nabo. *En lugar de los pimientos verdes, la cebolla y la mantequilla, se agregan 75g de nabos tiernos cocidos y cortados en cubitos, y un manojo de cebollas tiernas recortadas y troceadas.*

Se mezclan todos los ingredientes y se utiliza de inmediato.

Setas con apio ⑩ Ⓟ Ⓒ

25 g (2 cucharadas) de mantequilla
225 g de setas cortadas en rodajas finas
2 apio-nabos pelados y en rodajas
100 g (¹/₂ taza) de quark o puré de requesón o queso ricotta (ver página 55)
25 g (¹/₄ taza) de queso gruyère, rallado
condimentar al gusto

Se derrite la mantequilla en una olla y se cuecen las setas hasta que se ablanden. Se vierten en un cuenco. Se cuecen los apio-nabos al vapor durante unos 15 minutos, y se cortan en cubitos. Se añaden a las setas con los demás ingredientes. Se remueve bien.

Purés y Encurtidos

En ocasiones los purés reciben el nombre de «salsa para picar o mojar». En mi opinión, se trata de un uso desafortunado, ya que sólo indica lo que se le hace al plato en lugar de referirse a lo que contiene. Un puré en el que se moja un tallo de apio o una galleta salada se puede convertir rápidamente en una papilla desagradable y poco apetitosa.

El puré deberá servirse en platos individuales para poderlo comer con tenedor o untado sobre el pan. Un plato de crudités con una variedad de purés es un comienzo noble para cualquier comida, pero deberá invitarse a los comensales a mojar las hortalizas en su propio puré, en lugar de usar un recipiente colectivo.

El puré tiene muchos usos. Puede constituir un relleno interesante para hortalizas y vegetales, pero procure hacerlo consistente. El puré constituye, además, la base de las terrinas elaboradas en capas.

Cuando se usa el puré para otro plato, es importante recordar una cosa. Si debe cocerse, no use un puré con una base de aceite. El aceite tiende a separarse de la mezcla, afeando el plato y arruinando el sabor. Si el puré se elabora con una base láctea, es perfecto para cocer al horno, pues la mantequilla se convierte en agente ligador.

Tapenade ③ Ⓥ Ⓒ

El clásico tapenade contiene anchoas, que aportan un gusto innecesario en mi opinión. Esta receta ofrece todo el sabor que uno pueda desear.
Variación
● *El método es el mismo que para el tapenade, pero se utiliza la mitad del aceite para cocer 225 g de setas. Cuando estén blandas, se hace un puré con la batidora, agregando los demás ingredientes. Compruebe el sabor, antes de añadirle más sal.*

20 aceitunas negras deshuesadas
2 cucharadas de alcaparras
zumo y ralladuras de la cáscara de 1 limón
5 dientes de ajo machacados
150 ml (²/₃ taza) de aceite de oliva
condimentar al gusto

Con la batidora se hace un puré espeso con todos los ingredientes. Agregue la sal con moderación, ya que tanto las aceitunas como las alcaparras ya son de por sí bastante saladas.

Puré de lentejas ⑩ Ⓥ Ⓒ

Este puré queda excelente con cualquier tipo de lentejas, y constituye un alimento básico de la cocina india. Se come con platos al curry, o con un pastel de sabor suave, como el de aguacate con limón (ver página 176).
Variación
● *Si desea preparar un puré más espeso, se coloca en el horno 20 minutos a 180 grados.*

100 g (¹/₂ taza) de lentejas amarillas o anaranjadas (ver página 51)
2 hojas de laurel
1 cucharada de zumo de limón
¹/₂ cucharadita de cilantro molido
una pizca de garam masala (ver página 42)
3 dientes de ajo machacados
150 ml (²/₃ taza) de aceite de oliva

Se cubren las lentejas con agua hirviendo y se cuece a fuego lento durante 20-30 minutos con las hojas de laurel. Cuando estén blandas, se cuela y se retira el laurel. Con la batidora se hace un puré espeso con las lentejas, agregando los demás ingredientes.

Las ciruelas picantes son una variante exquisita del membrillo picante. Constituyen un acompañamiento perfecto para los quesos (ver página 197).

Skordalia ⑳ V

Este puré es para los enamorados del ajo y de Grecia. Tradicionalmente se come con bacalao salado, berenjenas o calabacines fritos. También se sirve como entremés.

2 rebanadas de pan blanco casero
1 diente de ajo, pelado y machacado (ver página 52)
225 g de patatas, peladas y cocidas al vapor o hervidas
zumo de 1 limón
150 ml (⅔ taza) de aceite de oliva
condimentar al gusto

Se humedece el pan con agua. Se añade el ajo a las patatas y se mezcla bien. Se exprime el pan para eliminar toda el agua y se mezcla con las patatas. Se remueve bien y se vierte el zumo del limón. Se coloca todo en un robot de cocina y se licúa a la velocidad más lenta. Se empieza vertiendo el aceite de gota en gota, como se hará para una mayonesa. A medida que la mezcla absorbe el aceite, se vierte en un chorro constante, incrementando la velocidad de la máquina. Se añade el condimento.

Hummus ⑮ V P C

El hummus es uno de los purés vegetales más populares del mundo. El rudo sabor de los garbanzos mezclados con un buen aceite de oliva, ajo y menta constituye un refrescante inicio para una comida. Ésta es la receta clásica del hummus, pero existen muchas variantes.

Variaciones
● Para que la pasta quede más suave, se añaden 150 g (⅔ taza) de requesón, queso cremoso, quark o puré de requesón.
● Para que el hummus quede más ligero, se mezcla una clara de huevo batida a punto de nieve o un poco de mayonesa.

175 g (1 taza) de garbanzos, en remojo (ver página 51)
2 dientes de ajo machacados
zumo y ralladuras de la cáscara de 1 limón
150 ml (⅔ taza) de aceite de oliva
un buen puñado de menta picada
condimentar al gusto

Se hierven los garbanzos en 1,7 litros de agua durante 2 horas, o hasta que estén tiernos. Se cuelan bien, reservando aproximadamente 150 ml (⅔ taza) del líquido de los garbanzos por si el puré quedase demasiado espeso. Se hace un puré suave y cremoso con todos los ingredientes.

Puré de acelgas ⑤ C

Es imposible describir el sabor de esta hortaliza, pues la hoja y el tallo tienen sabores bien distintos. Cuando se usa la hortaliza entera, como en este puré, queda muy delicioso. Se come con el gratinado Dauphinois (ver página 158)

450 g de acelgas
300 ml (1¼ tazas) de caldo vegetal (ver página 110)
50 g (4 cucharadas) de mantequilla
2 cucharadas de nata entera
condimentar al gusto

Se separa el tallo de las hojas de las acelgas y se cuece en el caldo durante unos 10 minutos. Se cuela el caldo y se añaden la mantequilla y las hojas. Se cuece a fuego lento 5 minutos más. Se deja enfriar y se hace un puré añadiendo la nata y el condimento. Se vierte en una fuente y se recalienta lentamente.

Puré de aguacate

Este puré es uno de los mejores y más sencillos, y por eso lo he dejado para el final (ver páginas 138 y 163).

2 aguacates maduros
el zumo de 1 lima
1 diente de ajo machacado
225 g (1 taza) de yogur griego (ver página 45)
condimentar al gusto

Se saca la pulpa de los aguacates y, con la batidora, se mezcla junto con los demás ingredientes hasta formar un puré suave.

Puré de puerros ⑤ P C

Los puerros tienen un sabor delicado que se potencia al prepararlos como puré. Se come como acompañamiento caliente de la tarta picante de patata o de un suflé de queso (ver páginas 181 y 145).

675 g de puerros
25 g (2 cucharadas) de mantequilla
condimentar al gusto
150 g (²/₃ taza) de quark o puré de requesón
1 cucharadita de pimentón

Se recortan y lavan los puerros. Se cortan por la mitad a lo largo. A continuación, se cortan en trozos de 1 cm. Se derrite la mantequilla en una sartén y se echan los puerros. Se condimenta, se tapa la sartén y se cuece a fuego lento durante unos 10 minutos. Se remueve y se bate hasta formar un puré. Se añade el quark o requesón, y se mezcla de nuevo hasta formar una salsa suave y espesa. Se vierte en una fuente caliente y se espolvorea con pimentón.

Puré de coliflor y cilantro ⑩ C

Los árabes nos trajeron el cilantro, y este plato surgió del encuentro entre ambas culturas. Este puré se come con crudités.

Variación

● *Se omiten la coliflor y el perejil, y se añaden 225 g (1 taza) de lentejas naranjas cocidas, una pizca de garam masala y unas gotas de limón.*

1 coliflor grande hervida o cocida al vapor
1 patata grande cocida
1 cucharadita de cilantro, molido
condimentar al gusto
150 ml (²/₃ taza) de nata entera
aderezo de perejil picado

Con la batidora, se mezcla la coliflor hasta formar un puré y se vuelve a colar, ya que habrá absorbido agua durante la cocción. Una vez seca, se vuelve a batir con la patata, el cilantro y el condimento, agregándole la nata. Se aderezar con perejil.

Salsas

La tendencia actual es hacer las salsas por reducción y sin harina. Esto se hace reduciendo 300 ml de vino, caldo y otros sazonadores a sólo unas cuantas cucharadas de líquido. La salsa se puede espesar con una cucharada de nata entera.

En mi opinión, bien se puede usar mantequilla; sobre todo para rehogar las hortalizas. Hacer las salsas reduciéndolas tiene sus ventajas y desventajas. El valor que presenta de ese modo es que suele resultar una salsa más ligera y sabrosa que una que esté elaborada con harina.

La desventaja es que concentrarlas precisa tiempo y habilidad, lo que sólo se consigue con la experiencia. No dude en probar este método, pero si la salsa incluye nata o mantequilla, no será más saludable que las salsas que se elaboran a partir de un roux (ver página 191). Es más rápido y fácil preparar una salsa con una base ligera de roux, procurando que el líquido utilizado esté bien sazonado para que la salsa no quede nunca harinosa o acuosa. Las salsas ligeras, elaboradas con harina, son sabrosas y saludables.

Mantequilla blanca ⑩

Esta es una clásica salsa francesa con el particular sabor de los chalotes. Se vierte encima de raíces vegetales, o se come con patatas cocidas al horno.

Variación

● *Se remoja una pizca de azafrán en 2 cucharadas de agua caliente durante 30 minutos. Se cuela y se añade a la salsa.*

3 chalotes pelados y picados (ver página 52)
250 ml (1 taza) de vino blanco seco
100 g (½ taza) de mantequilla
1 cucharada de nata entera
condimentar al gusto
1 cucharadita de zumo de limón

Se echan los chalotes con el vino blanco en una sartén y se cuecen a fuego lento hasta que se hayan reducido a una tercera parte. Se corta la mantequilla en tiras finas que se añaden una a una con la nata, removiendo constantemente. Se condimenta con sal, pimienta y el zumo de limón. Esta salsa se puede sazonar, además, agregando una cucharada de hierbas frescas.

Salsiki ⑤

Este plato griego es conocido en todo Oriente Medio. Es una maravillosa combinación de yogur, menta y pepino. Se sirve como entremés con pan de pita árabe, o se come con curry (ver páginas 154-157).

1 pepino grande
sal marina
2 o 3 dientes de ajo machacados
150 ml (⅔ taza) de yogur casero
pimienta negra recién molida
3 cucharadas de menta fresca picada

Se corta el pepino en cubitos y se sala (ver página 52). Se mezclan los demás ingredientes en un cuenco grande, se añade el pepino y se remueve bien. Antes de servir se deja enfriar en la nevera.

Salsa bechamel ④ P C

En la cocina, la salsa es uno de los elementos más importantes. Dado que muchas salsas son variaciones elaboradas a partir de la salsa blanca llamada bechamel, es vital comprender algunas reglas para hacer el roux —la base de harina y grasa para la salsa—. Si sigue la técnica descrita, hará salsas suaves y sin grumos.

Variaciones

En una bechamel se pueden usar distintas harinas para conseguir sabores sutilmente diferentes. Pruebe con harina de guisantes partidos, harina de garbanzo, o de fécula de patata (ver página 85 y 89).

Salsa de queso (Mornay). *Use el método para la bechamel y agregue 2 cucharadas de queso parmesano y de queso gruyère, una vez espesada la salsa. Se condimenta al gusto.*

Salsa de perejil. *Use el método para la bechamel y añada un buen puñado de perejil picado y una cucharada de nata entera.*

Salsa de mostaza. *Use el método para la bechamel y agregue 1 cucharada de cada de mostaza de Meaux, de mostaza de Dijon y de nata entera.*

Salsa verde (Sauce verte). *Se añaden a la salsa de perejil descrita más arriba dos cucharadas de espinaca y de acedera picadas.*

Salsa de cebolla. *Se rehogan 250 g de cebollas en 2 cucharadas de mantequilla. Se añaden la harina y el condimento con una pizca de nuez moscada. A continuación, se agrega la leche para espesar la salsa.*

Salsa de soja con jengibre. *Se trocean 25 g de raíz fresca de jengibre y se sumergen en 150 ml (²/₃ taza) de agua, dejándola reposar 10 minutos. Se prepara el roux y se cuela en él el líquido del jengibre. Se agregan 150 ml (²/₃ taza) de salsa de soja y se remueve bien. Si la salsa de soja le parece demasiado fuerte use 300 ml (1 ¼ tazas) de agua para remojar el jengibre, y luego añada la cantidad de salsa que desee.*

25 g (2 cucharadas) de mantequilla
25 g (2 cucharadas) de harina blanca
300 ml (1 ¼ tazas) de leche o caldo vegetal (ver página 110)

Se derrite la mantequilla en una sartén y se espolvorea con la harina. Se remueve con una cuchara de madera, mientras se cuece a fuego lento hasta formar una pasta. La harina sólo se cuece un poco. Se añade lentamente el líquido, sin dejar de remover para asegurar que no se formen grumos.

Salsa de tomate ⑤

Se puede preparar una excelente salsa de tomate con tomates frescos durante todo el año. Si elabora una salsa con tomates de lata, conseguirá un sabor muy predecible, independientemente de lo que le añada. Para todo hay usos, pero se suele abusar de ellos en la cocina. Existen muchas variaciones de la receta para la salsa de tomate.

Variaciones

Salsa de tomate con vino tinto. *En lugar de jerez, se agregan 300 ml de vino tinto seco y una cucharada de pimentón.*

Salsa de tomate con pimienta de cayena. *Se agregan dos guindillas de cayena secas a la salsa de tomate. Su sabor es lo bastante penetrante como para hacer una salsa bien picante. Se desechan las guindillas con los restos sólidos de la hortaliza.*

Salsa de tomate con whisky. *Se prepara con whisky, en lugar de jerez. La salsa adquiere por tanto un sabor penetrante y poco habitual que resulta particularmente buena con un paté o una terrina de sabor más bien sutil, como la de col y cilantro (ver página 138).*

900 g de tomates
6 cucharadas de jerez seco
3 dientes de ajo machacados
condimentar al gusto

Se cortan los tomates por la mitad y se echan en una sartén con los demás ingredientes a fuego lento. Se tapa la sartén y se deja cocer a fuego lento 10 minutos. Se deja enfriar, y luego se pasa por un tamiz. Se desechan los restos sólidos de hortaliza y se vuelve a calentar el líquido. Si la salsa resultante queda demasiado acuosa después del tamizado, se puede evaporar un poco subiendo el fuego y retirando la tapa. Esto es aplicable a todas las variaciones.

Salsas para pasta

Las salsas que aquí se describen están concebidas para 225 g de pasta seca o 175 g de pasta fresca —lo suficiente para servir de entrada a 4 personas.

Salsa de tomate con olivas negras ⑤

Es una salsa de sabor fuerte, originaria del sur de Italia. Su color y textura son maravillosos.

3 cucharadas de aceite de oliva
3 dientes de ajo machacados
900 g de tomates, pelados y troceados (ver página 52)
12 olivas negras, deshuesadas y cortadas en tiras finas
1 cucharadita de mejorana molida
150 ml (²/₃ taza) de vino tinto seco

Se calienta el aceite en una sartén y se añaden el ajo y los tomates. Se remueve bien y se cuece brevemente. A continuación, se agregan los demás ingredientes y se cuece a fuego lento.

Crema de hierbas ⑩

Una salsa espectacular para servir con patatas cocidas al horno o con verduras al vapor.

Variación

● *Las salsas cremosas se pueden hacer con un puré licuado de hortalizas como los puerros, el hinojo, la espinaca y los berros.*

200 ml (1 taza escasa) de vino blanco seco
3 chalotes pelados y troceados (ver página 52)
un ramillete de hierbas (ver página 56)
200 ml (1 taza escasa) de caldo vegetal (ver página 110)
150 ml ($^2/_3$ taza) de nata ligera o nata agria
50 g (4 cucharadas) de mantequilla
1 cucharada perifollo, estragón, perejil y cebollinos
condimentar al gusto

Se cuecen a fuego lento los chalotes, el vino blanco, el ramillete de hierbas y el caldo hasta que se evapore el alcohol y se reduzcan a la mitad los ingredientes. Se retira el ramillete y se añaden la nata, la mantequilla, las hierbas y el condimento, batiendo la mezcla a mano.

Salsa verde ⑮ Ⓟ

Esta es una salsa originaria del sur de Italia que resulta excelente con pasta.

50 g (4 cucharadas) de mantequilla
675 g de calabacines rallados
2 dientes de ajo machacados
150 ml ($^2/_3$ taza) de nata ligera
1 cucharada de granos de pimienta verde machacados
1 cucharada de nueces partidas
75 g de queso azul tierno

Se derrite la mantequilla en una sartén y se cuecen los calabacines con el ajo durante 2 minutos. Se añaden la nata, los granos de pimienta y los frutos secos, y, a continuación, se echa el queso y se deja derretir. Se condimenta y se sirve.

Salsa de berenjena con pimientos ⑤ Ⓥ Ⓒ

Una salsa campesina y abundante originaria de Sicilia. Tiene una textura ruda y un sabor maravilloso.

1 berenjena pequeña, cortada en rodajas finas
y salada (ver página 52)
2 pimientos verdes
4 cucharadas de aceite de oliva
3 dientes de ajo machacados
varios granos de pimienta verde
150 ml ($^2/_3$ taza) de vino tinto seco
6 cucharadas de caldo vegetal (ver página 110)

Se trocea la berenjena finamente. Se desechan las semillas de los pimientos, que se cortan en tiras finas. Se calienta el aceite en una sartén y se cuecen las hortalizas con el ajo. Se remueve bien y se cuece antes de añadir los demás ingredientes. Se deja cocer a fuego lento durante 15 minutos, hasta formar un puré espeso.

Salsa de curry ⑤

Una salsa excelente para servir con hortalizas cocidas al vapor o con pakoras (ver página 136).

Variación

● *Para hacer una salsa de curry picante se agrega al curry en polvo ¼ cucharadita de pimienta de Cayena en polvo.*

3 cucharadas de aceite de oliva
1 cucharada de curry en polvo (ver página 42)
3 cucharadas de zumo de limón
300 ml (1 ¼ tazas) de agua
condimentar al gusto
150 ml (½ taza) de yogur casero o nata agria

Se calienta el aceite en una sartén y se cuece brevemente el curry en polvo. Se añaden el zumo de limón y el agua, y se deja a fuego lento durante 5 minutos. Se condimenta la salsa y, a continuación, se vierte el yogur, sin dejar de remover.

Salsa agridulce ⑤

Existen muchas variantes de esta salsa popular, que pueden ser totalmente líquidas, o que pueden contener una mezcla de hortalizas cortadas en juliana. Se sirve con arroz, o como salsa con tempura (ver página 136).

150 ml (⅔ taza) de agua
150 ml (⅔ taza) de vinagre de vino tinto
3 cucharadas de zumo de limón
3 cucharadas de miel
2 cucharadas de salsa de soja
1 cucharadita de harina de kudzu o arrurruz
disuelto en un poco de agua fría

Se mezclan los cinco primeros ingredientes y se cuecen a fuego lento. Se añade el kudzu para espesar la salsa. Se remueve enérgicamente para evitar que se formen grumos. Los chinos le agregan colorante porque les gusta que la salsa quede roja.

Salsa de cacahuetes ⑩ Ⓟ

Esta es una clásica salsa de Indonesia que se asocia con los pinchitos llamados «satay». También es buena con crudités.

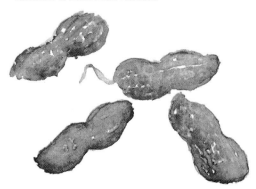

4 cucharadas de aceite de cacahuete
1 cebolla picada
3 dientes de ajo machacados
1 guindilla seca
100 g (½ taza) de manteca de cacahuete suave
4 cucharadas de salsa de soja
zumo de 1 limón
1 cucharadita de azúcar moreno
sal marina al gusto
150 ml (⅔ taza) de leche

Se calienta el aceite en una sartén y se cuecen la cebolla y el ajo con la guindilla hasta que se ablanden. Se añaden la manteca de cacahuete, la salsa de soja, el zumo de limón, el azúcar y la sal. Se remueve bien y se sigue cociendo hasta formar una salsa suave. Se retira la guindilla y se vierte la leche.

Chutneys y Encurtidos

Los encurtidos caseros son particularmente buenos con los platos al curry. Sirven también para un almuerzo fuera de casa o en el campo, como relleno para bocadillos, o mezclados con algún otro paté. Troceados y añadidos a una mayonesa, algunos encurtidos crean una textura parecida a la salsa tártara.

Al conservar los chutneys o encurtidos no hace falta utilizar frascos especiales. Cualquier tarro de cuello ancho y de cierre hermético servirá mientras esté bien esterilizado. Para esto se sumergen los tarros y las tapas en una olla grande con agua fría. Se deja sobre el fuego hasta que hierva el agua y se mantiene en el punto de ebullición durante 2 minutos. Se retiran los frascos con pinzas y se dejan secar. Se llenan hasta arriba con los encurtidos. Es importante no dejar ningún hueco. Una vez enfriados, se colocan las tapas y se cierran bien. Se guardan en un lugar fresco y sombreado.

Las normas de seguridad recomiendan el uso de tarros especiales para hacer conservas, y dejar un espacio de 1 cm al llenarlos. A continuación, deben cerrarse herméticamente, colocarse en una olla de agua caliente y dejar que hiervan 10 minutos. ¡Pero no pruebe este método con los tarros corrientes pues no soportarán el calor!

Encurtido dulce de calabaza ⑳

De sabor delicado gracias al apio, este encurtido de color ámbar es delicioso con queso brie y camembert. Se conserva durante tres meses antes de servir.

Variación

● *Se puede usar cualquier variedad de calabaza.*

1 calabaza de tamaño mediano
225 g de miel
600 ml (2 $\frac{1}{2}$ tazas) de vinagre de sidra
2 cucharadas de semillas de apio
1 cucharada de sal de apio y de sal marina

Se extrae la pulpa de la calabaza y se desechan las semillas. Se trocea y se coloca en una olla con los demás ingredientes. Se cuece hasta alcanzar el punto de ebullición y se deja a fuego lento 20 minutos. Se deja enfriar, se vierte en el frasco y se sella.

Chutney picante de tomates verdes ⑮ Ⓥ

Este chutney es precioso y una forma excelente de aprovechar los tomates verdes. La receta incluye muchos dientes de ajo, pero no se preocupe —acaban por ablandarse y su sabor se suaviza con la cocción—. Este chutney es bastante picante y penetrante —un acompañamiento perfecto para un queso maduro—. Se puede comer al cabo de cinco meses y es perfecto para alegrar los días tristes de febrero.
Nota: En ocasiones, los tomates desprenden mucho líquido y, en ese caso, no hará falta agregar todo el vinagre que se indica.

1 kg de tomates verdes, troceados
20-25 dientes de ajo grandes pelados (ver página 52)
3 guindillas verdes, picadas
100 g de raíz de jengibre, pelada y cortada en rodajas finas
1 cucharada de azúcar moreno
1 cucharadita de sal marina
600 ml (2 $\frac{1}{2}$ tazas) de vinagre de sidra de manzana

Se echan todos los ingredientes en una olla con la mitad del vinagre. Se pone al fuego hasta que hierva y se cuece a fuego lento, removiendo de vez en cuando durante 20 minutos. A continuación se añade el resto del vinagre, se vuelve a hervir y se deja a fuego lento hasta que espese un poco.

Chutney de calabaza con jengibre ⑮ Ⓥ

En general no use calabazas de más de 45 cm de largo, pues carecen de sabor. Fundidas con el jengibre, constituyen un chutney excelente que combina bien con el queso azul, como el roquefort o el cabrales. Este chutney se conserva seis meses antes de usar.

Variación

● *Para este chutney se puede usar cualquier variedad de calabaza.*

1 calabaza
75 g de raíz de jengibre, pelada y cortada en rodajas finas
1 cucharadita de clavo, de macís, de bayas de enebro, bayas de pimienta de Jamaica y semillas de cilantro machacadas
600 ml (2 ⅓ tazas) de vinagre de sidra
1 cucharadita de sal marina

Se pelan y se desechan las semillas de la calabaza y se trocea la pulpa. Se echa todo en una sartén y se cuece a fuego lento durante 20 minutos. Se deja enfriar y se vierte en el frasco.

Chutney de chirivía, pepino y ajo ⑮ Ⓥ

Entre las verduras de este chutney, que se prepara también con dientes de ajo enteros, se da una agradable variedad de texturas. Se conserva durante seis meses, y se come con un paté suave, como el paté de col y cilantro (ver página 138).

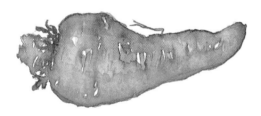

900 g de chirivías
2 pepinos
4 cabezas de ajo peladas
600 ml (2 ½ tazas) de vinagre de sidra
1 cucharadita de clavo, de macís, de bayas de enebro, de comino y de cilantro machacado
2 pimentones secos
1 cucharada de tamarindo
2 cucharadas de azúcar moreno
2 cucharaditas de sal marina

Se pelan las chirivías y se trocean. Se cortan los pepinos sin pelarlos. Se añaden los ajos a las chirivías y a los pepinos. Se cuecen las verduras en una sartén grande con los demás ingredientes durante 30 minutos. Se deja enfriar.

Encurtido de coliflor con mostaza ⑳ Ⓥ

Se prepara con vinagre de sidra, que es más suave que la malta. Pese a su nombre, no es para nada picante. Se conserva seis meses antes de comer.

2 coliflores grandes
900 g de chalotes, pelados (ver página 52)
2 cucharadas de mostaza de Meaux
2 cucharadas de mostaza de Dijon
2 cucharaditas de sal marina
600 ml (2 ½ tazas) de vinagre de sidra

Se separan los ramilletes de la coliflor y se escaldan en agua hirviendo (ver página 52). Se colocan los chalotes y la coliflor en un tarro grande esterilizado. Se pone la mostaza en una sartén con la sal y, lentamente, se añade el vinagre. Se cuece hasta alcanzar el punto de ebullición y se vierte encima de las verduras en el frasco. Se deja enfriar y se sella.

Encurtido de cebollas con jengibre ⑳ Ⓥ

Acompañado de pan hecho en casa y queso de bola maduro, constituye una comida propia de un emperador.

100 g (¹/₃ taza) de sal marina
1 litro de agua
1,5 kg de cebollas para encurtir peladas (ver página 52)
1 cucharada de especias para encurtidos
50 g de raíz fresca de jengibre
600 ml (2 ¹/₂ tazas) de vinagre de sidra

Se prepara una salmuera con la sal y el agua donde se dejan en remojo las cebollas durante 24 horas. Se cuelan y se echan las cebollas en un frasco grande esterilizado junto con las especias para encurtidos. Se corta el jengibre sin pelar en rodajas finas y se ponen los trozos entre las cebollas. Se calienta el vinagre hasta que empiece a borbotear y se vierte encima de las cebollas. Se coloca la tapa, se cierra bien y se conserva durante 6 meses antes de probarlo.

Encurtido de remolacha con ajo ㉕

Este es sin duda el matrimonio perfecto. El ajo sazona deliciosamente la remolacha y ésta tiñe el ajo de un color maravilloso. Este encurtido se conserva como mínimo durante tres meses.

2,25 kg de remolachas
5 cabezas de ajo peladas (ver página 52)
600 ml (2 ¹/₂ tazas) de vinagre de sidra
3 guindillas secas
1 cucharadita de clavo, de nuez moscada rallada, de bayas de enebro y de bayas de pimienta de Jamaica
1 cucharadita de sal marina

Se hierven las remolachas en abundante agua hasta que estén tiernas —aproximadamente 1 hora— y se dejan enfriar. Se pelan las remolachas y se cortan en cuartos. Se echan en un tarro grande esterilizado junto con el ajo. Se cuece la sidra con los demás ingredientes hasta que hierva. Se vierte encima de la remolacha y el ajo, y se sella.

Membrillo picante ⑩

Puede que le resulte difícil encontrar el fruto del membrillo, pero en otoño merece la pena hacer el esfuerzo, pues son espectacularmente hermosos cuando se tiñen en su jugo de un oscuro color ámbar rojizo. Su sabor es tan exquisito como su aspecto y se puede comer al cabo de un mes. El sabor del membrillo es bien difícil de describir, ya que tiene toques de pera, manzana y limón.

Variación

● *Se puede preparar con ciruelas en lugar de membrillos.*

1,5 kilos de membrillos
175 g (1 taza) de azúcar moreno
600 ml (2 ¹/₂ tazas) de vinagre de sidra
zumo y ralladuras de la cáscara de 2 limones
50 g de raíz fresca de jengibre
2 piezas de canela en rama
2 vainas de vainilla
1 cucharadita de clavo
1 cucharadita de sal marina

Se cortan los membrillos por la mitad y se deshuesan. Se derrite el azúcar en el vinagre y se añaden los demás ingredientes. Se echan los membrillos y se cuece a fuego lento 30 minutos. Se deja enfriar y se echa en el frasco.

Postres

Para facilitar la consulta, esta sección se ha dividido en postres calientes y fríos. Los platos calientes son, sobre todo, budines cocidos al vapor, que se asocian curiosamente con los ingleses, pese a que se encuentran en todo el norte de Europa. Pueden ser salados o dulces, y su contenido de carbohidratos es elevado. Los budines cocidos al vapor están hechos tradicionalmente con sebo de vacuno, aunque en las tiendas de productos vegetarianos se puede comprar sebo vegetal, procesado para que funcione como la manteca cárnica (ver página 37).

La fruta fresca o las ensaladas de frutas, acompañadas o no de zumo, son probablemente la forma más deliciosa de acabar una comida. Este tipo de plato se puede ampliar incluyendo frutas secas y cualquier tipo de fruto seco. En lugar de nata, se puede usar yogur natural, o yogur mezclado con clara de huevo batido. También opuede espolvorearse con frutos secos partidos.

De todos las frutas secas, los orejones de albaricoque son los más nutritivos y tienen un sabor excelente. No obstante, al comprar frutas secas asegúrese de que no estén procesadas ni tratadas con dióxido de azufre. Lo bueno de los frutas secas es que sus azúcares intensificados son tan dulces que no hace falta agregarles más.

Aparte de las tartas y de las ensaladas de frutas, los postres fríos descritos en esta sección incluyen dulces llamados «syllabub» y purés de frutas. El nombre «syllabub» deriva de «Sille», que forma parte de la región productora de champán de la que proviene el vino espumoso «Sill», y «bub» era argot isabelino para referirse a una bebida espumosa. Los primeros «syllabubs» se hacían ordeñando una vaca directamente sobre un cubo lleno de sidra o vino, con el objeto de producir una bebida clara ribeteada de espuma.

Los purés de frutas son primos lejanos del «syllabub»; se remontan a la misma época y se basaban en la pulpa de frutas cocidas, batida con azúcar y nata. En ocasiones, se preparaba con huevo, y, entonces, se batían las yemas crudas con la nata y el azúcar; y las claras se batían aparte. Muchos de los mejores postres se encuentran todavía entre los «syllabubs» y los purés de frutas.

Budín de la India ⑩

De textura parecida al pan de maíz, este budín queda mejor servido con yogur griego (ver página 45) o nata.

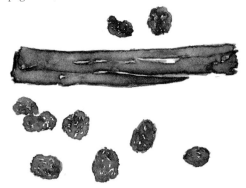

175 g (1 ½ tazas) de harina de maíz
600 ml (2 ½ tazas) de leche
50 g (4 cucharadas) de mantequilla
6 cucharadas de melaza
6 cucharadas de miel
½ cucharadita de sal, de jengibre y de canela
2 huevos batidos
100 g (1 taza) de uvas pasas

Se calienta el horno a 200 grados. Se mezcla la harina de maíz con la leche y se calienta en una sartén, sin dejar de remover. Cuando empiece a espesarse la mezcla, se retira del fuego y se agregan, removiendo, la mantequilla, la melaza, la miel la sal y las especias. Se deja enfriar un poco, se vierten los huevos batidos y las uvas pasas, y se remueve bien. Se vierte en una fuente de hornear untada de mantequilla y se cuece en el horno 45 minutos.

El Budín «Sussex Pond» es un postre tradicional
inglés. Está compuesto por una corteza de sebo ligera,
con un limón entero en su interior que descansa en el
jugo almibarado del azúcar moreno (ver página 200).

Budín de jengibre al vapor con salsa de mermelada ⑮

Un budín de invierno deliciosamente agradable, servido con una sabrosa salsa de naranja con vino.

75 g (6 cucharadas) de mantequilla
50 g (¼ taza) de azúcar superfino
2 huevos
100 g (1 taza) de harina integral
1 cucharadita de levadura en polvo
100 g de tallo de jengibre en conserva, troceado
2 cucharadas de jengibre en almíbar
½ cucharadita de jengibre seco molido
150 ml escasos (½ taza) de leche
120 ml (½ taza) de vino blanco seco
3 cucharadas de mermelada fuerte
1 cucharadita de arrurruz mezclado con un poco de agua fría

Se mezclan la mantequilla y el azúcar hasta formar una crema. Se agregan, removiendo, los huevos y luego la harina, la levadura en polvo y los ingredientes con jengibre. Se remueve bien y se echa lentamente la leche. Se unta con mantequilla un molde de budín o para cocer al vapor de 1,5 litros, en el que se vierte la masa. Se tapa con papel encerado y papel de aluminio y se ata con un cordel. Se cuece al vapor (como el budín «Sussex Pond») durante 2½ horas. Antes de servir, se calienta la mermelada con el vino. Se espesa la salsa con el arrurruz y se sirve caliente.

Budín de «Sussex Pond» ⑮

Este budín ofrece un aspecto maravilloso cuando se corta. El limón descansa en el jugo dorado y sedoso del azúcar, el zumo de limón y la mantequilla.

225 g (2 tazas) de harina con levadura
100 g (1 taza) de grasa vegetal rallado (ver página 37)
150 ml (⅔ taza) de leche y agua a partes iguales
100 g (½ taza) de mantequilla
100 g (⅔ taza) de azúcar moreno suave
1 limón grande

Se mezcla bien la harina con la grasa vegetal. Se añaden lentamente la leche y el agua y se amasa bien con la pasta. Se reserva una cuarta parte y se extiende el resto con el rodillo en forma de círculo. Se forra un molde de budín con la masa y se recortan los extremos. Se trocea la mantequilla y se mezcla con el azúcar. Con una aguja afilada, se pincha un limón, atravesando la cáscara hasta penetrar la pulpa. Se pone el limón en el molde y se cubre con la mezcla de mantequilla y azúcar. Se extiende la masa restante con el rodillo, se coloca encima del molde, se recorta y se sella el borde. Se tapa con papel encerado, atándolo firmemente con un cordel. Se llena hasta la mitad una sartén grande de agua y se coloca en ella el budín de manera que el agua llegue casi hasta arriba. Se tapa y se deja hervir durante 3 horas. A medida que se evapora el agua, se va llenando con agua hirviendo. Por último, se retira el papel de aluminio y el papel encerado. Se corta el budín en la mesa y se sirve.

Puré de manzana al horno con albaricoque ⑩ Ⓥ Ⓒ

Un postre tradicional inglés con la exquisitez y sabor penetrante de los albaricoques. También se puede hacer con prácticamente cualquier otro puré de frutas.

Variación

● *En cualquier puré de frutas se cuece lentamente la fruta con mantequilla hasta que se espesa y queda pastosa, y, a continuación, se tamiza. Por lo general, estos purés no requieren más ingredientes.*

4-6 manzanas grandes para cocer
300 ml (1 ¼ tazas) de puré de albaricoque (ver columna izquierda)
1 cucharada de almendras cortados

Se calienta el horno a 200 grados. Se desecha el corazón de las manzanas sin pelar y se colocan en una bandeja de horno untada de mantequilla. Se llenan los huecos con el puré de albaricoque y se cubre con las almendras. Se cuece en el horno durante 20 minutos.

Suflé de albaricoque ⑦ Ⓟ

La preparación de este postre es idéntica a la del suflé de queso (ver página 145), y al igual que éste, debería quedar líquido en el centro después de la cocción. Se puede usar cualquier puré de frutas en lugar de los albaricoques, pero procure evitar los cítricos ya que hacen cuajar los huevos. Este suflé es delicioso con nata batida.

100 g (⅔ taza) de orejones de albaricoque
300 ml (1 ¼ tazas) de zumo de manzana
50 g (½ taza) de uvas pasas
150 ml (⅔ taza) de coñác
4 huevos
300 ml (1 ¼ tazas) de nata ligera

Se dejan los albaricoques en el zumo de manzana, y las uvas pasas remojando en el coñác toda la noche. Se cuecen los albaricoques a fuego lento durante 5 minutos. Se deja enfriar, y a continuación se mezcla hasta formar un puré. Se separan los huevos y se vierten las yemas y la nata en el puré de albaricoque. Se calienta el horno a 200 grados. Se unta un molde de suflé de 1,5 litros con mantequilla. Se baten las claras de huevo a punto de nieve y se vierten en el puré de albaricoque. Se echa todo en el molde de suflé y se cuece en el horno durante 20 minutos, o hasta que se haya hinchado bien y quede dorado. Antes de servir, se añaden las uvas pasas y se vierte el coñác encima.

«Syllabub» de albaricoque ⑩

La idea de la nata con sabor a fruta se remonta al siglo XVI. Es exquisita, pues contiene el sabor penetrante de los albaricoques y la suavidad de la nata. Se sirve en copas individuales con una ramita de menta.

Variaciones

● *Se combinan 175 ml (⅔ taza) de jerez seco con las ralladuras de la cáscara y el zumo de 1 limón. Se añaden 2 cucharadas de azúcar superfino y una pizca de nuez moscada. Lentamente, se vierten 300 ml (1 ¼ tazas) de nata entera, y se bate a mano hasta que quede consistente.*

● *En lugar del jerez, se prepara con coñác y vino blanco, a partes iguales.*

100 g (⅔ taza) de orejones de albaricoque
300 ml (1 ¼ tazas) de zumo de manzana
2 huevos
150 ml (⅔ taza) de nata entera

Se dejan los albaricoques en remojo en el zumo de manzana toda la noche. A continuación, se ponen al fuego hasta que hiervan y se cuecen a fuego lento durante 5 minutos. Se deja enfriar y se mezcla con la batidora hasta formar un puré. Se separan los huevos y se vierten las yemas en el puré. Se baten las claras a punto de nieve y se añaden con delicadeza. Se bate ligeramente la nata y se vierte en el puré. Se deja enfriar en la nevera durante 1 hora antes de servir.

Molde de higos y queso cremoso en capas ⑩ P C

Este postre tiene un aspecto realmente sensacional y es muy sabroso y abundante, de manera que bastará con una pequeña porción por persona.

Nota: Si no tiene un molde desmontable, forre una fuente de lados rectos con papel de aluminio para que se desprenda fácilmente el molde al retirarlo.

Variación

● *Se puede preparar con albaricoques.*

175 g de higos secos
300 ml (1 ¼ tazas) de zumo de manzana
6 cucharadas de coñac
175 g (⅔ taza) de queso cremoso
75 g (⅔ taza) de nueces partidas
3 cucharadas de almíbar de fructosa de manzana y pera

Se dejan los higos en remojo en el zumo de manzana toda la noche. A continuación, se ponen al fuego hasta que hiervan y se cuecen a fuego lento durante 5 minutos. Se dejan enfriar y se mezclan con el coñac hasta formar un puré. Se echan los demás ingredientes en un cuenco y se remueve bien. Se unta un molde desmontable de 17 cm para pasteles con un poco de mantequilla y se vierte en él una capa de 2 cm de puré de higos. Se cubre con una capa de la mezcla hecha con el queso. Se vierten las capas hasta llenar el molde. Se deja en el congelador un día. Dos horas antes de servir se retira el molde. Cuando alcance la temperatura ambiente, se corta como un pastel.

Granada en copa ⑩

La combinación de la granada y el kiwi es agradable por su aspecto y por su sabor. Este elegante postre es fácil de preparar y el toque del ron aporta un sabor asombroso.

4 kiwis pelados y troceados
2 granadas sin semillas
1 cucharada de ron blanco mezclado con
1 cucharada de miel clara
150 ml (⅔ taza) de nata entera, batida hasta quedar consistente
1 clara de huevo, batida a punto de nieve
2 cucharadas de azúcar superfino
unas ramitas de menta (opcional)

Se echan los kiwis troceados y las granadas, salvo 2 cucharadas de semillas, en cuencos distintos. Se reparte la mezcla de ron y miel entre ambas frutas. Se añade la nata batida a la clara de huevo a punto de nieve, y se azucarea. Se disponen las frutas y la mezcla cremosa formando capas en copas altas, y se acaba con una capa de la mezcla. Se deja enfriar en la nevera 30 minutos. Se decora con algunas semillas de granada reservadas y unas hojitas de menta, si se desea.

*La granada en copa es un postre elegante que
combina el tono encarnado de las semillas de la fruta
con el verde pálido del kiwi. Llevan un toque de ron y
están dispuestas en capas con nata batida (ver
página 202).*

Tarta de grosella negra ⑤ Ⓒ

Creo que las grosellas negras son una fruta de verano excelente y resultan particularmente buenas servidas frías, con su sabor penetrante y con una masa desmenuzable.

Variación

● *Se puede preparar con arándanos en lugar de grosellas negras.*

1 molde de hojaldre dulce, cocido
en el horno (ver página 204)
400 g de grosellas negras
2 cucharadas de almíbar de fructosa de
grosella negra (ver página 43)
6 cucharadas de licor de arándanos

Se cuecen a fuego lento unos minutos las grosellas negras con el almíbar de fructosa hasta que se ablanden. Se vierte el licor y se deja marinar unas horas. Se escurre el exceso de líquido, que se puede beber o mezclar con nata batida para hacer un «syllabus» (ver página 201). Se rellena la masa con las grosellas negras. Antes de servir se deja enfriar en la nevera una hora.

Tarta de manzana glaseada ⑮

Esta receta está basada en un gran postre clásico francés, pero yo he cambiado el relleno, sustituyendo la típica nata de confitería por un puré de manzanas. Su sabor es más agradable y es mucho más saludable.

Variaciones

● *En lugar del puré de manzanas, se puede preparar uno de orejones de albaricoque (ver página 201). También sirven las peras cortadas en rodajas, en lugar de manzanas.*

● *Se omiten las manzanas y se añaden 450 g de membrillos para hacer el puré. Se decora con 3 melocotones frescos cortados en rodajas y, a continuación, se cuece en el horno y se glasea como antes.*

500 g de manzanas de postre
2 manzanas grandes para cocer
3 cucharadas de almíbar de fructosa de manzana
3 cucharadas de jalea de manzana o albaricoque
Para la masa:
225 g (2 tazas) de harina blanca común
$\frac{1}{2}$ cucharadita de sal
90 g ($\frac{1}{2}$ taza) de azúcar superfino
100 g ($\frac{1}{2}$ taza) de mantequilla
4 yemas de huevo
$\frac{1}{2}$ cucharadita de esencia de vainilla

Se prepara la masa mezclando los ingredientes secos con la mantequilla. A continuación, se añaden las yemas de huevo y la vainilla, y se amasa. Se tapa con celofán y se pone en la nevera durante 1 hora. Se extiende la masa con el rodillo y se cuece en el horno (ver página 48). Se pelan y desechan las semillas de las manzanas para cocer. Se cuece a fuego lento con el almíbar de fructosa hasta formar un puré suave. Se pelan las manzanas de postre, se desecha el centro y se cortan en rodajas finas. Se calienta el horno a 200°C. Se disponen las rodajas en círculo encima del puré solapándolas una sobre la otra. Se cuece en el horno 15 minutos. Se derrite la jalea de manzana o de albaricoque en una sartén y se usa para glasear la tarta.

Ensalada de frutas con agua de rosas ⑤

Este refrescante y aromático postre es ideal para limpiar el paladar después de una comida picante.

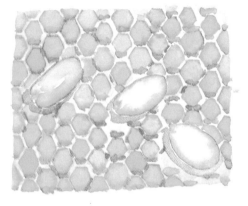

un pedazo de sandía de unos 450 g
50 g (½ taza) de almendras en tiras finas, tostadas (ver página 56)
4 melocotones, deshuesados y cortados en cuartos
Almíbar:
300 ml (1 ¼ tazas) de agua
3 cucharadas de miel
2 cucharadas de agua de rosas destilada
1 trozo de canela en rama
zumo de 1 limón

Se corta la pulpa de la sandía en trozos del tamaño de un mordisco. Se combinan los ingredientes del almíbar en una olla poco honda y se cuecen a fuego lento, dejando que las rodajas de melocotón se escalden brevemente. Se retiran con un cucharón-espumadera y se reserva el almíbar. Se disponen la fruta y las almendras en una fuente de mesa. Se calienta el almíbar hasta que hierva y, entonces, se cuece a fuego lento hasta que se evapore la mitad. Se deja enfriar un poco y se vierte encima de la mezcla de las frutas. Se pone en la nevera antes de servir.

Helado de pan integral ⑮ 〔C〕

Este helado, crujiente y sabroso como la almendra garrapiñada, no es sólo uno de los más deliciosos que se han inventado, sino que además, debido a que contiene pan integral rallado, constituye un aporte saludable a nuestra dieta. El helado debería pasar del congelador a la nevera y permanecer allí durante 30 minutos antes de servir para que no esté demasiado duro.

225 g (4 tazas) de pan integral rallado (ver página 48)
225 g (1 ⅓ tazas) de azúcar moreno
1,2 litros (5 tazas) de nata batida
2 cucharadas de coñac

Se calienta el horno a 200 grados. Se mezcla el pan rallado y el azúcar, se extiende sobre una bandeja de horno y se cuece hasta que se dore y quede crujiente. Una vez enfriado, se machaca bien, pero que no quede del todo molido, de modo que no conviene utilizar un robot de cocina. Se bate ligeramente la nata y se agrega el coñac. Se vierte la mezcla del pan rallado con el azúcar y se echa todo en una heladera o en el congelador. Si lo pone en el congelador, saque el helado después de 1 hora y remuévalo para que no se formen trozos de hielo. Se vuelve a congelar, repitiendo el proceso de removerlo después de 1 hora. Se pone de nuevo en la nevera, y una vez congelado se decora con hojas de menta.

Puré de uva espín ⑩ 〔P〕

Este puré era muy popular en la época isabelina. Se deja enfriar en la nevera durante 1 hora antes de servir con lenguas de gato.
Variación
● *Este tipo de puré se puede hacer con la misma cantidad de peras, manzanas, membrillos, ciruelas, ciruelas damascenas y ruibarbo.*

450 g de uva espín lavadas y recortadas
50 g (¼ taza) de azúcar superfino
6 cucharadas de vino tinto dulce
2 huevos separados
300 ml (1 ¼ tazas) de nata entera batida

Se cuecen las uvas con el azúcar hasta formar una pulpa. Se vierte el vino. Una vez frío, se añaden las yemas de huevo y se remueve. Se baten las claras a punto de nieve y se echan en el puré.

CAPÍTULO 5

Ocasiones Festivas

Picnic campestre, por Claudia Roden

En una excursión, la comida es muy importante. Tiene que ser buena y agradable porque la naturaleza libera los sentidos y el apetito. Forma parte del ambiente relajado y está en el espíritu de la ocasión facilitarse a uno mismo las cosas cuando se está de excursión en el campo.

Mis almuerzos preferidos estando de excursión han sido siempre espontáneos, aquellos en que se compartía el trabajo y se unían los recursos —cuando los amigos llegaban a cocinar conmigo antes de partir o cuando cada uno llevaba un plato preparado con antelación—. Juntos hemos preparado toda clase de cosas, desde bocadillos y ensaladas hasta pastas y sopas calientes. Salíamos a toda prisa con la comida humeando en las ollas, portando, además, tartas, pasteles, verduras rellenas, tortillas y ensaladas de frutas. Cuando se tiene coche, es fácil llevarse prácticamente cualquier cosa.

Un maravilloso festín improvisado puede ser un surtido de hortalizas y vegetales comprados por el camino. Puede haber zanahorias, coliflor, apio, nabos pequeños, calabacines, setas, endibias, cogollos de hinojo, tomates, pimientos, pepinos, cebolla tierna y rábanos, además de berros de huerta y hierbas frescas. Si va a estar lejos de una fuente, no olvide llevar agua para lavar las verduras, así como cuchillos para pelarlas. Córtelas o déjelas enteras, y alíñelas simplemente con una mezcla de aceite de oliva, sal y pimienta, agregándoles zumo de limón o vinagre si lo desea, y un puñado de hierbas picadas.

Sírvalo todo con una presentación hermosa, incluso espectacular. No cuesta nada si hay muchas manos y si se dispone de algo como una bandeja para hacerlo. Lo único que se necesita entonces para completar el festín es pan fresco, aceitunas y pepinillos, un par de quesos, fruta y regarlo todo con un vino de buen cuerpo. A continuación, encontrará algunos platos que se pueden preparar con antelación y que son buenos tomados bien fríos.

Claudia Roden

Salsa de zanahorias con boniato

Aunque los principales ingredientes de esta receta son dulces, las especias y otros gustos aportan un delicioso sabor penetrante. Este aperitivo, fácil de improvisar en la montaña, se sirve picante con pan.

450 g de zanahorias peladas
450 g de boniatos pelados
3 dientes de ajo machacados
2 cucharaditas de comino

1 cucharadita de canela
4 cucharadas de aceite de oliva
3 cucharadas de vinagre de vino
una pizca de pimienta de Cayena

Se hierven las zanahorias y los boniatos en agua salada hasta ablandarse. Se cuelan y se baten con los demás ingredientes hasta formar un puré. Se adereza con aceitunas y se sirve.

Un surtido delicioso y original de platos para llevar
en un paseo al campo. Desde arriba a la derecha, los
platos son Plátanos y dátiles con yogur, Budín de
naranja, Tortilla de espinacas, Salsa de zanahoria
con boniato, y una fuente con tres platos: Quingombó
con garbanzos y tomates, Ensalada de frutas
exóticas, y Lentejas y arroz con cebollas.

Tortilla de espinacas

Servida caliente o fría, esta tortilla es realmente deliciosa. Al ser abundante, córtela en porciones como *un pastel y sírvala con alguna de las ensaladas ya descritas si se tratara anteriormente en el libro.*

1 cebolla de tamaño mediano, picada
3 cucharadas de aceite
675 g de espinacas, lavadas, coladas y ralladas
condimentar al gusto

una pizca de nuez moscada
3 tomates, pelados y troceados
(ver página 52)
6 huevos ligeramente batidos

Se fríe la cebolla en el aceite hasta dorarse. Se agregan las espinacas, las especias y los tomates y se remueve hasta que se reduzcan las espinacas. Se añaden los huevos y se cuece tapado durante 10-15 minutos hasta cuajarse. Se pone bajo el gratinador y se retira de la sartén para servir.

Quingombó con garbanzos y tomates

Una abundante ensalada de vivos colores, perfecta para comer al aire libre. El sabor sutil del quingombó combina *deliciosamente con el sabor terroso de los garbanzos. Un aliño de limón, da un toque penetrante al plato.*

225 g de cebolletas, peladas (ver página 52)
4 cucharadas de aceite de oliva
2-3 dientes de ajo, machacados
675 g de quingombós, lavados y recortados
450 g de tomates, pelados y cortados en cuartos

175 g ($1\frac{1}{2}$ tazas) de garbanzos,
cocidos (ver página 51) zumo de 1 limón
un puñado de cilantro, picado
condimentado al gusto

Se fríen las cebollas enteras en el aceite hasta dorarse, y a continuación se añaden el ajo, el quingombó, los tomates y los garbanzos con una parte del agua de éstos. Se condimenta con el zumo de limón, y se cuece hasta que el quingombó esté tierno y se haya evaporado el líquido. Se espolvorea con el cilantro y se cuece durante un minuto más.

Ensalada de frutas exóticas

Pese a la cantidad de fruta que contiene esta receta, el plato es salado. Es maravillosamente fresco y muy *refrescante, sobre todo para un caluroso día de verano la variedad de frutas, satisfará sus necesidades.*

la pulpa de 1 aguacate cortada en cubitos
1 papaya, pelada, sin semillas y cortada en cubitos
la pulpa de $\frac{1}{2}$ melón cortada en cubitos
2 kiwis pelados y cortados en rodajas
zumo de 1 limón

4 cucharadas de aceite de oliva
condimentar al gusto
un pequeño manojo de cebollinos picados
hojas de menta picadas

Se aliñan las frutas con una mezcla de zumo de limón, aceite de oliva, condimento y hierbas picadas.

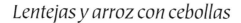

Lentejas y arroz con cebollas

Para esa receta, es preferible usar lentejas verdes o marrones; tienen un sabor anuezado maravilloso, y combinan muy bien con el sabor ligeramente dulce de las cebollas al caramelo.

450 g (2 tazas) de lentejas, en remojo durante una hora, y escurridas
225 g (1¼ tazas) de arroz de grano largo

condimentar al gusto
675 g de cebollas, cortadas por la mitad y en rodajas
150 ml (⅔ taza) de aceite de oliva

Se cuecen las lentejas hasta que hiervan en unos 900 ml (3¾ tazas) de agua. Se dejan a fuego lento hasta que estén casi tiernas. Se añade el arroz y el condimento, y se cuece tapado unos 15 minutos hasta que el arroz esté listo, añadiendo más agua si hiciera falta. Se fríe la cebolla en un poco de aceite hasta que esté prácticamente caramelizada. Se echa con el arroz, removiendo, y se vierte el resto del aceite.

Plátanos y dátiles con yogur

Sorpréndase con la maravillosa combinación de sabores que confluyen en este sencillo postre.

Se puede preparar de antemano o justo antes de servir. Si puede utilizar yogur casero tanto mejor.

5 plátanos, cortados en rodajas finas
350 g de dátiles frescos, pelados y cortados por la mitad

600 ml (2½ tazas) de yogur griego (ver página 45)
2 cucharadas de agua de rosas

En un cuenco suficientemente grande, se disponen los plátanos y los dátiles en capas alternas. Se mezcla el yogur con el agua de rosas y se vierte encima de la fruta, procurando que se reparta equitativamente. Se sirve frío.

Postre de naranjas

Si le gusta el sabor de la mermelada de naranjas amargas, le encantará este postre. Se aprovecha toda la naranja salvo las semillas, y se prepara con ella un puré amargo, combinado con los huevos y el coñac antes de cocerlo.

2 naranjas grandes
6 huevos
zumo de otras 2 naranjas

zumo de ½ limón
3 cucharadas de coñac o licor de naranja
10 cucharadas de azúcar, al gusto

Se hierven las naranjas enteras durante 1 hora hasta que estén muy tiernas. Se cortan y se desechan las semillas. Se mezclan con los huevos, el zumo de las naranjas y del limón, el coñac y el azúcar. Se cuece en el horno en una fuente de hornear a 150 grados durante 1 hora, o hasta que quede sólido.

Refresco de yogur

En Oriente Medio, Pakistán y la India, la combinación de yogur batido con agua es un clásico. Constituye una bebida veraniega deliciosamente refrescante. Últimamente, se puede encontrar embotellado, pero es mejor y más saludable.

600 ml de yogur casero
450 ml de agua
sal (opcional)

hojas de menta fresca (opcional)
varios cubitos de hielo

Se bate el yogur en una jarra y se añade el agua, removiendo, con un poco de sal, si así lo desea. Se vierte en un termo, se añade la menta y varios cubitos de hielo.

Brunch en casa, por Alice Waters

El brunch es un desayuno-comida para días festivos. Algunos hoteles empiezan a ofrecerlo, pero lo ideal es poder disfrutarlo en el propio hogar, por ejemplo después de una noche en la que algunos amigos se han quedado a dormir. Será una hermosa forma de comenzar la nueva jornada de ocio en común.

Podrían hacerse muchas variaciones con los ingredientes de este brunch. Una de las maneras de pensar un menú es imaginar todos los alimentos elegidos dispuestos en la mesa a la vez. A continuación, se combinan mentalmente los sabores, texturas y colores que se complementarán sutilmente. Se podría preparar un helado de naranjas sanguinas envuelto en crepes de trigo sarraceno, o mezclar las setas silvestres con los espárragos, servir una ensalada de lechuga amarga con naranjas sanguinas, crepes de trigo sarraceno con setas silvestres, o espárragos con una vinagreta de naranjas sanguinas. Como vemos, las combinaciones son infinitas.

Prepare un café expreso por persona y decórelo al gusto con leche calentada al vapor. A continuación, sirva los crepes de trigo sarraceno acompañados de una conserva dulce, como la jalea de ciruelas. Los crepes no quedarán demasiado dulces porque el trigo sarraceno tiene por naturaleza un sabor amargo.

La compota de naranjas sanguinas con fresas, que vendrá después, debería ser sencilla, fría y muy refrescante, antes de servir los espárragos calientes de textura mantecosa. En este momento, sería delicioso el exquisito sabor de las setas silvestres, servidas con rebanadas muy finas de pan campesino crujiente, tostadas al fuego, y frotadas con ajo crudo mientras aún están calientes y aliñadas con unas gotas de aceite de oliva. La ensalada de hortalizas verdes amargas con ajo contrarresta la suculencia de estos sabores.

Para finalizar este menú, parece apropiado preparar carquiñoles —galletas llenas de frutos secos y uvas pasas—.

Crepes de trigo sarraceno

Con el trigo sarraceno se preparan crepes muy ligeros. Por eso vale la pena esforzarse en conseguirlo. La presencia de la cerveza en esta receta intensifica aún más su sabor amargo. La masa se conserva bien de 5 días a una semana. Si lo desea, puede elaborar los crepes con horas de antelación, pero conviene guardarlos tapados. Esta receta está prevista para 32 crepes de un diámetro de 15 cm. Se sirve con la conserva de su elección.

475 ml (2 tazas) de leche
$^{1}/_{4}$ cucharadita de sal
$^{1}/_{2}$ cucharadita de azúcar
50 g ($^{1}/_{4}$ taza) de mantequilla sin sal
100 g (1 taza) de harina blanca común

40 g ($^{1}/_{4}$ taza) abundante de harina de trigo sarraceno
1 cucharada de aceite vegetal
3 huevos
120 ml ($^{1}/_{2}$ taza) de cerveza ligera

Se calienta la leche, la sal, el azúcar y la mantequilla hasta que se derrita. Se mezcla la harina con el aceite y los huevos. Se añade lentamente la leche hasta formar una masa suave. Se vierte la cerveza, removiendo, y se cuela todo en un cuenco limpio. Se tapa y se deja enfriar 2 horas. Se calienta lenta y brevemente la masa. Se calienta la sartén para los crepes hasta que chisporrotee al echarle una gota de agua.

Se retira la sartén del fuego y se vierten 2 cucharadas de la mezcla. Procure que quede bien distribuida en la sartén, se cuece durante 1 minuto por cada lado hasta que quede dorado y transparente. Se pliegan los crepes por la mitad y se calientan bien en el horno caliente durante 3 o 4 minutos. Se derrite encima un poquito de mantequilla y se pliega en cuartos.
Están listas para comer. ¡Por suerte hicimos 32!

 Desde el centro izquierda, de izquierda a derecha:
Capuccino, Crepes de trigo sarraceno, Carquiñoles,
Espárragos a la mantequilla de chalotes, Compota de
naranjas sanguinas con fresas, Ensalada de verduras
amargas con Setas silvestres
y con tostadas.

Compota de naranjas sanguinas y fresas

En primavera, las naranjas sanguinas no son tan dulces como en plena temporada, cuando se pueden servir solas. Por este motivo, las he mezclado con

fresas tempraneras para elaborar una deliciosa compota. Es importante agregarle las fresas en el último momento a fin de conservar su textura.

4 naranjas sanguinas, lavadas
250 ml (1 taza) de agua y de champán
90 g (½ taza) de azúcar

2 cucharadas de coñac, al gusto
350 g (2 tazas) de fresas, sin tallo
y cortadas en rodajas

Se cortan las cáscaras de 2 naranjas en tiras muy finas. Se ponen en una sartén y se cubren con el agua y el champán hasta que hiervan. Se retira del fuego, y se dejar reposar 15 minutos. Se añade el azúcar y se cuece hasta que hierva. Se deja a fuego lento durante 20-30 minutos, o hasta formarse un jarabe líquido. Se deja

enfriar y se echa coñac al gusto. Se enfrían las fresas en la nevera. Se desechan las cáscaras y las médulas de las naranjas y se corta la fruta en rodajas de 5 cm. Se dispone en capas dentro de un cuenco, y se vierte el jarabe y la cáscara encima. Se deja enfriar en la nevera durante 1 hora, se añaden las fresas y se sirve.

Setas silvestres con tostadas

Una o varias setas silvestres servirán para hacer una receta deliciosa, pero procure que estén recién cogidas y que no estén saturadas por la lluvia. Se pueden usar setas como el rebozuelo, el rovellón,

la lepiota, el bejín erizado, las trompetas de la muerte, o las colmenillas. Se disponen las tostadas colmadas de setas en los bordes de una fuente grande con la ensalada de verduras amargas en el centro.

225 g de setas silvestres
1 cucharada de mantequilla
1 cucharada de aceite de oliva virgen

2 dientes de ajo machacados
condimentar al gusto

Se rehogan las setas en la mantequilla y aceite calientes, condimentándolas al gusto. A medida que se doran, se

añade el ajo. Se remueve unos minutos. Se dispone encima de las tostadas, y se sirve.

Ensalada de verduras amargas

Esta receta se puede preparar con lechuga de invierno, escarola, endibias o achicoria encarnada. Mientras el sabor

de la mezcla sea amargo, supondrá un toque perfecto para los suculentos sabores de las setas silvestres con tostadas.

4 puñados abundantes de verduras
amargas para ensalada
2 cucharadas de vinagre de vino tinto

1 cucharadita de vinagre de balsamina
1 diente de ajo machacado
4 cucharadas de aceite de oliva virgen

Se lavan y se secan bien las verduras. Se mezclan los vinagres con el ajo y se añade un poco de sal. Se deja reposar la mezcla un par de minutos y, a continuación, se vierte el aceite. Se añade pimienta al gusto. Se vierten

las verduras en el aliño y se sirve. A no todo el mundo le gustan las ensaladas amargas. Advierta a sus invitados.

Espárragos a la mantequilla de chalotes

El chalote es una variedad enana de calabaza.
Si usa chalotes rancios resultarán particularmente fuertes de
sabor y precisarán una cocción prolongada. Se vierte encima
de platos individuales con espárragos y, si lo desea, se le
puede añadir un poco de nata ligeramente batida y
sazonada con sal y pimienta.
2 chalotes grandes, pelados y picados (ver página 52)

250 ml (1 taza) de vino blanco
100 g ($\frac{1}{2}$ taza) de mantequilla sin sal cortada
en tiras finas condimentar al gusto
un chorro de vinagre de champán
espárragos frescos para 4 comensales
(la cantidad depende de su tamaño)

Se calientan los chalotes con el vino y se evapora el líquido y el alcohol hasta que sólo quede 1 cucharada. Se añade lentamente la mantequilla, removiendo. Se condimenta al gusto y se vierte el vinagre. Se cuela la mezcla con un tamiz fino y se mantiene caliente al baño María. Se recortan y se pelan los espárragos. Se ponen en una olla grande de agua hirviendo salada y se cuecen hasta que estén tiernos —durante unos 3 o 4 minutos, más o menos—. Se cuelan y se sirven con la salsa de mantequilla.

Carquiñoles

En mi opinión, estos carquiñoles son el toque perfecto
para completar esta comida, ya que no son ni demasiado
pesados ni demasiado dulces. Contienen abundantes
frutos secos y pasas, y son fáciles de preparar.

6 huevos separados
450 g (2$\frac{1}{2}$ tazas) de azúcar
225 g (1 taza) de mantequilla sin sal, derretida y
enfriada a temperatura ambiente
1$\frac{1}{2}$ cucharaditas de semillas de anís
175 g (1$\frac{1}{2}$ tazas) de nueces
y almendras picadas
75 g ($\frac{1}{4}$ taza) de pasas de Corinto
$\frac{1}{2}$ cucharadita de extracto de vainilla
1 kg de harina blanca común
1$\frac{1}{2}$ cucharaditas de levadura en polvo
una pizca de sal

Se baten las yemas de huevo con el azúcar hasta que adquieran un color pálido amarillento y se haya disuelto el azúcar. Se baten las claras de huevo a punto de nieve y se añade lentamente el resto del azúcar. Se mezclan las claras con las yemas y, a continuación, se agrega la mantequilla. Se echan las semillas de anís, las nueces, las pasas y la vainilla. Se mezcla la harina con la levadura en polvo y la sal. Se echa la harina en la mezcla de los huevos. Hacia el final, quedará consistente. Se calienta el horno a 180 grados. Se extiende la masa con el rodillo en forma de cilindros de unos 20-25 centímetros de largo y de un diámetro de 4 centímetros. Se colocan en una bandeja de horno ligeramente untada con mantequilla, y se cuecen en el horno durante 15-20 minutos hasta dorarse. Se cortan en trozos de unos 2 centímetros de ancho en un ángulo de 45 grados. Se vuelven a poner en la bandeja de horno, se cortan las partes desiguales de la superficie y se cuece en el horno durante 5-10 minutos hasta que queden crujientes.

Cena festiva, por Arabella Boxer

Me gusta definirme a mí misma como «casi vegetariana», pues aunque vivo feliz alimentándome cotidianamente con cereales y hortalizas, no renuncio a cocinar pescado o incluso carne en alguna ocasión especial. Muchos de mis amigos, e incluso mis hijos, se consideran vegetarianos, pero comen a veces pescado y no tienen problemas en ninguna cena festiva. He intentado ofrecer un menú para celebraciones sin carne ni pescado, y también sin cantidades de mantequilla o crema que impone la cocina francesa. Es un reto difícil, pero divertido.

Propongo una cena otoñal para 6-8 personas, aprovechando los sabores cálidos y terrosos de las raíces vegetales, las setas, las castañas, el jengibre y las semillas de sésamo. Como premio, os animo a encontrar frambuesas tardías de otoño como aderezo para el postre.

La cena empieza con un agradable surtido de verduras rellenas, o verduras cortadas en rodajas, con tres rellenos distintos repartidos entre ellas. Se sirve a temperatura ambiente, brillando con todos los colores del otoño: amarillo, marrón, verde y rojo. A continuación, he preparado un plato de raíces vegetales surtidas —cebollas pequeñas para encurtir, puerros y zanahorias pequeñas, hinojo, chirivías y aguaturmas— ligeramente glaseadas con una salsa pegajosa de castañas y semillas de sésamo tostadas. Esto se sirve con un molde de arroz basmati, arroz silvestre e integral, aderezado

con las ligeras hojas del eneldo.

Después de dos platos de hortalizas surtidas, he escogido una ensalada sencilla: hojas de berro con chalotes picados, con un ligero aliño de zumo de frutas. Con la ensalada, serviría un queso —tal vez de cabra o de Burgos— acompañado de galletas saladas y mantequilla sin sal.

Dado que los dos primeros platos son bastante complicados de elaborar, parece más sensato hacer un helado casero para el postre, ya que se puede preparar con dos o tres días de antelación. Un helado de jengibre es delicioso cuando el tiempo es fresco, pues el cálido sabor del jengibre tierno contrarresta con el frescor del helado y constituye el lecho perfecto para unas cuantas frambuesas. Yo lo serviría con galletas de jengibre, crujientes y ligeras.

Habiendo regresado recientemente de un viaje a Turín, me he decidido por los vinos del Piamonte. De aperitivo, y con el primer plato, serviría un Gavi dei Gavi, seco y delicado, o un Arneis de gusto terroso. A continuación, con el plato principal, uno de los tintos más ligeros del Piamonte, tal vez un Barbaresco, y preferiblemente, un Gaja 1978 o 79. Con el helado de jengibre, tal vez quedaría mejor un Moscato d'Asti (preferiblemente Fontana Fredda), con la dulce fragancia de la uva de moscatel y un ligero toque de aguja. Pero, evidentemente, es posible utilizar también los equivalentes de su propio país.

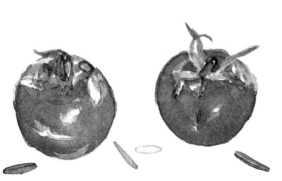

*Desde abajo a la derecha, y de izquierda a derecha:
Surtido de hortalizas rellenas, Molde de arroz
silvestre con raíces vegetales glaseadas, Ensalada de
berros con queso tierno, Helado de jengibre con
galletas finas de jengibre*

Surtido de hortalizas rellenas

La cena tendrá un inicio de colores vivos con este brillante surtido de hortalizas. Deberían rellenarse justo antes de servir. Para que conserven todo el color y el sabor, se ponen en la mesa a temperatura ambiente.

Relleno A:
1 pimiento grande, pelado y sin semillas (ver página 52)
4 tomates, pelados y sin semillas (ver página 52)
1 diente de ajo grande, tostado y pelado
$\frac{1}{4}$ cebolla española suave
1 bulbo de apio, con las hojas
2 cucharadas de aceite de oliva
1 cucharada de zumo de limón
$\frac{1}{2}$ cucharadita de cilantro
condimentar al gusto
Relleno B:
3 tomates pelados y sin semilla (ver página 52)
1 pimiento verde, pequeño y picado
$\frac{1}{2}$ manojo de cebollas tiernas picadas
1 pimiento de chile, sin semillas y picado (opcional)

2 cucharadas de zumo de limón
1 cucharada de aceite de oliva
1 aguacate grande
Relleno C:
225 g (2 tazas) de queso ricotta o de Burgos
2 cucharadas de rábano picante, rallado
$\frac{1}{2}$ manojo de cebollas tiernas, picadas
2 cucharadas de eneldo, picado
condimentar al gusto
Hortalizas:
12 setas grandes y planas
1 remolacha grande, cocida y pelada
1 berenjena grande, salada (ver página 52)
3-4 cucharadas de aceite de oliva
10 tomates maduros pequeños pelados (ver página 52)

Relleno A. Se pican los tomates, el pimiento, y el apio y se vierten en un cuenco. Se añaden el ajo y la cebolla, muy picados. Se mezcla el aceite, el zumo de limón y el cilantro, y se vierten encima de las verduras.
Relleno B. Se trocean los tomates, que se echan en un cuenco, y se añaden las cebollas tiernas, el pimiento, el chile y, luego, el aceite de oliva y el zumo de limón. Se deja a un lado. *Justo antes de usar el relleno,* se pela el aguacate, se corta con delicadeza la pulpa y se mezcla.
Relleno C. Se bate el queso hasta que quede suave y se añaden los demás ingredientes.
Hortalizas. Se calienta el horno a 175 grados. Se preparan las setas y se disponen con las láminas del sombrero hacia arriba en una bandeja de horno untada con aceite. Con un pincel, se untan con un poco de aceite y se cuecen en el horno 15 minutos. Se corta la remolacha en 6-8 rodajas de unos 5 mm. Con el pincel se untan las rodajas por ambos lados con aceite de oliva y se ponen en la parrilla hasta dorarse. Se cuelan con papel absorbente. Se rellena el interior de los tomates. Se dejan al revés 15 minutos para escurrir el líquido. Se desechan las semillas y el jugo, pero se trocean todas las partes consistentes. Se mezclan con el relleno. Sobre cada una de las setas, se colocan pequeños montones del relleno A, se decoran las rodajas de remolacha y de berenjena con el relleno B. Finalmente, se emplea el relleno C para los tomates.

Ensalada de berros

Con esta sencilla ensalada, se refresca el paladar entre el plato principal y el postre. Yo lo serviría con un queso entero (o con una parte), como queso de cabra o camembert sin pasteurizar. Guíese por lo más fresco del día. Se acompaña con galletas saladas y mantequilla sin sal.

4 manojos de berros
3 chalotes, pelados y picados (ver página 52)
pimienta negra

6 cucharadas de aceite de oliva
2 cucharadas de zumo de naranja
2 cucharadas de zumo de limón

Se lavan y se secan los berros, seleccionando las puntas más tiernas para la ensalada. Se vierten en un cuenco y se espolvorean con los chalotes. Se añade un poco de pimienta negra semimolida. Se mezcla el aceite de oliva con los zumos de fruta, y se aparta. Se vierte sobre la ensalada justo antes de servir y se remueve bien.

Raíces vegetales en molde de arroz silvestre

Se vierte el molde en el centro de una fuente redonda muy grande y se rodea con las hortalizas. Se espolvorea con semillas de sésamo y perejil picado. Como aderezo, utilice eneldo o perejil de hoja plana.

Para el molde de arroz silvestre:
150 g ($^1/_4$ taza) de arroz silvestre lavado
150 g ($^1/_4$ taza) de arroz integral de grano corto lavado
150 g ($^1/_4$ taza) de arroz basmati de grano largo
50 g ($^1/_4$ taza) de mantequilla derretida
condimentar al gusto
Para las verduras:
450 g de cebollas encurtidas peladas (ver página 52)
450 g de puerros pequeños, pesados antes de recortar
450 g de zanahorias pequeñas raspadas
450 g de hinojo, pesado antes de recortar
225 g de chirivías peladas
225 g de aguaturma, pesadas antes de pelar

225 g de castañas, pesadas antes de descascarar 1,2 litros (5 tazas) de caldo vegetal
Para el glaseado:
75 g ($^1/_3$ taza) de mantequilla
3 cucharadas de vermut seco
1 $^1/_2$ cucharadas de vinagre de vino blanco
condimentar al gusto
1 $^1/_2$ cucharadas de azúcar
1 cucharada de maicena
5 cucharadas de semillas de sésamo, tostadas (ver página 56)
5 cucharadas de perejil picado

Se cuecen los tres tipos de arroz (ver página 50). Se cuelan y se mezclan con la mantequilla y el condimento. Se echan en un molde de budín untado con aceite. Se tapa y se mantiene caliente. Se cortan todas las hortalizas en trozos de 2 cm. Se saca la cáscara de las castañas y se cortan en cuartos (ver página 52). Se hierven las zanahorias durante 5 minutos y se escurren. Se derriten 4 cucharadas de la mantequilla en una sartén honda o en una cazuela. Se añaden las cebollas, los puerros y el hinojo. Se cuece hasta dorarse. Se calienta el caldo y se agrega lo suficiente para cubrir las hortalizas. Se tapa y se deja a fuego lento hasta que estén tiernas. Se cuela, añadiendo el líquido al caldo reservado. Se mezclan estas hortalizas y las castañas con las demás. Se evapora el caldo reservado a 450 ml (2 tazas) escasas. Se vierten el vermut, el vinagre, el condimento y el azúcar. Se mezcla la sémola de maíz con 2 cucharadas del líquido caliente. Se agrega a la sartén sin dejar de remover hasta que hierva. Se deja a fuego lento durante 2 minutos. Se vierte encima de las hortalizas, se espolvorea con el sésamo y el perejil y se mezcla.

Helado de jengibre

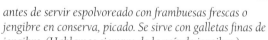

El helado está mejor cuando está recién hecho y se sirve antes de que pasen 2-3 días desde su elaboración. Se deja a temperatura ambiente durante 30 minutos antes de servir espolvoreado con frambuesas frescas o jengibre en conserva, picado. Se sirve con galletas finas de jengibre. (Hablamos siempre de la raíz de jengibre.)

600 ml (2$^1/_2$ tazas) de leche
4 huevos y 4 yemas de huevo
50 g (4 cucharadas) de azúcar superfino

6 cucharadas de jarabe de jengibre en conserva
600 ml (2$^1/_2$ tazas) de nata entera, ligeramente batida

Se calienta la leche hasta que esté a punto de hervir. Se añade lentamente el azúcar a los huevos. Cuando esté suave, se coloca el cuenco encima de una olla de agua a punto de hervir. Se vierte encima la leche caliente, batiéndola enérgicamente con una mezcladora de mano a medida que se cuece. Cuando empiece a espesarse (tras 10 minutos), y se adhiera al dorso de una cuchara de madera, se retira el cuenco y se deja en agua fría, removiendo de vez en cuando. Cuando esté apenas tibio, se retira el cuenco, se añade el jarabe, removiendo, y se echa la nata. Se vierte la mezcla en una heladera o en un recipiente de plástico de 1,5 que se pone en el congelador. Si utiliza el congelador, se bate bien la mezcla al cabo de 1$^1/_2$ horas. Se vuelve a congelar y se repite el proceso dos veces más, después de 30-45 minutos.

Fiesta de Otoño, por Martha Rose Shulman

En los países anglosajones, el día de acción de gracias es una ocasión para compartir alimentos y vino con los amigos y la familia. Pero en tierras mediterráneas el otoño suele deparar otras jornadas de reunión familiar para las que también servirá esta propuesta.

Cada año cambio el menú. No echo en falta el pavo, pero no puedo pasar sin todas las guarniciones —la calabaza, los boniatos, los arándanos agrios, y los otros alimentos de temporada— que están en su punto justo en el mes de noviembre —las peras, las setas, las verduras—. Elegir uno de estos alimentos como base para un plato principal es un desafío que me encanta.

Para este menú (concebido para 6 personas) he elegido todas las frutas y hortalizas de la estación y las he incluido en formas tal vez inesperadas. El champán inicia las celebraciones. Sírvalo antes de la comida con un aperitivo ligero —crudités con una salsa de queso de cabra con hierbas mezclado con yogur, rodajas de manzana aliñadas con zumo de lima, y frutos secos y pasas surtidas —lo justo para despertar el apetito.

El primer plato, una crema de setas, acompañada de un pan granulado de tonos ámbar, tiene un gusto penetrante gracias al ajo y lleva el sabor suculento de las setas silvestres. Sirva una Ensalada invernal con clementinas entre esta sopa terrosa y el plato principal. Para elaborarla, prepare un surtido de verduras de ensalada como diente de león, achicoria y escarola, aderezadas con gajos de mandarina y una vinagreta sencilla. Las verduras de ensalada amargas y las mandarinas dulces se complementan, y la ensalada tiene un sabor limpio y refrescante que prepara el paladar para el siguiente plato.

Es posible que suene raro hablar de raviolis de calabaza, pero es un plato tradicional del norte de Italia, y resulta inolvidable —no tiene nada que ver con la tarta de calabaza envuelta en pasta, como se imaginó un amigo—. Sírvalos con brécol cocido al vapor.

Noviembre es el mes para beber los primeros vinos de la temporada, los nuevos. Son vinos blancos, algunos de aguja, que permiten disfrutar de sabores ligeros, festivos y afrutados que combinan de maravilla con esta comida. Si los vinos nuevos de esta temporada no salieron buenos, elija los de otro año reputado.

El plato final, una tarta de arándanos agrios con peras, resulta particularmente espectacular: mientras se cuece en el horno, el jugo de los arándanos se desliza entre las rodajas de peras y la tarta acaba pareciéndose a un molino de bellos colores.

En la mayoría de comidas de estas comidas festivas otoñales los murmullos de éxtasis pasan progresivamente a convertirse en gruñidos de empacho, pero esta comida es esencialmente ligera: no abandonará la mesa sintiéndose atiborrado. Es otra razón para incluirla en su repertorio para los días de fiesta.

Desde arriba, de izquierda a derecha: Ensalada invernal con clementinas, Pan integral con avena, bulgur y harina de maíz, Brécol al vapor, Sopa de setas variadas, Raviolis de calabaza, Tarta de arándanos agrios con peras.

Sopa de setas variadas

Esta sopa es un inicio cálido y delicioso para la comida. Se puede usar cualquier seta silvestre —rebozuelos, rovellones, boletos comestibles—, pero si no las encuentra, utilice una mayor cantidad de mojardones secos; la sopa quedará igual de deliciosa. El caldo es una infusión que se prepara dejando las setas secas en remojo en agua hirviendo; las setas se cuecen con poco aceite de oliva y vino tinto, con chalotes y ajo antes de dejarlas a fuego lento en el caldo. Si se echan unas setas cortadas muy finamente y rehogadas en la sopa después de hacer el puré, aportarán textura y un toque bien sabroso. Es fácil de preparar y se conserva de un día para otro en la nevera.

50 g de boletos comestibles
550 g de setas cultivadas frescas,
o un surtido de setas silvestres
zumo de 1 limón
2 cucharadas de mantequilla
3 chalotes de tamaño mediano, pelados y picados
(ver página 52)
3-4 dientes de ajo machacados
2 cucharadas de aceite de oliva
1,2 litros escasos (5 tazas) de caldo vegetal

o agua (ver página 110)
1 patata de tamaño mediano, pelada y cortada
en cubitos
150 ml ($^2/_3$ taza) de vino tinto seco
2 cucharadas de salsa de soja
$^1/_2$ cucharadita de tomillo
y de romero picado
condimentar al gusto
4 cucharadas de crema fresca
aderezo de perejil fresco picado

Se dejan los boletos en remojo en agua hirviendo durante 20-30 minutos. Se cortan finamente 6 setas atractivas, se remojan en zumo de limón y se dejan a un lado para el aderezo final. Se cortan las setas restantes por la mitad. Se derrite la mantequilla y se rehogan los chalotes con 1 diente de ajo hasta dorarse. Se cuelan los boletos, reservando el líquido. Se echan los boletos con los chalotes, agregando 1 cucharada de aceite de oliva, las setas frescas y el ajo restante. Se cuece a fuego moderado durante 5-10 minutos; se añade el vino restante, y luego la salsa de soja, el tomillo y el romero, y se rehogan durante otros 10 minutos. Se escurre el líquido reservado de las setas y se añade caldo hasta 1,2 litros (5 tazas). Se vierte encima de las setas y se echa la patata hasta que hierva, y, a continuación, se tapa y se deja a fuego lento durante 30 minutos.

Entretanto, se cortan finamente los boletos reservados, se calienta el resto del aceite y se rehoga 5 minutos. Condimentar al gusto. Se hace un puré con la sopa y se vuelve a calentar. Se condimenta y, a continuación, se añade el vino restante. Se echa la crema fresca y se bate bien a mano, agregando los boletos rehogados. Se calienta y se sirve, aderezado con perejil y con las setas reservadas con limón.

Pan integral con avena, bulgur y harina de maíz

Hay dos etapas en la elaboración de los panes de esta receta. En primer lugar, se prepara una masa esponjosa, sazonada con miel y melaza. Cuando haya «funcionado» y se llene de burbujas, se añaden los demás ingredientes para hacer la masa. El surtido de cereales aporta una textura y aspecto deliciosos. Si es un aprendiz de panadería, consulte la información en la página 102 antes de empezar.

10 g (1 cucharada) de levadura micronizada
750 ml (3 tazas) de agua tibia
2 cucharadas de miel de sabor suave
2 cucharadas de melaza
225 g (2 tazas) de harina refinada sin blanquear
225 g de harina integral
4 cucharadas de mantequilla derretida o aceite de azafrán

1 cucharada de sal
100 g (1 taza escasa) de copos de avena
175 g (1 taza) de bulgur o trigo descascarado
75 g ($^3/_4$ taza) de harina de maíz
350 g de harina integral
1 huevo batido para el glaseado
aderezo de 2 cucharadas de semillas de sésamo

Se mezcla la levadura con el agua, la miel y la melaza. Se añaden las dos primeras cantidades de harina. Se tapa y se deja en un lugar caliente durante una hora, hasta que forme burbujas. Se añade la mantequilla y la sal, y, a continuación, se echan, la avena, el bulgur y la harina de maíz. Se agrega lentamente la harina restante y se forma una masa. Se amasa durante 10 minutos. Se moldea la masa en forma de bola, se coloca en un cuenco untado de aceite, se tapa y se deja fermentar durante 1 ½ horas. Se aplana la masa, se divide en dos barras y se coloca en moldes de pan untados con aceite. Se cubre con un paño ligero y se deja fermentar durante una hora. Se calienta el horno a 180 grados. Se untan los panes con huevo batido y se espolvorea con semillas de sésamo. Se cuece en el horno durante 50-60 minutos.

 ## Ravioles de calabaza

El relleno se compone de calabaza cocida en el horno y de un puré con queso parmesano, pan rallado y almendras picadas cocidas a fuego lento en vino tinto y salvia. Es la salvia lo que hace que este plato sea tan suculento. Se sirven los ravioles de forma sencilla, calentados con mantequilla derretida y espolvoreados con el queso parmesano restante.

500 g de pasta fresca (ver página 49)
1.25 Kg de calabaza fresca, con semillas
50 g (½ taza) de almendras tostadas y molidas
25 g (½ taza) de pan rallado (ver página 45)
1 cucharadita de salvia seca o
7 hojas de salvia fresca, cortadas.

120 ml (½ taza) de Rioja.
1/4 de cucharadita de nuez moscada y de canela.
175 g (1 ½ tazas) de queso parmesano recién rallado
condimentar al gusto.
seis o siete cucharadas de mantequilla fundida

Se calienta el horno a 200° C y se pone la calabaza hasta que esté tierna. Se pela la pulpa y se hace un puré. Se cuecen, a fuego lento, dejando evaporar casí todo el líquido. Se echa sobre la calabaza y especias y se aliña. Se retira del fuego y se echan los dos tercios del parmesano. Si la mezcla resulta muy líquida, se añade pan rallado o parmesano. Haga los tavioles (ver página 49) y hiérvalos a fuego lento en una cacerola grande, hasta que floten en la superficie. Se quita el agua, se le echa la mantequilla fundida y se rocian con lo que queda del queso rallado.

  ## Tarta de arándanos agrios y peras

Esta tarta es tan vistosa como apetitosa.

1 molde de hojaldre dulce (ver pág. 174)
175 ml (¾ taza) de zumo de naranja fresca
3 cucharadas de sémola de maíz
150 g (½ taza) escasa de miel de sabor suave
450 g de arándanos agrios

Use una tartera poco honda, de 30 cm.

2 cucharadas de ralladura de naranja
3 peras peladas sin semillas
y cortadas en rodajas finas
3 cucharadas de zumo de limón
2 cucharadas de mermelada de albaricoque

Se bate a mano el zumo de naranja, la sémola de maíz y toda la miel salvo 2 cucharadas en una sartén grande. Se añaden la mitad de los arándanos y se cuecen hasta que hiervan. Se retiran del fuego y se echan, removiendo, los demás arándanos y la esencia de la cáscara de la naranja. Se deja a un lado. Se calienta el horno a 200C. Se añaden las peras en el zumo de limón y la miel restante. Se disponen solapados en círculo rodeando el borde del molde de hojaldre. Se vierte la mezcla de los arándanos en el centro. Se cuece en el horno durante 25-30 minutos. Entretanto, se derrite la mermelada en una sartén con la miel y el limón que sobraron de las peras.

Menú de Navidad, por Caroline Conran

Me gusta la sensación de abundancia en navidad, con generosidad y copas rebosantes, el engalanamiento, los chistes y juegos, y una mesa cubierta de frutas, flores, bombones, velas y almendras glaseadas. La extravagancia hace que todo parezca más intenso y emocionante.

El primer plato será una exquisita ensalada de huevos escaldados y cilantro verde frito. Si no le gusta la idea de los huevos, podría servir quesos de cabra a la parrilla con algunas nueces ligeramente tostadas.

El plato principal es una gloriosa tarta de tamales elaborada con hojaldre. Lleva un delicioso y ligero relleno de tomates, cebollas y pimientos, en una masa de harina de maíz, y si es de gran tamaño, será un espectacular centro de mesa.

Según Anne Lindsay Greer, en su libro *Cuisine of the American Southwest*, los tamales eran «el manjar de los dioses» para los indios aztecas, y en efecto, su sabor era divino. Acompañe la tarta con platos de hortalizas de colores vivos y cuencos de salsa y guacamole. El vino ideal para esto es un Borgoña de mucho cuerpo y sabor, o bien un Rioja, un Valdepeñas o un Jumilla bien envejecido.

Complete la comida con mi versión ligera del budín de navidad, acompañado de un sorbete de «syllabub». Si prefiere algo más ligero, podría servir una ensalada de frutas exóticas, tal vez una combinación de pomelos rosados, naranjas sanguinas, mangos, frutas de la pasión y pomelos. Aderécelo con zumo de limón y déjelo reposar unas horas antes de servir. Se acompaña el postre con un cava o una sidra de su agrado.

Ensalada de hierbas con setas pleurotus y huevos escaldados

Esta ensalada es la entrada ideal de una comida abundante, porque se pueden preparar las distintas partes con mucha antelación, para luego combinarlas justo antes de comer.

3 cucharaditas de vinagre de jerez
1 cucharadita de zumo de limón
1 diente de ajo machacado
6 cucharadas de aceite de oliva y de aceite de girasol
sal al gusto
350 g de setas pleurotus o champiñones

un surtido de verduras de ensalada, lavadas y secas (elija entre valerianela, hojas tiernas de espinaca, berro, escarola, perifollo, perejil rizado, cebollinos o acedera)
6 huevos escaldados (ver página 54)
un puñado de cilantro fresco, picado
1 cucharadita de pimentón dulce

Se mezclan los tres primeros ingredientes con 2 cucharadas de ambos aceites para el aliño y se dejan a un lado. Se recortan las setas y se limpian frotando con medio limón. Se pueden usar las setas pleurotus enteras o cortadas por la mitad, pero deben cortarse los champiñones muy finamente. Se calientan 2 cucharadas de ambos aceites hasta que humee, y se fríen las setas hasta dorarlas. Se deja la sartén a un lado.

Justo antes de servir, se vierten las hortalizas en el aliño y se dispone un generoso puñado en 6 platos. Se recalientan las setas a fuego fuerte. Se calienta el aceite restante, se fríe el cilantro hasta que chisporrotee y, a continuación, se agrega el pimentón. Se esparcen las setas en las ensaladas y se coloca un huevo escaldado en el centro. Se vierte un poco de la mezcla del cilantro sobre cada huevo y se sirve de inmediato.

*Desde arriba, y de izquierda a derecha: Ensalada de
hierbas con setas pleurotus y huevos escaldados,
Chícharos al vapor, Tarta de tamales, Budín de
navidad, Sorbete de «syllabub».*

Tarta de tamales

Esta hermosa tarta está hecha con hojaldre de filo que se puede encontrar en rotiserías. Procure comprarlo en una tienda que renueve con frecuencia su surtido, ya que cuando tiene mucho tiempo, el filo se vuelve quebradizo y difícil de trabajar. Guárdelo en el congelador si desea conservarlo un par de días. La tarta se sirve con dos acompañamientos mexicanos: salsa picante, una salsa roja que se conserva hasta tres días en la nevera, y un puré de aguacate llamado guacamole. Esta tarta precisa de una tartera de fondo desmontable de 32 centímetros.

Para la salsa:
1,5 kg de tomates muy rojos
3 cebollas picadas
30 ramitas de cilantro picado
4-5 guindillas verdes, tostadas a la parrilla, peladas, sin semillas y picadas
4-5 guindillas secas sin semilla y picadas
2-3 cucharaditas de sal
Para la tarta:
3 pimientos grandes, 1 amarillo y 2 rojos, asados y pelados
2 cebollas grandes picadas
aceite de maíz
2 mazorcas de maíz, frescas, hervidas y enfriadas
175 ml ($^3/_4$ taza) de nata agria
3 huevos
2 cucharadas de mantequilla derretida

225 g (2 tazas) de harina de maíz
65 g ($^1/_2$ taza) abundante de harina común
1 cucharadita de bicarbonato de sosa
1 cucharadita de levadura
$^1/_2$ cucharada de azúcar
1 cucharadita de sal
175 ml ($^3/_4$ taza) de leche
6-9 rectángulos de hojaldre o de strudel
225 g (2 tazas) de queso de bola fuerte rallado
Para el guacamole:
pulpa de 3 aguacates maduros, machacada con un tenedor
zumo de 1-2 limones
2-3 dientes de ajo, machacados
pimienta de Cayena y condimentar a gusto
1 cucharada de aceite de oliva (opcional)
aderezo de semillas de comino tostadas

Se cuecen los tomates a la parrilla hasta que estén totalmente tiernos y negros. Se dejan enfriar. Se colocan las cebollas en un tamiz y se lavan bien, exprimiéndolas para eliminar los jugos amargos. Se mezclan las cebollas con el cilantro y los pimientos de chile. Se pelan y trocean los tomates, incluyendo unos trocitos de piel ennegrecida y cortada muy fina. Se añaden a la mezcla de las cebollas y se sazona con sal. Se desechan las semillas de los pimientos y se cortan en tiras irregulares. Se rehoga la cebolla en 2-3 cucharadas de aceite de maíz durante 30 minutos, removiendo de vez en cuando hasta que quede tierna y transparente, pero procure no dorarla. Se desgrana el maíz (ver página 137). Se vierte en un cuenco con la nata, los huevos y la mantequilla, y, a continuación, se mezcla con la batidora unos segundos para amalgamarlo. Se tamizan los ingredientes secos en un cuenco grande y se agrega la mezcla del huevo seguida de la leche; se remueve bien. Se calienta el horno a 175 grados. Trabajando con rapidez para evitar que se seque, se extiende una lámina de hojaldre sobre un paño humedecido y se unta bien con aceite. Se dispone en una tartera untada de aceite, de manera que abarque todo el fondo y rebose los bordes. Se repite este proceso con las láminas restantes, ajustándolas bien en los bordes de la tartera. Al final, el hojaldre debería cubrir la superficie de la tarta, de modo que procure que le sobre suficiente para que los pliegues se encuentren en el medio. Se vierte la mitad de la mezcla del maíz en la tartera y se cubre con una capa de cebollas cocidas. Se disponen los pimientos encima. Se cubre con queso y se vierte encima una tercera parte de la salsa. Sobre esta capa se extiende la mezcla del maíz restante, y, a continuación, se pliega hacia adentro el hojaldre, dejando las esquinas hacia arriba para que parezcan pétalos. Se pueden cortar unos triángulos de hojaldre para hacer más pétalos, pero recuerde untarlos con aceite. Cuando esté satisfecho del resultado, se pone la tarta en el centro del horno durante 40-45 minutos hasta que cuaje. Se deja reposar unos 10 minutos antes de servir. Se mezclan bien los ingredientes del guacamole, se condimenta al gusto y se sirve.

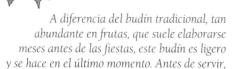

Budín de navidad

A diferencia del budín tradicional, tan abundante en frutas, que suele elaborarse meses antes de las fiestas, este budín es ligero y se hace en el último momento. Antes de servir, *se dispone en una fuente, se remoja con coñac y se le prende fuego. El budín flambeante siempre evoca gritos de alegría. Procure utilizar únicamente los mejores ingredientes.*

50 g (⅓ taza) de cerezas glaseadas
225 g (2 tazas) de pasas de Corinto
225 g (2 tazas) de uvas pasa grandes sin semilla
50 g (½ taza) de orejones de albaricoques, troceados
50 g de piel almibarada troceada
50 g (½ taza) de almendras enteras, cortadas
75 g de almendras picadas
100 g de azúcar moreno

75 g (½ tazas) de pan rallado integral fresco (ver página 48)
200 g (1 taza escasa) de mantequilla blanda, nuez moscada, canela y pimienta inglesa
el zumo de ½ naranja y de ½ limón
2 huevos
3 cucharadas de coñac
1-2 cucharadas de leche
una pizca de sal

Se mezclan los frutos secos enteros y molidos, la fruta, la piel, el azúcar y el pan rallado. Se añade la mantequilla, se amasa con los dedos y, a continuación, se vierten las especias. Se baten los demás ingredientes en un cuenco, y se añade la fruta. Invite a los suyos a remover el budín mientras, y vierta la mezcla en un molde de budín o para cocer al vapor de 1 litro, untado con abundante mantequilla. Se tapa con papel encerado, luego con papel de aluminio, y se ata fuerte con un cordel (asegúrese de dejar espacio para que se hinche el budín). Se coloca el budín en una olla en la que se vierte agua hirviendo. Se deja hervir durante 4 horas, comprobando que no se evapore totalmente el agua. El día de navidad se sustituye la tapa de papel de aluminio con una nueva y se hierve el budín 1-2 horas más. Se sirve con el sorbete de «syllabub».

Sorbete de «syllabub»

El acompañamiento tradicional del budín de navidad es la mantequilla al coñac, un sabor muy dulce y empalagoso. En mi opinión, acompañar el budín con este sorbete es buena idea. Se sirve en platitos individuales y se come un bocado *de budín caliente y sabroso, seguido de un bocado de sorbete. Si no quiere que quede demasiado fuerte de alcohol, caliente el vino y el jerez hasta que hiervan, dejándolos enfriar antes de preparar el sorbete.*

450 ml (2 tazas) escasas de moscatel
300 ml (1¼ tazas) de jerez seco blanco
zumo y ralladuras de 3-4 limones

225-300 (1-1½ tazas) de azúcar
moreno o blanco
4 claras de huevo, batidas

Se mezcla el vino con el jerez, el zumo y la esencia de la cáscara de los limones, y se deja enfriar en la nevera. En una olla se disuelve el azúcar en ⅔ taza de agua hasta que hierva, y se mantiene en ebullición durante 5 minutos. Se deja enfriar en una pila de agua fría y, a continuación, se añade la mezcla del vino ya enfriada, comprobando el sabor para precisar la cantidad necesaria. Se deja enfriar en la nevera un largo rato, se vierten las claras de los huevos y se pone en el congelador. Se baten las mezclas al menos dos veces mientras se conserve en congelación, a fin de mejorar su textura.

Banquete de Boda, por Barbara Kafka

Soy una persona sentimental. Me imagino feliz. Me imagino un día templado de primavera o de verano con nubes algodonosas, sin una gota de lluvia y con un jardín en flor. Desde luego, todo esto puede no ser cierto, pero los sabores y el estilo del festín matrimonial pueden, al menos, evocar esta hermosa imagen.

Esta comida (ideada para 12 personas) es tan vistosa como apetitosa, y se puede dividir o multiplicar fácilmente. Se inicia con elegantes porciones individuales de huevos de codorniz y, a continuación, se sirve un suntuoso molde de cuzcuz y de hortalizas tiernas cocidas al vapor. Si tiene dificultades para encontrar hortalizas tiernas, puede cortar las más grandes en formas atractivas. Tardan menos en cocerse.

El cuzcuz se sirve con una salsa roja de sabor penetrante llamada «harissa». Se puede hacer todo lo picante que se quiera, aumentando las cantidades de «sambal» y «harissa». Incremente proporcionalmente los demás condimentos para mantener el equilibrio.

Una boda sin pastel no es una boda de verdad. He decidido preparar una «genoise» elaborada en capas —tres capas unidas con relleno y aderezadas con una deliciosa nata mantecosa de manzanilla—. El caramelo machacado esparcido sobre el pastel brilla como si fueran joyas. Todo el trabajo de este menú se puede hacer con antelación, salvo cuando el cuzcuz y las hortalizas se cuecen al vapor, que se pueden preparar sin atención constante mientras se come el primer plato.

Huevos en gelatina verde

Este primer plato es una delicia en miniatura. La tierna gelatina verde tiene el sabor ligero del estragón, y su aspecto es primaveral si descansa en un lecho de verduras ligeramente aliñadas y aderezadas con una picante flor de berro naranja o amarillo. Si es demasiado temprano para los berros, puede usar violetas o rosas, esparciendo los pétalos. Lo ideal sería servirlo en platos verdes de cristal o porcelona. Si nunca ha trabajado con agar agar para hacer una gelatina, se llevara una agradable sorpresa. Cuaja a temperatura ambiente, lo cual facilita su uso.

18 huevos de codorniz, duros y pelados (ver página 54)
450 g de espinacas, sin tallo y lavadas
zumo de 1 limón
475 ml (2 tazas) de agua

12 hojas de estragón fresco
25 g de agar agar preparado (ver página 40)
2 cucharaditas de sal
$\frac{1}{8}$ cucharadita de pimienta blanca, recién molida

Se cortan los huevos a lo largo y por la mitad, se tapan y se reservan. Se hace un puré con la espinaca y el zumo de limón, se vierte en un paño de muselina plegado en dos y se exprime todo el líquido en una olla (debería haber 250 ml (1 taza) de jugo de un color verde brillante). Se añade el agua y se hierve. Se vierte el estragón, se tapa y se hace una infusión durante diez minutos. Se agregan el agar agar, la sal y la pimienta y, a continuación, se escurre con un colador de trama fina.

Se pone una cucharada del líquido de las espinacas en cada uno de los doce moldes. Se deja reposar y se decora con 3 mitades de huevo, 2 de ellas con la yema hacia abajo. Se llenan los moldes delicadamente con el líquido restante de las espinacas y se deja reposar. Se tapa y se pone en la nevera hasta el momento de servir. Se retira de los moldes y se sirve individualmente en un lecho de tiernas verduras de ensalada aliñadas con una salsa vinagreta.

 *Desde arriba a la izquierda y de izquierda a derecha:*
Salsa de «harissa», cuzcuz con hortalizas, Huevos en
gelatina verde, Pastel de boda.

227

 # Cuzcuz con verduras

A diferencia del estremés, que se sirve en elegantes porciones individuales, este primer plato es asombroso y abundante —una variante contemporánea de un clásico plato típico de las bodas beduinas que suele prepararse con cordero y otras carnes—. Se presenta preparado con las hortalizas pequeñas y tiernas. Este espléndido manjar festivo debe servirse acompañado de pequeños recipientes de salsa picante de «harissa».

Nota: La mejor pasta de «harissa» es francesa. El «sambal olek» es un chutney picante de Oriente que se consigue en tiendas especializadas. Tradicionalmente, la novia beduina divide los granos con su propio peine de plata.

Para el cuzcuz:
1,5 kg (6 tazas) de cuzcuz no instantáneo
1,5 litros (6 tazas) de jugo de tomate
1,5 litros (6 tazas) de agua
12 dientes de ajo pelados y picados (ver página 52)
1 cucharadita de semilla de anís
2 cucharaditas de comino, de cilantro y de jengibre, molidos
$\frac{1}{4}$ cucharadita de pimienta inglesa y de nuez moscada fresca, molidas
4 cucharaditas de sal
1 cucharadita de pimentón machacado y de cardamomo, molidos
$\frac{1}{2}$ cucharadita de canela molida
4 cucharadas de aceite de oliva
1 manojo pequeño de ramitas de cilantro fresco

Para las verduras:
10 alcachofas pequeñas
zumo de 1 limón
24 zanahorias pequeñas, raspadas
24 nabos pequeños, raspados
24 vainas pequeñas de quingombó fresco, pulidas (ver página 155)
24 mazorcas de maíz pequeñas, desenvainadas (ver página 137)
8 tomates frescos, desgranados y cortados a cuartos
12 berenjenas pequeñas
50 cebollas pequeñas, peladas (ver página 52)
24 puntas de espárrago tiernas y frescas, partidas y peladas

Para la «harissa»:
250 ml (1 taza) de pulpa o jugo de tomate
225 g de tomates, pelados, cortados y desgranados (ver página 52)
1 diente de ajo machacado
1 cucharadita de «sambal olek» y de pasta de «harissa»
$\frac{1}{2}$ cucharadita de semilla de anís
$\frac{1}{4}$ cucharadita de semilla de cilantro molida
$\frac{1}{8}$ cucharadita de canela molida
$\frac{1}{2}$ cucharadita de comino molido
2 cucharadas de zumo de limón y de lima frescos
1 cucharada de aceite de oliva

Se prepara el cuzcuz según la descripción de la página 123, pero para esta cantidad se utilizan 2,75 litros. Un recipiente grande para el horno sería lo ideal. Se colocan el resto de los ingredientes en una cacerola de 4,5 litros hasta alcanzar una vigorosa ebullición. Entretanto, se cubre una malla vaporizadora con un paño plegado suficientemente grande para que exceda los bordes. Se llena con el cuzcuz ya preparado y se coloca encima de la salsa de tomate mientras se cuece a fuego lento durante 20 minutos. Se vierte el cuzcuz de nuevo en el recipiente para el horno, se deshacen los grumos y se deja que se hinche y se seque. Se cortan 4-5 cm de la parte superior de las alcachofas. Se desechan las pequeñas hojas descoloridas de la base. Se cortan los tallos a la altura de la base, y se cortan todas las alcachofas por la mitad a lo largo y se frotan con jugo de limón. Se vierte el resto del zumo de limón en un recipiente y se añaden 475 ml (2 tazas) de agua. Se dejan las alcachofas remojando en este líquido hasta su uso. Cuando el cuzcuz esté seco y sin grumos, se vierte de nuevo en la malla vaporizadora con el paño. Se vuelve a poner la salsa de tomate a fuego lento, se cuelan las alcachofas y se ponen dentro de la salsa boca abajo por el extremo cortado. Se colocan encima de la malla vaporizadora del cuzcuz y se cuece al vapor durante 10 minutos. Se añaden todas las verduras a la salsa, salvo los espárragos; se coloca de nuevo la malla vaporizadora y se cuece durante 5 minutos. Se retira del fuego y se vierte el cuzcuz en el aceite. Se dispone en una fuente grande y plana. Se hace un hueco hondo y ancho en el cuzcuz y se vierten en él las verduras coladas. Se guarnece con las ramitas de cilantro. Se salpica con *un poco* de salsa de tomate, añadiéndole jugo de tomate y más condimentos si fuera necesario. Se cuecen los ingredientes de la «harissa», salvo el aceite, hasta que hiervan, luego se deja a fuego lento durante 5 minutos. Se apaga el fuego, se vierte el aceite sin dejar de remover y se sirve.

Pastel de boda

Desde luego, se podría preparar un pastel de boda tradicional de capas blancas con broches de frutas acarameladas y envueltas en un merengue blanco y duro. Pero yo me imagino un pastel más suave, aunque engalanado en forma y decoración: este pastel elaborado en capas hechas de trigo integral, miel y una infusión de manzanilla.

La alcorza, pálida y perlada, es irresistible.
Nota: Esta receta requiere 3 moldes de pastel redondos: 30×6 cm (grande), 23×6 cm (mediano), y 12×6 cm (pequeño). Dado que la mayoría de mezcladores caseros no son demasiado grandes, prepare la mezcla en dos tandas y repártala equitativamente entre las capas.

Para el pastel:
225 g (2 tazas) de harina integral
100 g (1 taza) de harina blanca
18 huevos grandes
300 g (1$\frac{1}{2}$ tazas) de azúcar
1 cucharada de cáscara de naranja, finamente rallada
1 cucharada de esencia de vainilla
175 g ($\frac{1}{3}$ taza) de mantequilla derretida
Para el jarabe:
350 ml (1$\frac{1}{2}$ tazas) de vino de Málaga
3 cucharadas de miel de azahar

Para la nata a la manzanilla:
900 ml (4 tazas) de leche
75 g ($\frac{3}{4}$ taza) de infusión de manzanilla
21 yemas de huevo
800 g (4 tazas) de azúcar granulado
1,25 kg de mantequilla, sin sal, blanda y cortada en trozos de 2 cm
Para el aderezo de caramelo de miel:
120 ml ($\frac{1}{2}$ taza) de agua
2 cucharaditas de manzanilla
175 g ($\frac{1}{2}$ taza) de miel suave

Se calienta el horno a 180 grados. Se untan los moldes de pastel con mantequilla y se forra el fondo de cada uno con papel encerado. Se untan los papeles con mantequilla y se enharinan ligeramente los moldes. Se tamizan las harinas juntas dos veces y se reservan. Se baten a mano los huevos, el azúcar y el cáscara de la naranja en un cuenco grande resistente al calor. Se coloca sobre una olla de agua a punto de ebullición y se bate de nuevo hasta que esté caliente y espumoso. Se retira del fuego y se bate a toda velocidad durante 10 minutos, hasta que haya triplicado su volumen y se haya enfriado. Con una espátula de goma, se vierten lentamente y, removiendo las harinas, seguidas de la vainilla y la mantequilla. Se echa en los moldes y se cuece en el horno durante 20-30 minutos. Se deja reposar 5 minutos, y se retira del molde, dejándolo sobre una rejilla para que se enfríe del todo. Se mezclan los ingredientes del jarabe en una olla y se cuecen a fuego lento hasta que empiecen a fundirse. Se deja enfriar y se aparta a un lado. Se escalda la leche, se retira del calor y se añade la infusión de manzanilla. Se tapa la olla y se deja 10 minutos. Se cuela. Se baten las yemas de los huevos con el azúcar, y se va añadiendo la leche con la infusión, sin dejar de remover. Se vierte en una olla y se cuece a fuego moderado, removiendo constantemente hasta que la mezcla espese. Se echa en un cuenco grande y se mezcla con una batidora eléctrica hasta que se haya enfriado del todo, a velocidad moderada, añadiendo poco a poco la

mantequilla. Se refrigera hasta el momento de usarlo. Se unta una hoja de papel encerado con mantequilla por ambos lados. Se coloca sobre una bandeja de horno y se deja enfriar. Se pone a hervir el agua en una olla pequeña y pesada, se añade la manzanilla, se tapa y se deja 10 minutos para hacer la infusión. Se cuela y se limpia la olla. Se vuelve a echar la infusión en la olla y se añade la miel, removiendo. Se cuece a fuego moderado hasta que quede muy crujiente. Se vierte el caramelo sobre el papel untado de mantequilla, distribuyéndolo de modo que se forme una capa delgada. Cuando haya cuajado, el caramelo se ralla. *Presentación final.* Se cortan las capas de pastel por la mitad horizontalmente. Se empieza con la capa grande, remojando ligeramente el borde con el jarabe. Entre cada capa, se esparcen 5 mm de nata. A medida que se preparan las diferentes capas, se van guardando en el congelador. Se aderezan con abundante nata, suavizando los bordes y la superficie, y se vuelven a poner en el congelador. Se repite la misma operación con las demás capas. Se congelan todas las capas durante 15 minutos, y se aplanan con una espátula de goma remojada en agua tibia. Se pone el caramelo rallado en un cuenco. Se sostienen las capas, una a una, en un ángulo y se inserta en los bordes el caramelo. Se centran las capas una encima de la otra, acabando con la más pequeña. Si lo desea, espolvoree el resto del pastel con el caramelo o aderécelo con coronas de flores frescas de manzanilla.

CAPÍTULO 6

La Familia Vegetariana

Aunque la mayoría de las personas son conscientes de que la dieta vegetariana es saludable, subyacen preocupaciones acerca de algunos aspectos nutricionales de las comidas diarias, sobre todo si se tiene una gran familia con bebés, niños y tal vez ancianos, todos viviendo bajo el mismo techo. No hay duda de que estas dudas existen si uno vive solo, pero pueden ser más preocupantes en una gran familia. ¿Cómo se consigue, pues, una dieta vegetariana equilibrada sin complicarse demasiado la vida?

Una de las preocupaciones más constantes es si el vegetariano recibe el aporte suficiente de proteínas sin alimentos de origen animal. La respuesta es afirmativa. Hasta el vegetariano más espartano recibirá el aporte adecuado de proteínas de los cereales, las legumbres y los frutos secos, mientras que los vegetarianos más sibaríticos contaremos para ello con los huevos y productos lácteos, el tofu, el sésamo y cientos de exquisiteces y combinaciones.

Otra preocupación corriente es que hacerse vegetariano complica mucho el trabajo del cocinero, pues hace falta tener habilidades especiales y experiencia. Yo creo que la cocina vegetariana es mucho *menos* complicada que una dieta carnívora —cuando se está organizado: siga las instrucciones del Capítulo 1 para consejos—. Las únicas habilidades necesarias son las más esenciales de la cocina, que son igualmente precisas y fáciles de adquirir. Tal vez se necesite un poco de imaginación, y estar dispuesto a experimentar con alimentos y sabores nuevos. Si toda la familia es vegetariana, no habrá problemas. Las comidas son un poco más difíciles cuando los individuos tienen preferencias y necesidades dietéticas diferentes. La respuesta está en la planificación y la preparación, y en una despensa y nevera bien surtidas.

Recuerde, cuanto mayor sea la diversidad de alimentos en su dieta y cuanto más variados sean los platos que prepare, más probabilidades tendrán de recibir el aporte de nutrientes que necesitan, sea cual sea el miembro de la familia, su edad y, también, sus necesidades.

Dulce de higos ㉚ Ⓥ

Un regalo para toda la familia. Aunque el contenido de azúcar es elevado, darse el gusto de vez en cuando no hace daño. Esta receta está prevista para 450 g de dulce de higos.

225 g de higos secos
ralladuras de la cáscara y zumo de 1 limón
225 g (1 taza abundante) de azúcar superfino
75 ml ($^1/_3$ taza) de agua
25 g de almendras picadas
50 g ($^1/_2$ taza escasa) de algarrobas en polvo
1 cucharadita de canela

Se hace un puré con los higos. Se mezclan el azúcar, el limón y el agua y se cuece hasta que hierva y se haya disuelto el azúcar. Se mezclan bien todos los ingredientes. Se cuece hasta que la mezcla se desprenda de los lados de la olla. Se vierte en una fuente, se deja enfriar y se corta en cuadraditos.

La tempura —trozos de verduras rebozadas en una pasta ligera y fritas en abundante aceite— se puede preparar en la mesa con la participación de toda la familia. Aquí se sirve con Ensalada de arroz con almendras, y dos salsas de acompañamiento. Lichis y papaya frescos son el postre perfecto (ver páginas 136, 123 y 194).

Los Bebés y los Niños Pequeños

No hace falta decir que todos los bebés tienen las mismas necesidades nutricionales, sean o no vegetarianos. Los bebés de menos de un año necesitarán tres veces más proteínas por cada 500 gramos de peso corporal que los adultos. Los niños de más de un año y hasta los doce años de edad, necesitarán el doble.

Hasta los seis meses, los bebés recibirán los nutrientes necesarios a través de la leche materna, aunque haya quien recomiende un complemento de hierro a los tres meses. Consúltelo con su médico. Existen, no obstante, algunos otros alimentos que se pueden introducir en esta etapa, como el puré de aguacate o de boniato, hasta el momento del destete de su hijo. A la edad de un año, ya tendrá que comer alimentos sólidos.

La dieta de un niño vegetariano en este estadio deberá componerse de cereales, legumbres, verduras, frutas y productos lácteos. Al menos una comida diaria deberá incluir proteínas complementarias, aunque, debido a que los alimentos de los adultos suelen seguir de forma natural un patrón complementario, es probable que para los niños también sea así. Recuerde que los cereales son altamente nutritivos, particularmente el sésamo. Por su insipidez, el tofu es un alimento al que se puede agregar el sabor que más guste a su bebé. Se puede, por ejemplo, mezclar con batidos de leche sazonados con algarrobas o frutas. Uno de los grandes recursos,

después del destete, es la sopa de judías con verduras mezclada con leche. Recuerde: procure evitar los alimentos con azúcar añadido, como las frutas en almíbares pesados, mermeladas y jaleas, porque el bebé desarrollará muy pronto un gusto por los dulces.

Existen dos preocupaciones fundamentales con los bebés y los niños muy pequeños: el calcio y el hierro. Los niños lactovegetarianos recibirán el aporte de calcio necesario de los productos lácteos, pero los niños estrictamente vegetalianos deberán encontrarlo en alimentos como el brécol y las uvas pasas y también deberán asegurarse su consumo de vitamina D, que permite la absorción del calcio (una buena fuente de vitamina D es la leche de soja enriquecida).

Otra preocupación es si el bebé y la madre reciben suficiente hierro. En ocasiones, los bebés prematuros necesitan un complemento de hierro. No hay duda de que a los seis meses de edad la dieta del bebé deberá tener alimentos de alto contenido ferroso, como las legumbres y las semillas. Asimismo, es prudente que consuman vitamina C para facilitar la absorción del hierro. Una tercera preocupación con relación a los niños que son vegetarianos estrictos yace en el consumo adecuado de vitamina B_{12} (por ejemplo, en la leche de soja enriquecida). Siga los consejos de su médico o pediatra. Las siguientes recetas están previstas para una sola persona.

Sopa de guisantes partidos ⑩ Ⓥ Ⓟ Ⓒ

75 g (³/₄ taza) de guisantes partidos, en remojo durante 1 hora
1 zanahoria rallada
1 cebolla rallada
900 ml (3 ³/₄ tazas) de agua
1 cucharada de germen de trigo

Esta sopa es más sabrosa cuando se come caliente o tibia, ya que tiende a espesarse cuando está fría. La receta está prevista para 4 personas.

Se mezclan los guisantes partidos con la zanahoria, la cebolla y el agua, y se cuece a fuego lento durante 40 minutos. Se añade el germen de trigo, se deja enfriar, y se bate hasta formar un puré.

Queso a la manzana ③ P

Este plato tradicional inglés constituye un desayuno o un almuerzo ideal y es de fácil digestión.

1 manzana de postre, pelada y rallada
3 cucharadas de requesón
1 cucharada de germen de trigo

Se mezcla bien todo junto.

Arroz integral con lentejas ⑮ P C

Este plato, que se puede comer caliente o frío, es una fuente ideal de proteínas complementarias.

2 cucharadas de arroz integral cocido (ver página 50)
1 cucharada de lentejas cocidas (ver página 51)
1 calabacín tierno, rallado
1 cucharada de yogur natural

Se mezcla todo.

Pilaf de judías con trigo sarraceno ⑩ V P C

La piel de las legumbres es lo más indigesto, por eso va bien pasarlas por un pasapuré. El interior de las judías es deliciosamente esponjoso y tierno.

3 cucharadas de trigo sarraceno cocido (ver página 50)
1 cucharada de judías verdes, cocidas y picadas
1 cucharada de habas, cocidas y picadas

Se mezcla todo junto.

Pilaf de arroz con espárragos ⑮ V C

Este plato es bastante especial para un niño pequeño. Se puede hacer con espárragos de puntas más delgadas.

3 cucharadas de arroz integral cocido (ver página 50)
3 puntas de espárrago, cocidas al vapor y troceadas
1 cucharada de germen de trigo

Se mezcla todo junto.

Judías de soja y tomates ⑮ V P C

No encontrará ninguna dificultad en conseguir que su hijo coma este plato, ya que a los bebés les encanta el sabor dulce de los tomates maduros.

1 cucharada de judías de soja, cocidas y bien machacadas
(ver página 51)
2 cucharadas de arroz integral cocido (ver página 50)
1 tomate pelado y en puré

Se mezcla todo junto.

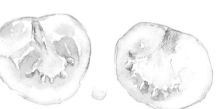

Relleno de bocadillo ② Ⓟ Ⓒ

A los niños les encanta esta mezcla.
La dulzura del plátano compensa el sabor fuerte
de la manteca de cacahuete.

3 cucharadas de requesón
1 cucharada de manteca de cacahuete
1 plátano cortado en rodajas finas

Se mezcla todo junto.

Hamburguesas de lentejas ② Ⓥ Ⓟ Ⓒ

Seduzca a su hijo con esta hamburguesa de
lentejas. Póngalo en un panecillo, o sírvalo con
alubias guisadas en casa. La receta está prevista
para 4 hamburguesas.

75 g (³/₄ taza) de lentejas cocidas hasta ablandarse (ver página 51)
1 huevo, una pizca de sal de ajo, de perejil, de salvia y de tomillo
1 cucharada de nueces picadas
1 cucharada de pan integral rallado (ver página 48)
2 cucharadas de cebolla troceada
lonchas de queso seco

Se calienta el horno a 180 grados. Se mezcla todo junto, salvo la cebolla y el queso. Se moldea en forma de hamburguesas y se reboza en la cebolla. Se coloca en una bandeja de horno, se pone una loncha de queso encima de cada hamburguesa y se cuece en el horno durante 12-15 minutos.

Tofu con uvas pasas ② Ⓥ Ⓟ

El tofu es perfecto para los bebés, porque es
suave e insípido. El brécol contiene mucho hierro
y las uvas pasas aportan un agradable sabor
dulzón a este plato.

25 g de tofu
10 uvas pasa (en remojo durante 2 horas, y luego troceadas)
un ramillete pequeño de brécol, finamente rallado

Se mezcla todo junto.

Refresco de naranja con albaricoques ③ Ⓥ Ⓒ

Aunque sus hijos no apreciarán el hecho de
que esta bebida contiene muchas vitaminas y
minerales, les encantará el sabor.

50 g (¹/₂ taza) de orejones de albaricoque en remojo durante toda la noche en 300 ml (1 taza escasa) de zumo de naranjas frescas
3 cucharaditas de miel clara

Se mezclan los albaricoques con el zumo de naranja hasta formar un puré. Se añade la miel y se remueve bien.

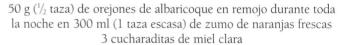

A todo el mundo le gusta picar —sobre todo a los niños—. Este surtido de crudités y galletas se sirve con tres salsas: Yogur con sésamo, Puré de lentejas y Puré de aguacates (ver páginas 186 y 189)

Los Niños

Muchos niños desean automáticamente comer lo mismo que sus padres, porque quieren sentirse «mayores». Por eso no suele ser difícil presentarles nuevos alimentos y sabores. Pero es mejor no obligar nunca a nadie a comer algo que no desea. Algunos niños, por ejemplo, no aceptan de buena gana la comida picante. Los niños muy pequeños siguen deseando algunas de sus comidas en forma de papilla o de puré.

Los niños necesitan más proteínas que los adultos ya maduros (salvo las mujeres embarazadas, que también necesitarán más). Por ello, conviene preparar comidas con proteínas completas o complementarias. Ejemplos de alimentos proteínicos son la leche, los huevos y el queso, y una forma fácil de asegurar su presencia en la comida es agregando leche desnatada a los platos que se cuecen al horno. Ejemplos de proteínas complementarias son las combinaciones de cereal con leche, arroz con legumbres, o legumbres y semillas de sésamo. Otro ejemplo es cualquier tipo de trigo con judías secas cocidas, o judías de soja y frutos secos. Las tostadas con judías guisadas son un plato excelente, pero un bocadillo con un relleno de miso y sésamo (ver página 138), acompañado de hortalizas, será más digestivo.

Visto así, es evidente que la buena comida nutritiva puede ser muy sencilla y cotidiana; no tiene por qué ser un banquete que lleve horas de preparación.

Recuerde que las judías y los guisantes secos son un sustituto proteínico perfecto de la carne animal, siempre y cuando estén bien combinados (ver tabla en la página 25). No ignore el gran aporte nutritivo de los frutos secos; aunque no hace falta comer muchos para enriquecer dietéticamente una comida. Recuerde siempre que la mezcla de arroz o cereales con legumbres permite lograr un aporte proteínico completo.

Pese a que solemos olvidarlo, las hortalizas también contienen proteínas. Una patata grande lleva la misma cantidad de proteínas que medio vaso de leche, pero se trata de proteínas menos completas que las de la leche.

No resulta difícil encontrar comidas caseras sabrosas y populares para los niños, asegurándose así de que no lleven aditivos y sean sanas. Las pizzas son siempre un plato predilecto y hay docenas de mezclas con las que se pueden preparar acompañadas de queso. Las tortas y los quiches —parientes de la pizza— son casi igual de populares y buenos cuando se elaboran con verduras, huevos y queso.

Existen otras muchas posibilidades deliciosas: platos con judías, como las judías guisadas o los frijoles o la moussaka de judías; platos de pasta preparados con espaguetis de trigo integral; comidas para hacer afuera en la barbacoa, como los pinchitos de verduras y toda la gama de hamburguesas elaboradas con judías de soja y tofu; patatas al horno con diversos aderezos, maíz a la parrilla, empanadas rellenas y pan de pita árabe, pastas para untar de quesos con frutos secos y verduras crudas con patés y salsas.

El tofu se afirma en los postres, dado que se puede servir en un puré con frutas, espolvoreado con frutos secos y como helado. También se puede agregar a los huevos y la nata para enriquecer los postres.

Ensalada de invierno ⑩

Dado que a los niños suelen disgustarles las hortalizas verdes, esta ensalada es una buena manera de asegurar que las coman. Es una ensalada de col aderezada con yogur en lugar de mayonesa. Esta receta está pensada para 4 personas.

$^{1}/_{4}$ col verde, finamente rallada
2 manzanas rojas finamente ralladas
2 cucharadas de uvas pasas
4 cucharadas de brotes de soja
3 cucharadas de yogur natural

Se mezcla todo junto.

Rellenos para bocadillo

Los rellenos para bocadillo son deliciosos cuando están crujientes y suaves a la vez, y por eso tiene tanto éxito el pepino con tomate. Un bocadillo compuesto de hojas de ensalada necesita un poco de mayonesa (o de queso tierno semigraso) para que quede esponjoso y sacie el apetito de grasas.

El requesón o cuajada constituye un buen relleno si se mezcla con hierbas frescas picadas, sobre todo con perejil o cebolla y apio bien picados.

La manteca de cacahuete empieza a ser popular entre los niños, pero procure comprarla sin azúcar ni aditivos químicos. Lo único que necesita la manteca de cacahuete es un poco de sal.

Aderezos para patatas asadas

Se cortan las patatas asadas por la mitad y se mezcla el interior con cebolla muy picada y dos cucharadas de nata agria semigrasa, o 1 cucharada de queso de bola rallado. Como alternativa, se puede mezclar con setas cortadas en rodajas finas, pimientos, maíz tierno, queso cremoso o queso azul y hierbas picadas.

Relleno para pan de pita árabe ⑤

Es casi tan suntuoso como un bocadillo de tres pisos, pero más delicioso. Se prepara con pan de pita integral cortado por la mitad y relleno. Los niños se divertirán elaborando estos bocadillos ellos mismos. Relleno previsto para 2.

10 g (1 cucharada) de mantequilla
2 huevos
2 tomates pelados y troceados (ver página 52)
2 tallos de apio troceados
2 cucharadas de judías blancas cocidas (ver página 51)

Se derrite la mantequilla en una sartén y se cuecen los huevos revueltos con los tomates. Una vez cocido, se añaden el apio troceado y las judías, y se remueve bien.

Natillas ⑩ P

Merece la pena preparar las natillas en casa, ya que son tanto más sabrosas que las que se compran en paquetes y son muy nutritivas para los niños. Esta receta es para cuatro personas.

Variación

● Se pueden preparar natillas más suculentas sustituyendo la leche por nata ligera; este famoso plato se llama crema quemada.

4 huevos
25 g (2 cucharadas) de azúcar superfino
$^1/_2$ cucharadita de esencia de vainilla
600 ml (2 $^1/_2$ tazas) de leche

Se calienta el horno a 160 grados. Se unta una fuente de hornear con un poco de mantequilla. Se baten los huevos, el azúcar y la vainilla en un cuenco. Se calienta la leche hasta que empiece a hervir, se añade a los huevos y se remueve. Se coloca la fuente de hornear al baño María (ver página 53), se vierte en ella las natillas y se cuece en el horno 45 minutos, hasta que cuaje.

Postre de tofu con almendras ⑤ V P

No hará falta insistirle a su hijo para que coma este delicioso postre, y además tendrá la satisfacción de saber que tiene un elevado contenido proteínico. Esta receta es para 4 personas.

125 g de tofu
1 cucharada de miel
25 g (2 cucharadas) de almendras picadas
1 cucharadita de esencia de vainilla
25 g ($^3/_4$ taza) de almendras partidas

Se hace un puré con el tofu añadiendo la miel, la vainilla y las almendras picadas. Se vierte en una fuente y se decora con las almendras partidas.

Alaska al horno ⑮ P

Esta es una combinación particularmente espectacular de frío y caliente, vistoso y apetitoso. Use la receta de helado (ver página 217), añadiéndole una cucharadita de esencia de vainilla en lugar del jarabe de jengibre.

1 molde de flan esponjoso
$^1/_2$ litro de helado de vainilla (ver página 217)
4 huevos separados
225 g (1 taza abundante) de azúcar superfino

Se calienta el horno a 220 grados. Se baten las claras de huevo a punto de nieve (usando las yemas para el helado). Se añade el azúcar, echando una cucharada a la vez. Se llena el molde de flan con abundante helado y se colma con el merengue. Se cuece en el horno unos minutos —hasta que se dore el merengue—. Se sirve inmediatamente.

El Alaska al horno — una base esponjosa rellena de helado y decorada con merengue— es todo un regalo para los niños, que colmará su deseo de algo dulce. Ideal para sus fiestas de cumpleaños.

Los Adolescentes. El Sobrepeso

La adolescencia es una época en que los jóvenes buscan su identidad a través de la experimentación. Suelen tantear, poner a prueba y transgredir limitaciones y restricciones. La comida supone, con frecuencia, un aspecto de conflicto importante entre padres y adolescentes, y es importante que, como padres, no se utilice la comida como arma en los conflictos, ni que se muestren demasiado ansiosos al respecto. Como consecuencia, el adolescente puede sufrir problemas en su conducta alimenticia.

Como padre, apenas podrá controlar lo que come o cuándo come un adolescente. Sin embargo, hay ciertos principios básicos que se pueden adoptar, como asegurar que toda la familia tome un desayuno bueno y saludable. De esa manera, sabrá que su hijo ha tenido al menos una buena comida durante el día. Si está *realmente* preocupado por lo que comen, tenga siempre a mano abundantes tentempiés, sanos y apetitosos, para que se vean tentados a saquear la despensa o la nevera.

Sin embargo, en la vida hay tantos problemas como seres humanos. ¿Qué sucede, por ejemplo, si los más pequeños de su familia, una familia sólidamente vegetariana, tienen ganas de ser como los otros muchachos, que comen frankfurts y hamburguesas? No hay mucho que pueda hacer un padre en situaciones como ésta, pues la rebelión es connatural al adolescente en desarrollo, y en cierto sentido deberá ser estimulado. Cuanto más rápida y feroz sea la rebelión más rápidamente se extinguirá. Los niños vegetarianos suelen probar la carne y el pollo mientras van creciendo, y recuperan frecuentemente la dieta de su niñez más tarde.

Por otro lado, tal vez sea reciente su decisión de hacerse vegetariano, y se encuentra con que sus hijos se resisten. Una vez más, se puede hacer bien poca cosa al respecto. Los adolescentes, en su esfuerzo por encontrar su identidad adulta, harán sin duda lo contrario de su padres. Personalmente,

yo los estimularía siempre, pues me preocupa que el individuo no tenga la libertad suficiente para encontrarse a sí mismo. Lo importante es que los padres ofrezcan siempre a los adolescentes diversas posibilidades para que éstos puedan elegir por sí mismos.

Actualmente, tal vez sea más frecuente ver situaciones en que los padres no son vegetarianos y uno o más de sus hijos sí. Un adolescente vegetariano comprometido será un problema sobrecogedor para una madre trabajadora. La mejor estrategia consiste en introducir en la dieta familiar nuevos y sabrosos platos de verduras que tentarán a todos. Así, se podrá ampliar progresivamente el repertorio y ofrecer a todos una mayor diversidad de opción.

Otro problema que suele afectar a los padres es que el adolescente tenga la obsesión repentina de no comer carne a raíz de algún compromiso espiritual o solidario. Un ejemplo de ello son los grupos de defensa de los derechos de los animales, que han ganado en popularidad en los últimos tiempos. El peligro del vegetarianismo vivido de esta manera es que suele ser extremista, sin considerar apenas el equilibrio nutricional. Los padres que se encuentran en esta situación no deberán combatirlo nunca, sino permanecer atentos a que, por muy extremistas que sean las ideas cuando se expresen en la comida, se mantenga un equilibrio general. Y si los adolescentes desean ayunar, procure que beban abundante líquido y que no ayunen durante más de 48 horas.

Los padres deberán estar particularmente atentos y preocupados por dos extremos: la anorexia y el sobrepeso exagerado.

La anorexia nerviosa es el rechazo a la comida. Los que la padecen creen, no obstante, que por muy delgados que estén siguen sufriendo de sobrepeso. Sucede más con las chicas que con los chicos (el 90% de los afectados son chicas adolescentes), aunque la incidencia empieza a aumentar en los chicos y es un problema psíquico que tiene sus raíces en la rebeldía contra el sistema, la estructura familiar y la inseguridad por el aspecto físico. La comida es el arma. Los afectados llegan a extremos para ocultar la obsesión, comiendo o haciendo ver que comen un poco y luego deliberadamente provocándose vómitos. (La conducta crónica de comer y purgarse se llama bulimia nerviosa, y dado que el afectado no suele presentar un aspecto demasiado demacrado, resulta difícil identificar el trastorno.) Como padre, deberá preocuparse de la delgadez exagerada y solicitar inmediatamente la ayuda profesional de su médico para tratar los trastornos de la conducta alimenticia. Este trastorno es grave; se sabe de afectados que han muerto en el hospital.

Otro problema es todo lo contrario, es decir, comer en exceso. En la pubertad, es frecuente que los chicos y chicas estén rechonchos y que esto se pase con el tiempo. Pero gran parte de la grasa adolescente se debe al consumo excesivo de alimentos (que suelen ser inapropiados), junto con la falta de ejercicio. Desgraciadamente, por muy sensata que sea la forma en que se haya criado un niño, alimentado con una dieta sana, fuera de casa, en la escuela y en la universidad, la tentación de comer alimentos preparados es enorme. No se preocupe. Los hijos con una buena base nutricional necesitan experimentar con todo tipo de alimentos, pero lo más probable es que con el tiempo recuperen la sensata dieta de su familia.

Hoy en día todo el mundo piensa que está gordo. Estamos obsesionados por el peso y con la idea de la figura esbelta, una obsesión comprensible, dado que los medios de comunicación nos bombardean con mensajes de que lo delgado es bello, y, además, es la única

figura que la moda considera admirable. El peso es un tema complicado. Confluyen muchos factores, como el metabolismo individual y la cantidad de ejercicio que hacemos. También existe la teoría de que, si se sigue un régimen, el cuerpo tiene automáticamente un menor desgaste de energía, con lo que se mantiene el mismo peso.

Sin embargo, si es vegetariano y evita incluir grandes cantidades de grasa en la dieta, es poco probable que sufra de sobrepeso. Sólo cuando se ingieren más alimentos de los que precisa el cuerpo aumenta la cantidad de calorías que consume, produciendo así un aumento de peso.

Ya que 3.500 calorías equivalen a 450 g de peso corporal, habrá que eliminarlas durante un período de 4-7 días a fin de perder esta cantidad de peso en una semana. Propóngase siempre una disminución de peso lenta y progresiva, reduciendo, por ejemplo, 500 calorías al día. Lo más fácil es disminuir el consumo de grasas y renunciar del todo al alcohol en su dieta. Sustituya la leche entera por leche desnatada y opte por los quesos semigrasos y los aliños bajos en grasas. Elimine totalmente los alimentos de alto contenido graso, como los postres, pero no descuide los productos lácteos, ya que contienen ácidos grasos esenciales, calcio, vitamina B_{12} y otros minerales.

Personalmente, creo que la clave para conseguir un peso ideal está en descubrir un nuevo equilibrio en su dieta, en que no tenga que sacrificar alimentos, comiendo menos y no tan frecuentemente, y combinándolo con el ejercicio diario.

Al reducir su dieta, procure comer muchos más alimentos crudos, y mastíquelos lentamente a fin de extraer de ellos el máximo sabor y aporte nutricional.

Judías rojas ⑮ Ⓥ Ⓟ Ⓒ

A medida que los niños se hacen mayores, se vuelven más aventureros con sus gustos. Este es un buen plato picante, derivado del original mexicano. Se come con pan de pita árabe o con tortillas de maíz, y una ensalada verde fresca (ver página 137). Para cuatro personas.

175 g (1 taza) de judías rojas, en remojo (ver página 51)
2 cucharadas de aceite de oliva
2 cebollas troceadas
5 dientes de ajo machacados
3 guindillas secas, partidas
2 pimientos rojos sin semillas y troceados
1 lata (400 g) de tomate
condimento
2 cucharadas de salsa de tomate

Se cuelan las judías, y se ponen a hervir en agua fresca. Se dejan hervir a fuego fuerte 10 minutos. Se desecha el agua. Se calienta el aceite de oliva. Se añaden las cebollas, el ajo, las guindillas y los pimientos rojos. Se cuece un par de minutos, se vierten las judías con los tomates y se cubre con 2 cm de agua. Se deja a fuego lento durante una hora y, a continuación, se añaden el condimento y la salsa de tomate. Si las judías quedan demasiado espesas, se agrega una gota más de agua.

Los salteados ⑩ Ⓥ

Estos platos son populares, sobre todo entre los adolescentes, porque además de sabrosos es divertido prepararlos. Los platos salteados conservan al máximo las propiedades nutritivas de los alimentos. Para dos comensales.

Variaciones
En lugar de las zanahorias, el brécol y los germinados de judías, se añade lo siguiente:
● *675 g de judías verdes. Se escaldan las judías (ver página 53) y se saltean durante 2-3 minutos. Se agrega un poco de jerez seco y 2 cucharadas de salsa de soja, y se cuece un minuto más.*
● *Se cortan en rodajas 225 g de tofu. Se mezcla el jengibre y la salsa de tomate, se echa el tofu y se deja macerar un día. Se extiende el tofu con un rodillo en un poco de harina y se saltea.*

1 cucharada de aceite de maíz
4 dientes de ajo cortados en tiras finas
15 g de raíz de jengibre, rallada
2 zanahorias tiernas, cortadas en juliana (ver página 52)
2 ramilletes de brécol, los tallos pelados y cortados en juliana (ver página 52)
1 cucharada de vino de arroz o jerz seco
2 cucharadas de salsa de soja
225 g de germinados de judía lavados y escurridos

Se calienta el aceite en un wok y se cuece brevemente el ajo y el jengibre antes de añadir las zanahorias y el brécol. Se saltea hasta que se ablande y, a continuación, se añaden los demás ingredientes. Se cuece 1 minuto más y se sirve.

Pinchitos

Los pinchitos son tan fáciles y rápidos de elaborar que ni siquiera los adolescentes cansados e impacientes se negarán a prepararlos. Aparte de los ingredientes que se muestran en la fotografía, experimente con una combinación de tofu ahumado, cebollas y setas, o pimientos, tomates y calabazas. Si lo desea, macere el tofu durante una hora en zumo de limón o vinagre de distintos sabores.

Los hambrientos adolescentes, que suelen estar impacientes por comer, disfrutarán de estos sabrosos y saludables pinchitos, y tal vez incluso se vean dispuestos a prepararlos ellos mismos, ya que son fáciles de elaborar. Aquí se sirven con una sencilla ensalada de tomates cortados en cubitos.

Las Mujeres Embarazadas

Las mujeres deben cuidarse de manera especial durante el embarazo, y asegurarse de consumir niveles adecuados de vitaminas y minerales. Las madres embarazadas pueden recurrir a consejos nutricionales especializados, y ya no se suele fruncir el ceño ante las vegetarianas, como si fueran irresponsables en la confección de su dieta. En realidad, las madres vegetarianas tienen un elemento a favor en su dieta. El ácido fólico se elimina con la cocción, de modo que las vegetarianas que coman alimentos crudos ingerirán grandes cantidades de este ácido. Las madres no vegetarianas a menudo carecen de ácido fólico y pueden sufrir anemia. Las madres embarazadas vegetarianas también ingieren mayor cantidad de fibra. Además, se ha descubierto que las mujeres vegetarianas que no comen productos cárnicos tienen un índice mayor de grasas poliinsaturadas en la leche materna.

Durante los últimos seis meses del embarazo, necesitarán más proteínas que en los meses anteriores (ver página 125 para alimentos que contienen proteínas completas y complementarias). Si tampoco toma usted huevos ni leche, uno de los alimentos proteínicos más sabrosos y agradables que puede consumir es la leche de soja. Procure tomar muchos alimentos ricos en hierro y calcio. Por último, consulte sus necesidades dietéticas con su médico.

Tome buenos baños de sol siempre que pueda, (intentando evitar las insolaciones), dado que la vitamina D ayuda a su organismo en la absorción del calcio. Si no hay sol, ingiera diariamente una dosis de aceite de hígado de bacalao y leche enriquecida con vitamina D.

Las vitaminas B_1 y B_{12} son otras vitaminas que debería consumir como complemento, si apenas toma huevos ni leche, si bien la B_1 se encuentra en los cereales, el extracto de levadura, las nueces de Brasil, los cacahuetes y la harina de soja. La vitamina B_{12} está presente en el tempeh y las algas marinas. Después del nacimiento de su hijo, siga con la dieta descrita en la siguiente página, procurando ingerir las cantidades adecuadas de proteínas, calcio, hierro y vitaminas D y B_{12}. Pero si observa una dieta vegetariana de productos naturales y bien equilibrada, debería gozar de una salud excelente.

Actualmente se piensa que ciertas deficiencias vitamínicas y minerales de los alimentos (sobre todo, la vitamina B_6 y el magnesio) pueden ser parcialmente responsables de las carencias vitamínicas después del parto. A los que sufren este mal se les aconseja disminuir el consumo de alimentos con alto contenido en azúcar y sal, los productos lácteos, el té y el café, y comer más productos naturales frescos. Sin embargo, no se ha demostrado aún la relación existente entre la dieta y las deficiencias vitamínicas después del parto.

Al igual que las mujeres embarazadas, la mayoría de las personas que convalecen después de una enfermedad estarán bajo la estrecha supervision de un médico, o gozarán de los consejos de un especialista en dietética, pero lo más importante es recordar, siempre siguiendo sus recomendaciones, que debe comer y beber lo que desee. No se deje persuadir por lo que otros dicen que debe consumir. Tome alimentos liquidos que se digieran con facilidad. Una vez más, la leche de soja es maravillosa, ya que puede enriquecerse con levadura en polvo y sazonarse con algarrobas, chocolate o frutas. Pero los batidos de leche fresca también son recomendables. En cuanto pueda comer más, los huevos escaldados o al vapor sobre un pequeño lecho de puré de patatas u otra verdura son un auténtico regalo. Tal vez se sienta lo bastante bien como para comer una patata al horno con un aliño de yogur con hierbas.

Pero el convaleciente sabrá y sugerirá lo que tiene ganas de comer. Estoy seguro de que, si escuchamos a nuestro cuerpo, este es muy sabio y sabe elegir el camino acertado.

Pasta de nueces para untar ⑤ Ⓥ Ⓒ

Esta pasta, rica en vitamina B₆, se puede comer en bocadillos o como paté.

100 g (1 taza) de nueces picadas
50 g de miso (pasta fermentada de soja)
zumo y esencia de la cáscara de 1 limón

Se pican las nueces y se echan en un cuenco con los demás ingredientes. Se mezcla hasta formar una pasta y se vierte en un frasco. Se deja en la nevera y se usa cuando llegue el momento.

Fondue ⑮ Ⓟ

Este es un plato que se come tradicionalmente sumergiendo cubitos de pan en queso fundido. Los suizos suelen acompañarlo con té, puesto que el líquido caliente impide que el queso se endurezca en el estómago. Para 4 personas.

25 g (2 cucharadas) de mantequilla
25 g (2 cucharadas) de harina
150 ml (²/₃ taza) de leche
150 ml (²/₃ taza) de nata ligera
un diente de ajo para untar la cazuela
175 g (½ taza) de queso gruyere rallado
100 g (1 taza) de queso emmenthal rallado

Se prepará una salsa con la mantequilla, la harina y la leche (ver página 191). Se añade la nata, el condimento y los quesos. Se remueve hasta obtener una crema suave. Se retira del fuego y se sirve caliente.

Brécol y almendras salteadas ⑤ Ⓥ

Este plato es particularmente nutritivo durante el embarazo, ya que contiene abundante hierro. Se come con un pilaf o arroz integral (ver pagina 170-173). Para dos comensales.

Variaciones
● *Se agregan 100 g de germinados de judía a la mezcla.*
● *Se escaldan 675 g de guisantes. Se cuelan y, a continuacion, se saltean durante 2 minutos. Se agrega 1 cucharada de salsa de soja y se cuecen durante 1/2 minuto más.*

450 g de brécol 50 g
2 taza de almendras partidas y tostadas
(ver pagina 56)
1 cucharada de aceite de maíz
1 cucharadita de aceite de sésamo

Se cortan los ramilletes de brécol junto a los tallos. Se pelan los tallos y se cortan en rodajas finas. Se calientan los aceites en una sartén y se añade el brécol. Se saltea durante 2 minutos y, a continuación, se vierten las almendras. Se frie 1 minuto más.

Batido de platano ③ Ⓟ

Este alimento tiene abundante vitamina B₆. Es un recurso perfecto para contribuir a que dientes y huesos estén sanos. Para 2 personas.

1 platano maduro, pelado
225 ml (1 taza) de leche de soja
3 cucharadas de yogur natural
1 cucharadita de levadura de cerveza en polvo

Se trocea el platano y se mezcla con la leche y el yogur hasta formar un pure suave. Se añade la levadura y se mezcla bien.

Los Deportistas

La mayoría de los atletas necesitan proteínas complementarias en su dieta para desarrollar los músculos durante los entrenamientos, y para la recuperación de los músculos cuando se lesionan (lo cual es especialmente necesario para quienes practican deportes de contacto, como el fútbol americano y el rugby). Sin embargo, se debería consultar con el entrenador o con el médico sobre las necesidades proteínicas específicas, dado que dependen en gran medida de la constitución del individuo y del deporte practicado. De todos modos, los atletas adolescentes necesitan más proteínas en su dieta.

Es erróneo, no obstante, hablar de las proteínas como algo aislado. Si bien es importante, debería enfatizarse en la necesidad de consumir más calorías o de alimentos de aporte energético, siendo preferible que el atleta consuma estos alimentos bajo la forma de carbohidratos no refinados, como las patatas. Para los atletas en entrenamiento, las proteínas son importantes, y están al alcance de la mano en productos como la leche de soja y otros derivados de la soja.

El tofu es el más digerible de estos alimentos, y una salsa de soja de buena calidad puede ser un sabroso aderezo. Se deben comer semillas en abundancia —girasol, linazo, sésamo y calabaza—, así como ensaladas preparadas con germinados de semillas —alfalfa, lentejas, judías mungo, garbanzos, judías lima y fenogreco—. Procure tener un surtido de cereales —arroz, cebada, avena, mijo y trigo sarraceno— en cantidades abundantes, y degústelos con queso, huevos y hortalizas frescas.

Muchos atletas sufren de ansiedad nerviosa antes de una competición, que puede manifestarse como molestias digestivas. Es preferible comer al menos unas tres horas antes de competir, y no se deben incluir alimentos que puedan crear malestar, tales como alimentos gaseosos, grasosos o de alto contenido en fibra.

Salsa Romesco ⑩ V C

Una salsa picante, acompañamiento excelente para las pastas y la coliflor. Puede servirse fría o caliente. Para 2 personas.

300 ml (1 ¼ tazas) de aceite de oliva
2 pimientos verdes, sin semillas y cortados en tiras finas
(ver página 52)
4 o 5 tomates maduros, pelados y troceados
(ver página 52)
3 dientes de ajo machacados
1 guindilla seca
20 avellanas tostadas (ver página 56)
1 cucharada de vinagre de vino
condimentar al gusto

Se calienta el aceite y se cuecen los pimientos, los tomates y el ajo con la guindilla durante 5 minutos. Se pican las avellanas y se añaden a la salsa con el resto de los ingredientes. Con una batidora, se hace un puré suave con la mezcla.

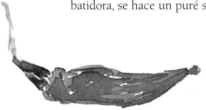

*Los carbohidratos se han convertido en el nuevo
alimento energético de los atletas. Aquí se presenta
un plato de Pasta de trigo integral con Salsa romesco.*

Pilaf de mijo, judías secas y garbanzos ⑩ Ⓥ Ⓟ Ⓒ

Un plato de fácil digestión, que puede comerse caliente o frío. Para 4 personas.

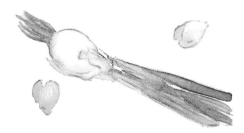

100 g (½ taza) de mijo cocidos (ver página 50)
75 g (½ taza) de garbanzos cocidos (ver página 51)
75 g (½ taza) de judías secas cocidas (ver página 51)
50 g (½ taza) de nueces partidas y machacadas
1 manojo de cebollas tiernas picadas
1 manojo de berros picados
2 cucharadas de aceite de oliva
zumo y esencia de la cáscara de 1 limón
condimentar al gusto

Se mezclan bien todos los ingredientes y se come frío, acompañado de una ensalada verde fresca.

Paté de espinacas con setas ⑳ Ⓟ Ⓕ

Aunque se sabe que también los atletas requieren un mayor aporte de carbohidratos que de proteínas, este paté, rico en proteínas, será bien aceptado, ya que su digestión es ligera. Para 4 personas.

500 g de espinacas lavadas
25 g (2 cucharadas de mantequilla
100 g de setas cortadas en rodajas
25 g (2 cucharadas) de harina de soja
2 huevos
condimentar al gusto

Se calienta el horno a 220 grados. Se cuecen las espinacas con la mantequilla y las setas, en una olla tapada, durante 10 minutos. Con la batidora, se hace un puré agregando la harina de soja y los huevos. A continuación, se condimenta. Se vierte todo en un molde untado de mantequilla, se pone al baño María (ver página 53) y se cuece al horno durante 30 minutos.

Ensalada de primavera ⑩

El sabor de la alfalfa es excelente, pero muchas personas lo ignoran. Para 4 personas.

4 tallos de apio troceados
5 cucharadas de alfalfa
2 calabacines rallados finamente
1 manojo de berros troceados
3 cucharadas de yogur natural
aderezo de hojas de lechuga y berros

Se mezclan bien todos los ingredientes. Se disponen sobre las hojas de lechuga y se aderezan con algunas ramitas de berro.

El Anciano Vegetariano

A medida que envejecemos, nuestras necesidades energéticas tienden a disminuir. Esto se debe en parte al hecho de qué con la edad encogemos de tamaño. Sin embargo, nuestro consumo de alimentos está en relación directa con nuestras necesidades energéticas, independientemente de que sigamos aún muy activos o nos hayamos vuelto más sedentarios. A menos que intervenga algún cambio radical, como una enfermedad grave o un acciente, nuestras necesidades básicas no se modificarán durante la vejez.

Sin embargo, debemos ser conscientes de la cantidad de proteínas que consumimos. Una dieta con demasiadas proteínas, al llegar a una edad madura, puede repercutir sobre los riñones. También se sospecha que el exceso de proteínas puede intervenir en ciertas enfermedades como la osteoporosis.

La osteoporosis (porosidad de los huesos) es una enfermedad común en la vejez, si bien se sabe que en algunos casos puede comenzar a los cuarenta años. Todos los indicios la relacionan con deficiencias de calcio. La absorción del calcio disminuye con la edad, de modo que tal vez sea conveniente protegerse, consumiendo más calcio a través de leche desnatada, leche de soja enriquecida y más verduras. La vitamina D contribuye a la absorción del calcio, por lo que conviene tomar el sol o algún suplemento. Además, se cree que la vitamina D podría constituir una protección contra otra enfermedad propia de la vejez, la osteomalacia (resblandecimiento de los huesos).

Los vegetarianos acostumbran a ser longevos y suelen disfrutar de buena salud durante la vejez. Como de costumbre, el consejo es comer con sensatez *para su propio bien.*

Raíces vegetales al vapor ⑩

Este plato es más interesante de lo que parece, sobre todo porque está coronado de nata agria semigrasa. Constituye una excelente fuente de vitaminas y minerales. Para 4 personas.

225 g de nabos
225 g de chirivías
225 g de apio-nabos
75 ml ($^1/_2$ taza) de nata agria semigrasa
un puñado de perejil picado

Se raspan las verduras y se cortan en trozos de 2 cm. Se cuecen al vapor durante 20 minutos. Se mezcla el perejil con la nata agria semigrasa, se vierte encima de las verduras y se sirve.

Jugo de naranja de abundantes proteínas ⑤ P

Esta bebida es un excelente revitalizante si se siente cansado o falto de entusiasmo. Es preferible beberla fría.

4 naranjas
1 huevo
1 cucharada de aceite de germen de trigo
1 cucharada de levadura de cerveza

Se exprimen las naranjas y, con una batidora, se mezclan con el huevo, el aceite y la levadura. Se bate bien.

La Planificación del Menú

Cuando decidimos qué comeremos cada día, o cuando planificamos el menú para las próximas jornadas, realizamos un complicado equilibrio entre diversas demandas, que suelen ser de signos opuestos. A pesar de que actualmente tenemos acceso a toda una gama de alimentos importados, lo cual significa que no estamos sujetos a consumir únicamente productos de la estación, resulta adecuado escoger lo mejor de lo que se ofrece, y generalmente suele ser la producción local.

Sin embargo, escogemos nuestras comidas diarias para disfrutar y sustentarnos, e intentamos que sean nutricionalmente sólidas y agradables al paladar y a la vista. Es señal de ignorancia subestimar un plato por su aspecto. Pero si no nos agrada su apariencia, lo más probable es que tampoco nos guste el plato, y si lo probamos, tal vez nos sintamos menos dispuestos a él, al menos de partida. Si a esto añadimos la dificultad de planificar las comidas para una familia en la que puede darse una amplia diversidad de gustos, veremos que cualquier cocinero puede sentirse desconcertado.

Como regla general, cuando se trate de comidas de varios platos, procure conseguir un equilibrio entre lo crudo y lo cocido, lo dulce y lo salado, lo crujiente y lo suave, lo sólido y lo líquido. El buen cocinero tenderá a hacerlo de forma natural, ya que responde a lo que nuestro cuerpo nos pide y, como resultado, en su mayor parte tambien será nutricionalmente equilibrado. Si a lo largo de un día consumimos frutas y verduras frescas, un plato de cereales (aunque sólo se trate de pan de trigo integral) y un plato de legumbres, tendremos una alimentación adecuada. Podemos guardar el queso, los huevos y otros productos lácteos para darnos un capricho un par de veces a la semana.

En invierno deberíamos consumir más carbohidratos para mantenernos calientes, de modo que es sano empezar el día con un buen desayuno. Los desayunos en verano son ligeros o pasan desapercibidos y, en mi opinión, no sería desaconsejado ayunar todo un día, aunque siempre ingiriendo una gran cantidad de líquidos (ver página 14).

Las sugerencias para los menús de invierno y verano que presento aquí (para una familia de 4 personas) reflejan estas necesidades y estos hábitos de comida. He planificado las dos semanas con una cena especial para el sábado por la noche, un desayuno-comida para el domingo a media mañana y la cena de la noche. Para ser realista, he considerado las sobras y los platos que se pueden preparar con ellas. Estas comidas son tan deliciosas que estoy seguro que todos comerán hasta el último bocado.

Al planificar estos menús, he buscado a la variedad y la facilidad; los almuerzos de invierno se componen de sopas y los de verano de ensaladas; pero todos son diferentes y sencillos de preparar, además de ser nutritivos. Dado que la mayoría estamos ocupados y trabajamos duro durante el día, la comida principal suele ser la de la noche. Si desea un postre, le sugiero que sea sencillo. ¿Qué más recomendable y sano que la fruta fresca? Si queda con hambre, ponga fin a la comida con frutos secos o un queso —aunque no es recomendable cuando el queso ha sido utilizado en uno de los platos.

Los menús para la cena especial del sábado, cuando disponemos de más tiempo, son las comidas más suculentas, pero el que sugiero para el verano es frío y se puede preparar a primera hora de la mañana.

VERANO		
	Desayuno	**Comida**	**Cena**
Lunes	Zumo de frutas frescas Té o café	Bocadillo de germinados alfafa con pan integral (*p. 104*)	Huevos a la florentina (*p. 143*) Patatas al horno Fruta fresca
Martes	Refresco de miel con limón	Ensalada verde con queso Pan integral (*p. 104*)	Canelones con setas (*p. 166*) Tomates al peso (*p. 120*) Skordalia (*p. 188*) Fruta fresca
Miércoles	Yogur con miel Té o café	Ensalada César (*p. 118*) Pan integral (*p. 104*)	Gazpacho (*p. 116*) Tarta de patata con menta (*p. 177*) Habas al ajillo (*p. 132*) Fruta fresca
Jueves	Muesli (*p. 97*) Té o café	Ensalada griega (*p. 122*) Pan integral (*p. 104*)	Sopa fría de aguacate con limón (*p. 116*) Bolas de pasta italiana (*p. 168*) Guisantes de huerta frescos Salsa romesco (*p. 246*) Fruta fresca
Viernes	Ensalada de frutas frescas (*p. 101*)	Tabbuleh con lechuga (*p. 123*)	Fasulia (*p. 121*) Tarta de berros y cebollas tiernas (*p. 176*) Ensalada de patatas Fruta fresca
Sábado	Refresco proteínico con zumo de frutas (*p. 101*) Té o café	Sopa al pistou (*p. 117*)	*Menú para cena especial* Sopa fría de tomate con albahaca (*p. 116*) servido con Brioche de queso (*p. 108*) Terrina verde (*p. 163*) Ensalada de Niza (*p. 121*) Ensalada rusa (*p. 124*) Arroz silvestre (frío) Queso Tarta de manzana glaseada con nata agria semidesnatada (*p. 204*)
Domingo	*Desayuno-Almuerzo* Crepes de harina de salvado con miel o fruta (*p. 100*) Madalenas de trigo integral con mantequillas de hierbas (*pp. 108 y 141*) Tortilla española (*p. 144*) Ensalada de frutas con agua de rosas (*p. 205*)		*Cena* Hummus (*p. 188*) y Tapenade con crudités (*p. 188*) Buñuelos de maíz (*p. 137*) con Chutney picante de tomates verdes y encurtido de cebollas al jengibre (*p. 197*) Calabacines rellenos (*p. 149*) Ensalada verde variada Queso al pote (*p. 141*) Puré de grosellas espinosas (*p. 205*)

	Desayuno	Comida	Cena
INVIERNO			
Lunes	Gachas de avena con miel (p. 97) Té o café	Sopa de espinacas con salvia (p. 115) Pan integral (p. 104) Loncha de queso	Paté de col y cilantro (p. 138) Quiche de espinaca (p. 180) Endibias gratinadas (p. 160) Fruta fresca
Martes	Muesli con yogur (pp. 97 y 98)	Sopa de cebolla (p. 113) Pan integral (p. 104)	Remoulade de apio-nabo p. 124) Tacos (p. 137) Boniato relleno (p. 150) Queso con fruta fresca
Miércoles	Gachas de avena con fruta seca marinada en zumo de manzana (p. 97)	Sopa de ajo con patatas (p. 112) Pan integral (p. 104)	Ensalada siciliana de naranjas (120) Coliflor con tahíni (p. 134) Pakoras (p. 136) Queso con fruta fresca
Jueves	Pan integral tostado con extracto de levadura o miel	Sopa andaluza de judías blancas (p. 114) Pan integral (p. 104)	Ensalada griega (p. 122) Quingombo, patata y jengibre al curry (p. 155) Pilaf de mijo persa (p. 172) Queso con fruta fresca
Viernes	Granola (p. 97) Refresco de abundantes proteínas (p. 101)	Crema de sopa de lentejas al curry (p. 114) Pan integral (p. 104)	Ensalada de aguacates con huevos de codorniz (p. 125) Croquetas de nueces y trigo sarraceno (p. 167) Chirivías con salsa de tomate (p. 132) Queso con fruta fresca
Sábado	Pan de frutas tostado (p. 107) Té o café	Sopa de manzanas danesa (p. 113) Pan integral (p. 104)	Menú de cena festiva Moldes de col con nueces (p. 162) Tarta de alcachofa con aguaturma (p. 182) Calabaza al jengibre (p. 135) Lechuga con mantequilla (p. 134) Ensalada de judías germinadas (p. 56) Queso Budín «Sussex Pond» (p. 200)
Domingo	*Almuerzo* Zumo de fruta fresca Molletes de maíz con mermelada de manzana (p. 109) o encurtido de queso (p. 141) Piperade (p. 144) Pan integral tostado (p. 104) Té o café		*Cena* Panqueques de trigo sarraceno rellenos de aguacate, puerro y queso de Burgos (p. 185) Setas a la parrilla Manzana al horno con puré de albaricoques (p. 201)

Epílogo

«Llegará un momento en que los hombres considerarán la matanza de los animales de la misma manera que la de los hombres».

Leonardo da Vinci

Si podemos existir y disfrutar de la vida sin matar a otros seres, seremos más humanos. Además, el animal de granja de cría intensiva lleva una existencia envilecida, encerrado en un establo sin posibilidad de moverse más que unos centímetros, sobreviviendo a base de un forraje rico en proteínas y cereales con antibióticos y hormonas de crecimiento que aumentan su volumen corporal, que suele ser fundamentalmente grasa debido al poco ejercicio que realizan. Si nos abandonamos a la dieta que nos proporciona la ganadería de alta tecnología, no sólo nos confabulamos en brutalizar la vida de los animales, tratándolos como menos objetos, sino que, además, perjudicamos nuestros propios cuerpos con una gran diversidad de toxinas.

Los buenos alimentos —los alimentos que satisfacen el paladar y la mente— deberían ser además buenos éticamente. Lo que ingiere nuestro cuerpo no debería dañarnos a nosotros ni a ningún otro ser vivo de este planeta. Actualmente, hay una elevada conciencia del derecho intrínseco a la vida de todos los seres, un derecho que debemos respetar por nuestro propio bien. Esta vision metafísica de la naturaleza sagrada de la vida se remonta a tradiciones antiguas manifestadas por casi todas las grandes filosofías, desde Platón y Sócrates hasta Emerson.

Pero el individuo no debería fiarse de nada, ni siquiera de las palabras de Leonardo da Vinci. Infórmese sobre el tema e investigue sus propios sentimientos sobre la vida y sobre los animales. (¿Cómo puede ser que uno se conmueva con una foto de un niño con un cordero en brazos y, en cambio, disfrute comiendo cordero sin necesidad?) Explore sus pensamientos y sus reacciones con relación a los establos secos y metálicos de las cerdas, el apiñamiento de las gallinas ponedoras, las factorías de truchas y los mataderos. Considere la frecuencia con la que se burlan los controles legales de las matanzas porque el pago por pieza que cobra el trabajador de matadero aumenta con la cantidad de bestias que mata, y así pocas veces aplican los ocho segundos reglamentarios de aturdimiento eléctrico del animal, cosa que los deja conscientes mientras se les corta el cuello. Es cierto, como dijo el doctor Johnson, «que el hombre prefiere matar a una vaca que renunciar a comer carne». Si es capaz de comer la carne de estos animales muertos, ¿es capaz de realizar una visita a un matadero y presenciar como los matan? Si no es capaz, ¿por qué no la come? Y si hemos progresado en algo en nuestra civilización desde el siglo XVIII, ¿por qué importa tanto el tamaño de la bestia? ¿Por qué hay algunos que nos atrevemos a disparar sobre una perdiz, una liebre o un ciervo, pero no sobre una vaca? ¿Por qué podemos comernos el conejo que la familia ha tenido como animal doméstico, pero no el gato ni el perro?

Estos puntos de discusión en torno al tema serán interpretados de maneras distintas por cada individuo, y las conclusiones a las que lleguemos no tienen por qué ser definitivas. Un juicio final significa una mente cerrada. Así pues, seamos humanitarios con nosotros mismos y también con los demás seres vivos. No nos castiguemos por puro celo puritano, ya que en el concepto de los buenos alimentos debería yacer la celebración sensual. Los alimentos éticamente buenos no tienen por qué ser aburridos, sosos y poco apetitosos. Es importante que sean todo lo contrario: un festín de la mente y del espíritu y de los infinitos placeres del paladar servido con gracia y estilo.

Índice

A

Aceites 36
Aditivos 30
　identificación de 21
Adolescencia 240
Agar agar 40
Ajo 41, 47
Algarrobas, batido de 101
Algas marinas 44
Alimentos 22
　integrales 14
　los cinco esenciales 22
　procesados 15
　refinados 14, 15
Alimentos enlatados 43
Alimentos poco habituales 92
Almortas 11, 152
Aminoácidos 24
Anorexia nervosa 240
Aporte de hierro 232
　en la infancia 232
Arroz 50
　cocción y preparación 50
　con azafrán 173
　con lentejas 233
　platos con biryani 172
　risotto de valtelina 170
　silvestre a la campesina 171, 173
Arrurruz 40
Atletas 246
Ayuno 14, 15
Azúcar 17, 41

B

Baño María 53
Beber 22
　lo que se bebe 22
Bebés y primera infancia 232
Bhajis (ver Pakoras)
Biryani 172
Bocadillos 237
　pastas para untar 234
　rellenos para 237
Brécol con almendras, salteado 108
Brioche de queso con puerros 45
Búdines (ver Postres)
Bulimia nervosa 241

C

Calabaza al jengibre 135
Calcio 232, 249
Caldo vegetal 110
Carbohidratos 22, 26, 27
Carquiñoles 211, 213
Cereales platos con 170
　germinación 50
　pilaf de arroz con espárragos 233
　pilaf de mijo con judías y garbanzos 248
　pilaf de mijo persa 172
　pilaf de trigo sarraceno 172
　pilaf de trigo sarraceno con judías 233
　preparación 25, 39
　sus derivados 56
Cocinar 47

　técnicas 48
　utensilios 47
Código de las recetas 94
Col y cilantro 135
Coles de Bruselas con almendras 132
Colesterol 29
Coliflor con tahíni 134
Comer natural 14
　hábitos 15
Comidas, equilibrio 23
Compota de naranja con fresas 211, 213
Condimentos 41, 59
Convalescencia 244
Cremas (ver Sopas) 110
Crepes 210
　de harina de garbanzos 99, 100
　de trigo sarraceno 210, 211
Croquetas 167
　de lentejas, zanahoria y nueces 167
　de nueces con trigo sarraceno 167
　de patata con arroz 167
　preparación 57
Curry 42, 154
　de judías mungo 155
　de quingombo, patatas y jengibre 155
　en polvo 42
　especias 42
　especias enteras al horno 157
　mattar panir 156
　patatas condimentadas al horno 154
　requesón seco al curry 156
　verde seco 157
Cuzcuz 123
　con verduras 227, 228
Chakchouka 144
Chirivías con salsa de tomate 132
Chutneys 195
　calabaza de invierno con jengibre 196
　chirivías, pepino y ajo 196
　picante de tomates verdes 195

D

Desayunos 96
Dieta 22, 23
　el cambio 12, 13
　equilibrada 22
Dulce de higos 230

E

Embarazo, dieta de 244
　deficiencias vitamínicas (PMT/PMS) 244
Empanadas de maíz dulce 137
Encurtidos 43, 195
　de cebollas con jengibre 197
　de ciruelas condimentadas 187
　de coliflor con mostaza 196
　de dulce de calabaza 195
　de membrillo condimentado 197
　de remolachas con ajo 197
Ensaladas 118
　aguacate con calabacines y pistachos 120
　aguacate con huevos de codorniz 119, 125
　César 118
　cuzcuz 2, 123

　de hierbas con setas y huevos 222, 223
　de melocotones frescos 125
　de verduras amargas 211, 212
　fasolia 121
　griega 122
　remoulade de apio-nabo 124
Escaldados 118
　de arroz con almendras 123, 231
　de berros de huerta 215, 216
　de invierno 237
　de Niza 121
　de peras con pistachos 119, 124
　de primavera 248
　ensaladilla rusa 124
　mimosa 122
　nueces con trigo sarraceno 122
　siciliana con naranjas 120
　tabuleh 123
　tomates con pesto 120
Espaguetis 164
　con hortalizas 135
　con nori 164
Espárragos a la mantequilla de chalotes
　　211, 213
Especias 59
Estofados 152
　arco iris 151
　cazuela picante, con judías 152
　chirivías con boniatos picantes 153
　de almortas 152
　«Hoppin' John» 153
Estresantes 40
Exceso de peso 241

F

Falafel 168
Fermentadores, agentes 41
Fibra 16
Fondue 245
Fructosa 43
Fruta 73
　compota 98
　exótica, ensalada 207, 208
　Israel, ensalada de 101
　purés 198
　seca 44
Frutos secos 25, 39, 81
　molidos 39
　tostados 56

G

Gachas de avena 97
Garam masala 42
Ghee (ver mantequilla clarificada)
Gluten 40
　casero (ver Seitán)
Granola 97
Grasas 22, 36
　buenas y malas 28
　saturadas 28, 29
　sustitutos bajos en grasa 29
Gratinados (ver Hortalizas al horno)
Guarniciones de hortalizas 130
　calabaza 135

calabaza al jengibre   135
col con cilantro   135
coles de Bruselas con almendras   132
coliflor en salsa de tahíni   134
crema de salsifí   130
chirivías con salsa de tomate picante   132
fruta del pan con salsa de jengibre
   y pimientos verdes   133
habas con ajo   132
lechuga con mantequilla   134
setas con alsa de vino tinto con mostaza
   134
Sukah Bundhgobi   133
Guisantes   38

H
Habas con salsa de ajo   132
Hamburguesas de lentejas   234
Harinas (ver Cereales y sus derivados)
   receta de harina de «granero»   40
Helado   205
   de jengibre   215, 217
   de pan integral   205
Hierbas y especias   42
Hierbas y flores   64, 66, 67
Hierbas
   preparación y conservas   56
   ramillete de hierbas   56
Hojaldre   48
   cocer a ciegas en el horno   48
   de harina de avena   174
   de trigo integral   174
   de trigo integral y de centeno   174
   dulce   174, 204
   extender con rodillo   48
Hongos (ver Alimentos poco habituales)
Hortalizas   68
   cocción   53
   con relleno variado   215, 216
   cortar   52
   pelar   52
   preparación   52
   raíz glaseada   215, 217
   salar   52
   secas   44
Hortalizas al horno   158
   calabacín gratinado   160
   endibia de Bruselas   160
   espinacas gratinadas   160
   gratinado dauphinois   158
   gratinado de calabaza   147, 161
   gratinado de las Ardenas   158
   gratinado de Saboya   158
   lionesas gratinadas   158
   moldes de col con nueces   162
   moldes de lechuga con huevos   2, 162
   moussaka verde   161
   terrina rosa   2, 159, 163
   terrina verde   163
   Wasabi   41
Huevos   25, 44
   a la Crécy   142
   en gelatina verde   226, 227
   florentinos   143
   moldes de espinaca   131, 143
   molde de puerros   142
   natillas de   238
   piperade   144
   preparación   54
   suflé de apio-nabo con castañas   145

suflé de queso   145
timbal de puerros   142
tortilla   144
tortilla española   144
Infusiones de hierbas   22
Irradiación de los alimentos   20

J
Judías (ver legumbres y Hortalizas)
Judías de soja con tomates   234
Judías con chile   242

K
Kudzu   40

L
Leche   45
   de soja   45
Lechuga con mantequilla   134
Legumbres   25, 38, 80
   eliminación de toxinas   51
   cocción y preparación   51
Lentejas   31
   con arroz y cebolla   207, 209
Levadura   5
   en polvo   41
   extractos   43

M
Madalenas
   de frambuesas   109
Manteca   37
   de cacahuete   43
Mantequilla   36
   de perejil   141
   moldear   57
   picante con naranja   141
Mantequilla clarificada   37
Margarina   36
Mayonesas   129
Melazas   43
Mesa, presentación de la   57
Miel   43
Minerales   22, 30, 31, 33
Moldes (ver Hortalizas al horno)
Molletes   108
   de maíz   109
   de trigo integral   108
Mostaza   41
Moussaka verde   161
Muesli   97
Mujeres   244

N
Nata agria   236
Niños   166

Ñ
Ñoqui   166

O
Osteomalacia   249
Osteoporosis   249

P
Pakoras   136
Pan   102
   a la sosa   106
   bará brith   107
   blanco con hierbas   104

blanco de «granero»   105
de alto contenido en proteínas   104
de frutas y jengibre con salsa
   de pimiento verde   133
de nueces con zanahoria   106
de pita árabe, rellenos para   237
de trigo integral   104
de trigo integral con harina de avena,
   bulgur y maíz   219, 220
de trigo integral y de centeno   104
de trigo integral y de «granero»   104
de trigo integral y hierbas   104
denso   105
fruta   107
masa agria de centeno   105
masa agria de «granero»   105
panecillos   105
rallado   48
trigo ligero   104
Panqueques   184
   aguacate, puerros y feta   185
   aguacate y nabo   185
   aguacate y pimienta verde   185
   de masa agria   105
   pisto   184
   rellenos de   184
   setas y apio-nabo   185
Papillotes   11, 53
Pasta de sésamo (ver Tahini)
Pasta   43, 36, 87, 88
   bolas de pasta italiana   168
   canelones alla funghi trapanesa   166
   cocción   49
   elaboración   49
   espaguetis   164
   lasaña verde   165
   ñoquis de patatas   166
   platos con   164
   rigatoni al horno   165
Pastas para untar   43
Pastel de boda   227, 229
Patatas   237
   al horno   237
   rellenos para   237
Patés y pastas para untar   140
   de encurtido de queso   140
   de espinacas con setas   248
   de judías caribeo   140
   de nueces con setas   140
   de queso blando   140
   pasta de nueces   245
Plaguicidas   14
Pesto   120
Picatostes   48
Pilafs (ver Cereales, platos con)
Pimiento de chile   42
Pinchitos   242, 243
Piña glaseada   11
Piperade   144
Pisto   184
Pizza   183
Plátano, batido de   245
Platos ligeros   110
Platos principales   146
Postre   198
   Alaska al horno   238, 239
   budín blanco escocés   169
   budín de jengibre al vapor   200
   budín de la India   198
   budín de Navidad   223, 225

budín de setas con alcachofas   169
copa de granada   202, 203
ensalada de frutas con agua de rosas   205
helado de jengibre   215, 217
helado de pan integral   205
molde de higos con queso cremoso   202
plátanos y dátiles con yogur   207, 209
puré de manzanas y albaricoques al horno 11, 29
refresco de frambuesa   205
sorbete de «syllabub»   223, 225
suflé picante de albaricoques   201
«syllabub» de albaricoque   201
tarta de grosellas negras   204
tarta de manzanas glaseadas   204
tofu con almendras   238
Problemas de peso   241
Productos lácteos   25, 44
Productos no lácteos   44
Proteínas   22, 24, 27
complementarias   24
completas e incompletas   25
refresco de naranja   249
tabla de   25
Purés   186
de acelgas   188
de aguacate   189, 235
de coliflor con cilantro   189
de lentejas   186, 235
de puerros   184
de uva espín   189
hummus   188
skordalia   188
tapenade   186
PVT (Proteína vegetal texturada)   46

Q
Queso   45
azul, aperitivo de   136
de manzana   233
Quiches   179
de acelgas   180
de alcachofas con setas   180
de apio-nabo   179
de berzas   180
de col con cilantro   180
de espinaca   180
de judías con pistachos   179
de setas con nueces   179
de tomates con calabaza   179
Quingombo con garbanzos y tomates   207, 208

R
Raíces vegetales al vapor   249
Ramillete de hierbas, aderezo   56
Ravioles, preparación   49
Refresco
de abundantes proteínas   101
de naranja con albaricoques   234
Reloj digestivo   14
Rellenos, platos con   148
calabacines   148
calabaza   149
cebolla   149
dolmade   148
raíces vegetales   150
tomates   148

S
Sal   18, 37
marina   41

sustitutos   18, 19
Salar hortalizas   52
Salsa   190
agridulce   194
al curry   194
bechamel   191
berenjenas con pimientos   193
beurre blanc   190
cremosa con hierbas   193
de cacahuetes   11, 194
de cebollas   191
de hierbas   191
de mostaza   191
de perejil   191
de soja   41
de soja con jengibre   191
de tomate   192
de tomate con chiles   192
de tomate con olivas negras   192
de tomate con whisky de Malta   192
de vino tinto con tomate   192
de zanahorias y boniato para picar   206, 207
romesco   246, 247
verde   193
verde (sauce verte)   159, 191
Worcestershire   41
Salsifí, crema de   130
Salsiki   2, 190
Salteados   6, 242, 245
Sanfaina (ver Pisto)
Seitán casero   55
Semillas   25, 42, 59
tostadas y germinadas   56
Setas
en salsa de vino tinto con mostaza   134
picantes   100
silvestres con tostadas   211, 212
Shoyu (ver Salsa de soja)
Sopas   110
andaluza de judías blancas   144
Borscht   115
clara celestial   6, 112
crema de lentejas al curry   114
«chowder» de maíz   117
danesa de manzanas   111, 113
de aguacates con pimientos verdes   114
de ajo con patatas   112
de cebollas   113
de espinacas con salvia   111, 115
de guisantes partidos   232
de setas variadas   219, 220
de tomate con albahaca fresca   116
fría, de aguacates con limón   116
gazpacho   116
sopa al pistou   117
Suflés   145
de apio-nabo con castañas   145
de puerros   145
de queso   145
piperade   145
Sukha bundhgovi   133
Sustitutos   46
de la carne   46
del marisco   46
del pescado   46
del pollo   46

T
Tabasco   41
Tabbuleh   123

Tacos   137
Tahíni   43
Tamari (ver Salsa de Soja)
Tapas para picar   235
Tartaletas dulces   204, 219, 221
arándanos agrios   204
grosellas negras   219, 221
manzanas glaseadas   204
membrillo glaseado   204
Tartaletas saladas   174
aguacates con limón   180
apio con calabacín   176
berro de huerta con cebollas tiernas   176
berro de huerta con esparragos   178
brécol   178
de alcachofas con setas   176
guisantes con calabacines   178
patatas, calabaza y limón   178
patatas con menta   177
pepino con menta   175, 176
puerros con pimienta verde en cereales   178
raíces vegetales   177
setas con pimiento rojo   178
Tartas
agridulce   181
de alcachofas con aguaturma   182
de calabaza con hinojo   182
de patatas con setas, picante   181
de tamales   223, 224
Tempeh   46
Tempura   136, 231
Terrinas (ver Hortalizas al horno)
Molde de puerros   142
Tisanas   22
Tofu   46
con pasas   234
Tortillas   137
de espinacas   207, 209
española   144
sencilla   144

V
Vegetalianos   22, 23, 232
Vegetarianos
adolescentes   240
ancianos   249
atletas   246
cocinero   34
despensa   36
dietas   12, 13
embarazadas, mujeres   244
familia   230
la transición   12, 34
los niños   232, 236
Vinagretas   218
Vinagres   37
de hierbas, caseros   37
Vino   22
Vitaminas   22, 30, 31, 32, 33

Y
Yogur   45
hecho en casa   208
refresco   98

Z
Zumo de limón   46